中炮对半途列炮

中国象棋大师实战集锦

赵庆阁 方长勤 编著

经济管理出版社
ECONOMY & MANAGEMENT PUBLISHING HOUSE

图书在版编目(CIP)数据

中炮对半途列炮:中国象棋大师实战集锦/赵庆阁,方长勤编著.—北京:经济管理出版社,2009.10
ISBN 978-7-5096-0763-3

Ⅰ.中… Ⅱ.①赵…②方… Ⅲ.中国象棋—布局(棋类运动) Ⅳ.G891.2

中国版本图书馆CIP数据核字(2009)第175415号

出版发行:经济管理出版社
北京市海淀区北蜂窝8号中雅大厦11层
电话:(010)51915602　　邮编:100038
印刷:世界知识印刷厂　　经销:新华书店
组稿编辑:郝光明　　责任编辑:郝光明
技术编辑:杨国强　　责任校对:超　凡

880mm×1230mm/32	10 印张	278 千字
2009年11月第1版	2009年11月第1次印刷	
印数:1—11000册		定价:20.00元
书号:ISBN 978-7-5096-0763-3		

·版权所有　翻印必究·

凡购本社图书,如有印装错误,由本社读者服务部
负责调换。联系地址:北京阜外月坛北小街2号
电话:(010)68022974　　邮编:100836

前　言

　　在众多象棋高手的研究和实践过程中，象棋布局得到不断的革新与发展，如今已经在系统化和战略化上走向更高的阶段。因此，对布局的研究日益显示出重要性和现实意义。青少年棋手以及自由职业棋手要提高水平，在比赛中取得好成绩，就必须把布局系列学好，并认真研究各种变化，能够牢记主流变化，掌握其变化规律，创造性地运用到实战中去。

　　中炮对半途列炮是当前全国赛中流行的布局。其特点是形势简要，攻杀异常激烈复杂，攻守中锋芒内藏，随时会出现弃子攻杀的惊险变化。为了更好地发挥这一布局的特点，加强研究这类对局的变化，在实战中发挥得更加出色，我们收集了象棋特级大师、大师们比较典型的对阵局法，并将中局、残局部分也作了评解，经过综合整理，提供给读者研究、参考，可以充分了解其中的变化规律。

　　不妥之处，希望棋友指正。

编　者

目 录

第一章　中炮七路马对半途列炮
　　　　（第 1 局至第 150 局） ················· (1)

第二章　中炮边马对半途列炮
　　　　（第 151 局至第 180 局） ················· (266)

第一章　中炮七路马对半途列炮

（第1局至第150局）

第1局　七路马对列炮

1. 炮二平五　马8进7　　2. 马二进三　车9平8
3. 兵七进一　卒7进1　　4. 马八进七　炮2平5
5. 车九平八　马2进3　　6. 炮八平九　车1进1
7. 车八进五　象7进9　　8. 车一平二　炮8进2
9. 车八进一　炮8退1　　10. 车二进四　炮8平7

平炮兑车有些过早，应先走车1平6占据要道，然后看情况再兑车，尚能与红方相对抗。

11. 车二平四　车8进8　　12. 马三退五　卒7进1

红方退中马，避开7路炮的攻击，是稳健的应法。此刻黑方如改走车1平4，车四进二，炮7进3，车八平七，仍是红方主动。

13. 车四平三　炮7进1　　14. 车八平七　车8平6
15. 炮九退一　车6退1

红方退炮打车是平稳之着，如改走车七进一吃马，车1平6，炮五平四，马7进8，黑方弃马后有一定攻势。

16. 车七进一　车1平6　　17. 马五进三　前车平7
18. 炮九进五　车7平2　　19. 仕六进五　炮7平8
20. 车三平二　车7平9

可改走车7退3吃兵，发挥控制作用，较为稳妥。平边车的目的，力求对杀，但不如红方快捷，容易吃亏。

21. 炮九进三　象9进7　　22. 车七进二　车6进4

23. 车二退二　卒5进1

24. 帅五平六　炮5平6

25. 炮五进三（图1）　炮8平5

图1，红方炮打中卒要杀是一步巧妙之着，由此加快了攻击速度，使黑方没时间用6路炮打底仕反攻。此刻黑方如改走将5进1，车七退一，将5进1，炮五平二，炮6进7，炮二平一打车，红方二路车通头，胜局已定。

26. 车二平六

以下黑方如走将5进1，车七退一，将5进1，炮九退二，红胜。

（选自洪智胜宋国强的对局）

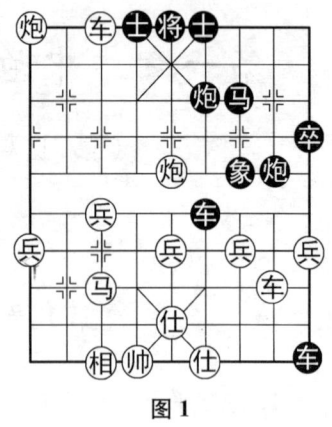

图1

第2局　七路马对列炮

1. 炮二平五　马8进7
2. 马二进三　车9平8
3. 兵七进一　卒7进1
4. 马八进七　炮2平5

反架中炮力图在中路争夺攻势。如改走马2进3，炮八进二，马7进8，马七进六，象3进5，车九进一，车8进1，车一进一，红方先手。

5. 车九平八　马2进3
6. 车一进一　车1进1
7. 马七进六　炮8进4

红方跃马河口是明快有力的好着。如改走车一平四，车8进1，车四进五，马7进8，红方并不能有效控制局势，有落空之感觉，反而无趣味。

8. 马六进七　炮8平5
9. 仕六进五　车8进5
10. 相七进九　车8平6

平车抢占要津是此时较佳的应手。如改走车1平2，炮八进四，以下有进车捉炮的先手，黑方不好对付。

11. 马三进五　炮5进4　　12. 炮八进二　车6进1
13. 马七退六　车6平7　　14. 车八进三　卒7进1

红方进车牵制无根车炮似乎更近情理，但此着效力并不理想，应改走车一平四为好。以下黑方如走象7进5；兵七进一，车1平4，车八平六。黑方不能用象吃兵，因红方有进车士角的有力手段，红方明显占优。

15. 车一平四　象7进5
16. 车四进六　马7进8
17. 兵七进一　车1平4
18. 马六退四（图2）　炮5退1

图2，在黑方车马炮压城之时，红方并未失去理智，而是冷静地调回左马，加强防守。如改走马六进四，马8进6，下一步有士4进5等先手，红方处境更为不妙。

19. 兵七进一　马3退5
20. 车八平五　炮5进2　　21. 车五退一　车4进5

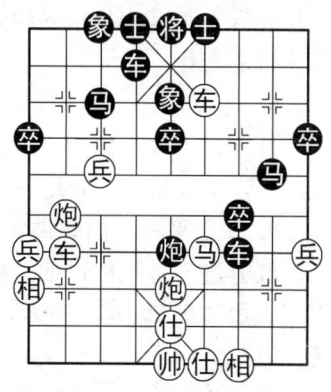

图2

进车捉马导致局势落入下风，应改走马8进6，车五平六，车4进5，车六进一，马6进4，炮八进五，卒7平6，马四退六，车7退4，黑方足可应对。

22. 马四退六　马5进7

上马连环误着，应改走马5退7赶走红车，形势还可支持。

23. 炮八进五　象5进3　　24. 兵七平六　马8进6

红方平兵压象眼，着法紧凑有力。黑方不敢吃兵，否则红方马六进五提双车。

25. 车五平二　车4退3　　26. 车四平三　车4平2
27. 炮八平六　将5平4　　28. 车二进七

红方运炮打士凶悍利落，黑方缺士怕双车，又无法回守，只好推枰认负。

（选自吕钦胜金波的对局）

第3局 七路马对列炮

1. 炮二平五　马8进7　　　2. 马二进三　车9平8
3. 车一平二　炮8进4　　　4. 兵三进一　炮2平5
5. 兵七进一　车1进1

先升右车是一步求变的走法。如改走马2进3，马八进七，形成流行的变化。

6. 马八进七　车1平8　　　7. 车九平八　炮8平7

红方也可改走仕四进五，炮8平7，车二进八，车8进1，相三进一，车8进3，车九平八，卒7进1，炮八平九，红方先手。

8. 车二平一　前车进3　　　9. 马七进八　马2进1

红方进马是积极进取之着。如改走炮八进五，马2进3，炮八平五，象3进5，车八进六，卒7进1，车八平七，马3退2，红方无便宜。

10. 炮五平七　前车平1

红方平七路炮攻击黑方右路是比较有效的攻法。如改走兵九进一，卒7进1，兵七进一，卒7进1，兵七进一，炮5退1，黑方可以对抗。

11. 相三进五　车1进2

红方上中相保持稳健之势。如改走兵七进一，车1平3，相三进五，车8进4，红方没有连接的攻击手段，形势并不理想。

12. 炮八平九　车8进4　　　13. 仕四进五　卒7进1
14. 兵七进一　卒7进1

双方对冲七路兵，展开对攻，争夺优势。

15. 马八进六　车1平2　　　16. 车八进三　炮7平2
17. 相五进三　马7进6　　　18. 兵七平八　士4进5
19. 炮七进七　马1退3　　　20. 马六进五　象7进5
21. 炮七退三　卒9进1

不如改走车8平7比较有力。

22. 车一平四	马6进4	23. 炮七平八	马3进2
24. 兵八进一	炮2退1	25. 车四进二	车8平3
26. 相三退五	车3进3	27. 相五进七	车3退2

红方弃相兑子可以减少变化，如改走马三进四，炮2进4，炮九退一，马4进2，炮九平八，双方各有千秋。

28. 炮九进二	炮2进1	29. 炮九平六	车3平4
30. 马三进四	炮2平9	31. 兵八平七	炮9退1
32. 相七进五	卒5进1		
33. 马四进三	卒5进1		
34. 马三进五	卒5进1		
35. 相五退七（图3）	车4退3		

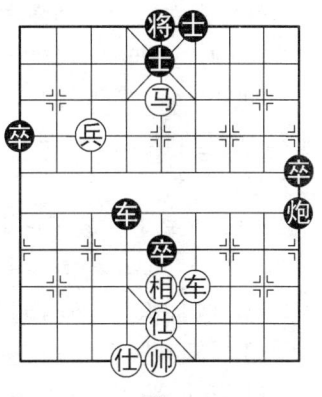

图3

图3，由于黑方没有双象，红方车马兵的攻杀力就显得更为强大，此时红方应抓紧时机走兵七进一，炮9平6，马五进三，将5平4，兵七进一，伏下车四平三的先手，红方有一定的争势机会。

36. 马五进三	将5平4	37. 马三退四	车4平7
38. 仕五进六	车7进7		

因黑方有进车叫将沉底炮的攻势，所以无可奈何而上仕，红方已难对付黑方的反攻。

39. 帅五进一	车7平4	40. 兵七进一	车4平3
41. 车四进二	车3退7	42. 车四平六	士5进4
43. 马四进六	炮9平5	44. 帅五平六	炮5退4
45. 马六进四	将4平5	46. 仕六退五	炮5进7
47. 马四退六	将5进1	48. 车六退二	将5进1

进将关死红马，红无法支持，推枰认负。

（选自潘振波负许银川的对局）

第4局 七路马对列炮

1. 炮二平五　马8进7　　2. 马二进三　车9平8
3. 车一平二　炮8进4　　4. 兵三进一　炮2平5
5. 马八进七　马2进3　　6. 车九平八　卒3进1
7. 马三进四　车1进1

红方进右马是一种强攻手段，引起紧张的对攻之势。

8. 炮八进四　车1平4

如改走车1平6捉马，炮八平七，车6进4，炮七进三，士4进5，炮七平九，士5进4，车二进一，红方可右车左移投入战斗，黑方难以对付。

9. 炮八平七　象3进1　　10. 车二进二　车4进2

红方升二路车可消除黑方炮8进1的取势手段。

11. 炮七平八　车4进2　　12. 车二平四　炮8平3
13. 马四进三　士4进5　　14. 车四进六　炮5平4
15. 车四平三　车8平2　　16. 车三进一　象1退3

红方进车吃象积极主动，打开了黑方的防守大门，有利于加速取得攻势。此刻黑方退象并不稳妥，应改走车4平7，马三进五，车7平6，黑方可以从容应对。

17. 炮八平七　车4进7

即刻城池被打破，死守也无好处，只好挥炮打仕，发起反击，也许还有机会。

18. 相七进九　炮4平6
19. 车八进七　车4平7
20. 车八平七　车7进4
21. 帅五平六（图4）　炮3退3

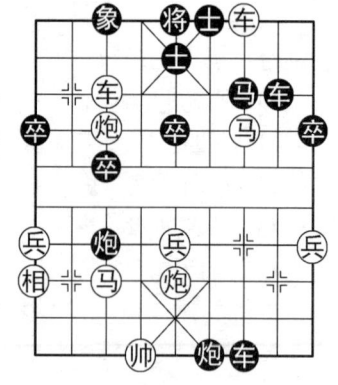

图4

图4，双方形成对杀局势，拼得难解难分，一时不分高下，不料黑方退炮兑炮造成败势。应改走炮

6退7，帅六进一，炮6平4，车七进二，士5退4，双方还将有一番争斗。

22. 炮五进四　马7进5　　　23. 车七进二　士5退4
24. 车三平四

红方右车杀士，黑方不敢吃车，否则有车七平六的杀着，至此已无法解救，红胜。

（选自陈信安胜杨浩的对局）

第5局　七路马对列炮

1. 炮二平五　马8进7　　　2. 兵三进一　炮2平5
3. 马二进三　马2进3

红方可先走马八进七，使左路主力抢先开出，避免黑方右车抢先出动，造成威胁。

4. 马八进七　车1平2　　　5. 车九平八　车2进5
6. 炮八平九　车2平7　　　7. 炮五退一　车9平8

红方如改走车一进二，炮8进4，红方无便宜。

8. 炮五平三　车7平4　　　9. 相三进五　炮8平9

不如改走卒5进1，兵七进一，车4进1，马三进四，卒5进1，黑方好走。

10. 兵七进一　车4退1
11. 车八进六　炮5平6
12. 车八平七　象7进5
13. 兵七进一（图5）　车4平6

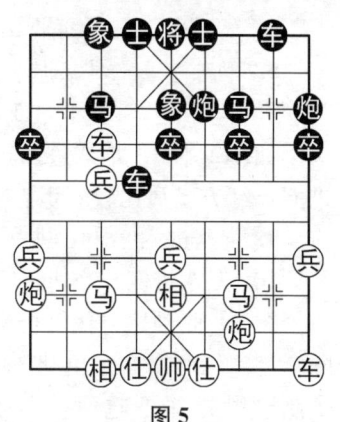

图5，黑方平车6路，伏下炮6进1打死车的巧着，但红方有炮三平七的应法，使黑方的计划落空，不如改走车4平3兑车，局势比较平稳。

14. 炮三平七　马7退9

如改走炮6进1，车七进一，马7

图5

退5，车七进一，炮9退1，马七进六，红方明显占优势。

15. 车七平六　炮9平7　　16. 兵七进一　车8进4

如改走炮7进5，马七进六，车6平7，炮九平三，车7进3，兵七进一，炮6平3，车六进二，红方胜势。

17. 马七进八　车6平2　　18. 马三进四　车8进1
19. 马四进六　车8平4

红方如改走马四退六，炮6进1，车六进二，炮6平3，车六平一，炮3进3，红方不易把握形势，所以没有这样走。

20. 仕四进五　士4进5　　21. 车一平二　马9退7
22. 炮九平六　车2平3　　23. 炮六平七　车3平2
24. 前炮平六　车2平3　　25. 炮六平七　车3平2
26. 兵五进一　车4进3　　27. 马六退七　车4退5
28. 马七进八　车4进5　　29. 前炮进五　炮6平3
30. 炮七进六　炮7平3　　31. 前马进七

由于黑方进车捉炮失算而丢子，已无力对抗，红方胜局已定。

（选自李艾东胜苗永鹏的对局）

第6局　七路马对列炮

1. 炮二平五　炮2平5　　2. 马二进三　马8进7
3. 车一平二　车9平8　　4. 车二进六　炮8平9
5. 车二进三　马7退8　　6. 马八进七　马2进3
7. 车九平八　卒3进1　　8. 兵三进一　车1进1

如车1平2，炮八进四，炮9平7，马三进四，炮7进3，马四进五，红方多兵比较好走。

9. 炮八进六　士6进5
10. 车八进四　卒1进1（图6）

图6，此刻黑方伏下再弃边卒上边马捉双的着法，迫使红方解除牵制，以利于右车出动，但效果未必好。因目前一车对炮车相互牵制，黑方并不吃亏，不如改走炮9平8，静观变化，比较好

一些。

11. 炮八退二　车1平4
12. 仕六进五　车4进3

红方也可改走炮八平七压马要杀，象3进1，兵七进一，车4进3，相七进九，双方各有攻守。此刻黑方应改走车4进2牵制红炮，黑方足可抗衡。

13. 炮八平七　象3进1
14. 炮七平三　炮9平6
15. 马三进四　车4平6
16. 炮五平四　车6平8
17. 炮四进五　士5进6
18. 炮三退一　卒1进1

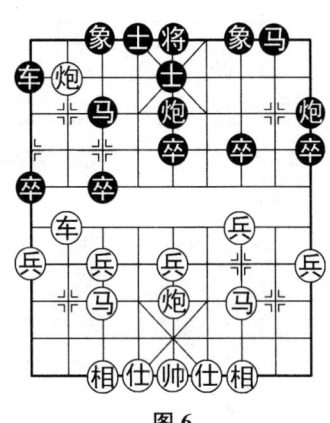

图6

红方退炮是一步好着，由此扩大了优势。此刻面对打卒之着，黑方无可奈何，只好选择送卒的应法，让红炮打过来更为不利。

19. 兵九进一　象7进9
20. 炮三进三　车8平6
21. 炮三平二　士6退5
22. 炮二退六　马3进4

红方应改走炮二退一打马，更为紧凑有力，也会使优势进一步扩大。

23. 马四进六　车6平4
24. 相七进五　马8进7
25. 兵七进一　马7进6
26. 兵七进一　车4平3
27. 车八平四　炮5平6
28. 车四平七　车3进1

红方选择兑车的变化，企图将战线拉长，使黑方在用时上更加紧张。

29. 相五进七　炮6平5
30. 相七退五　炮5平4
31. 炮二平一　炮5平3
32. 炮一进四　马6进4
33. 马七进九　马4进2
34. 马九退八　炮3退5
35. 炮一平二　炮3平1
36. 炮二退二　士5进4
37. 马八进七　卒5进1
38. 帅五平六　炮1平4
39. 仕五进六　炮4平9
40. 炮二平一　象9退7

应改走炮9进4兑炮，还有机会谋求和局。

41. 兵三进一　炮9进5
42. 相五进三　炮9平4

43. 帅六平五	炮4平8	44. 兵三平四	马2进3
45. 帅五平六	马3退4	46. 马七进六	象1进3
47. 仕四进五	象7进5	48. 相三进五	炮8退5
49. 兵九进一	炮8平4	50. 马六进七	士4退5
51. 帅六平五	士5进6	52. 兵四进一	士6退5
53. 兵九平八	士5进4	54. 炮一进三	士4进5
55. 兵八进一	马4退2	56. 相五进七	卒5进1
57. 兵四平五	卒5平4	58. 相三退五	将5平6
59. 炮一退四	卒4进1	60. 兵五平四	马2进3
61. 炮一进一	马3退4	62. 炮一平四	将6平5
63. 炮四平五	将5平6	64. 马七进九	士5退4
65. 兵八进一	炮4平5	66. 炮五平四	炮5平6
67. 炮四平三	士4退5	68. 马九退八	马4进6
69. 帅五平六	马6退7	70. 兵八平七	马7进5
71. 马八退六	炮6平9	72. 兵四平三	炮9平6
73. 兵三进一	炮6进3	74. 马六退四	马5退6
75. 马四退六	炮6平4	76. 炮三进二	炮4退3
77. 帅六平五	马6进4	78. 炮三平六	象3退1
79. 马六进五	象1退3	80. 兵七进一	炮4进1
81. 兵三进一	炮4平1	82. 马五进三	炮1进1
83. 兵三平四	将6平5	84. 马三进二	马4进6
85. 兵七平六	马6退7	86. 马二退三	炮1平7
87. 炮六平五	炮7平6	88. 相五进三	象3进1
89. 仕五进四	象1进3	90. 帅五平六	炮6进1
91. 仕六退五	炮6平4	92. 帅六进一	炮4进2
93. 仕五退四	炮4退2	94. 兵六进一	将5平4
95. 兵四平五			

红方的残局功夫老到,对局细致有力,但也毫不松懈,终于以精练的着法取得胜局。

(选自许银川胜金松的对局)

第7局 七路马对列炮

1. 炮二平五　马8进7
2. 马二进三　车9平8
3. 车一平二　炮8进4
4. 兵三进一　炮2平5
5. 马八进七　马2进3
6. 车九平八　卒3进1
7. 炮八进四　炮8平7
8. 炮八平七　车8进9

不如改走象3进1为宜。因兑车之后，黑方肯定补一手，走象3进1或士4进5，红方可走车八进一之着，以下马上走车八平三捉炮，然后抢兑三路兵，黑方受到威胁，局势不利。

9. 马三退二　象3进1
10. 车八进一　车1平2
11. 车八平三　车2进3
12. 车三进二　车2平3
13. 兵三进一　卒7进1

在黑方出车兑炮的顽强应法下，红方抢先进三路兵，形成优势。

14. 车三进二　马7退5
15. 车三退一　车3平4
16. 马二进三　车4进3
17. 马三进四　车4退1（图7）

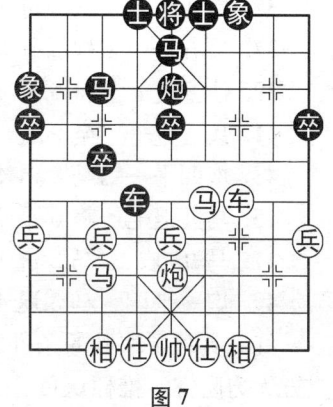

图7

图7，退车牵制车马是稳健之着。如改走车4平3捉马，马四进五，象7进9，马五进七，炮5进5，马七退六，车3进1，相三进五，红方占优。

18. 相三进一　卒3进1
19. 兵七进一　车4平3
20. 马四进五　车3平7

兑车是正确的应法。如改走车3进2吃马，马五退三，马5进7，马三进四，将5进1，炮五进五，象7进5，车三进三，红方多兵，形势较好，黑方要想谋取和势有一定的难度。

21. 相一进三　马3进4
22. 仕四进五　马4退6

退马失去良机。不如直接走马5进3，可以迫兑红炮，还有谋和的希望。

23. 马七进八　马5进7　　24. 马八进六　马7进8
25. 炮五平三　士6进5

红方抓住机会，赶紧平炮三路打象，由此扩展了优势。

26. 炮三进七　炮5平9　　27. 炮三退四　马6退8
28. 炮三平五　将5平6　　29. 炮五平四　将6平5
30. 马六进八　前马退7

以上双方你来我往大斗功法，表现了强大的实力。此时黑方退马邀兑仍属无奈，如改走炮9退1，马五进四，仍然会有一些麻烦。

31. 马五进三　炮9平7　　32. 炮四进一　卒1进1
33. 马八进七　将5平6　　34. 马七退九　炮7平3
35. 炮四退五　马8进9　　36. 相三退五　马9进8
37. 兵五进一　炮3平9　　38. 兵五进一　炮9退1
39. 仕五进四　将6平5　　40. 兵五进一　马8进6
41. 兵五进一　卒9进1　　42. 仕六进五　马6退5
43. 炮四平一　马5退4　　44. 炮一进四　炮9进5
45. 马九退七　将5平6　　46. 马七退九　马4进2
47. 马九进八　马2进1　　48. 马八退六　马1进3
49. 炮一平四　马3退4　　50. 炮四退四

红方具备了取胜的条件之后，运子异常老练。现在兵临城下，黑方无力防守，推枰认负。

（选自吕钦胜李艾东的对局）

第8局　七路马对列炮

1. 炮二平五　马8进7　　2. 马二进三　车9平8
3. 兵七进一　炮8平9　　4. 马八进七　炮2平5

平中炮是力求对攻之着，如改走车8进5或卒7进1等，另有不同变化。

5. 兵三进一　马2进3　　　　6. 车九平八　车1进1
7. 车一进一　车8进4　　　　8. 车一平四　卒7进1

兑7路卒活通马路是正确的应法。如改走卒3进1，马七进六，卒3进1，马六进四，马7退9，炮八进六，红方占优。

9. 车四进三　车1平4　　　10. 炮八平九　车4进5

红方也可走炮八进三，车8进2，兵七进一，卒3进1，炮八平三，士6进5，形成对抢先手之势。此刻黑车应改走车4进3，加强防守，比较稳妥。

11. 马七进六　士4进5

红方跃马河口是必然的走法，如果被黑方车4平3压住，便失去了先手。

12. 车八进六　车8进2

如改走卒7进1，车四平三，车8平4，车三进三，后车进1，仕四进五，后车平3，炮九平六，车3进4，马三进四，车4退3，炮五平三，炮5进4，帅五平四，象3进5，炮三进七，象5退7，炮六平三，红方有攻势占优。

13. 车八平七　车8平7
14. 车七进一（图8）　炮5进4

图8，红方吃马抢攻是争夺攻势的佳着。如改走兵三进一，车7退2，兵七进一，马3退4，黑方尚可抗衡。此刻黑方如改走卒7进1，车七进二，士5退4，车四进二，车4退1，车四平三，红方大占优势。

15. 炮五进四　马7进5
16. 车七进二　士5退4
17. 车四进五　将5平6

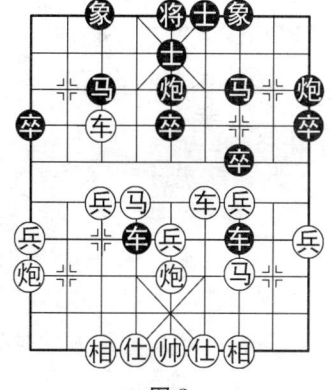

图8

红方运车杀士是一步巧妙之着，由此取得胜势。

18. 车七平六　将6进1　　　19. 马六进五　炮9平5
20. 车六退六　前炮平9　　　21. 马三进五　炮9平5

22. 车六进五　将6退1　　　23. 帅五进一　车7平2
24. 帅五进一　车7平6　　　25. 车六进一　将6进1
26. 车六退一　将6退1　　　27. 兵三进一　车6退5
28. 车六退二　前炮平4　　　29. 帅五平六　炮4进3
30. 车六平九　车6进3　　　31. 马五进三　将6进1
32. 兵三进一　车6平4　　　33. 帅六平五　车4平5
34. 帅五平六　炮5平4　　　35. 帅六退一　车5平4
36. 帅六平五　前炮平7　　　37. 车九进二　炮4退1

红方应改走车九平四，炮4平6，车四进一，将6进1，兵三平四，将6退1，炮九平四，车4平6，兵四进一，红胜。

38. 马三退五　将6平5　　　39. 炮九平五

红方攻势强大，黑方无法防守，只得认负。

（选自赵国荣胜阎文清的对局）

第9局　七路马对列炮

1. 炮八平五　炮8平5　　　2. 马二进三　马8进7
3. 兵七进一　炮2平3　　　4. 车一平二　车1进1

升右车加强对形势的控制，是平稳之着，如改走卒3进1，局势比较紧张。

5. 马八进七　车1平4　　　6. 车九平八　马2进1
7. 炮二平一　车4进3

升车力求稳健进取。如改走卒3进1，车二进五，卒3进1，车二平七，卒3进1，车七进二，卒3进1，车七退五，车9平8，车七进三，伏炮五平七的攻势，红方占优。

8. 仕六进五　士6进5　　　9. 兵三进一　卒7进1
10. 兵三进一　车4平7　　　11. 马三进四　车7平6
12. 车二进四　炮3进3
13. 马四退二（图9）　炮5平3

图9，黑方平炮容易受到攻击，不如改走车9平8兑车，还能

对抢先手。

14. 车八进七　象7进5
15. 马七进八　车9平8
16. 车二进五　马7退8
17. 马八进七　车6平3
18. 马七进五　象3进5
19. 相七进九　前炮平7

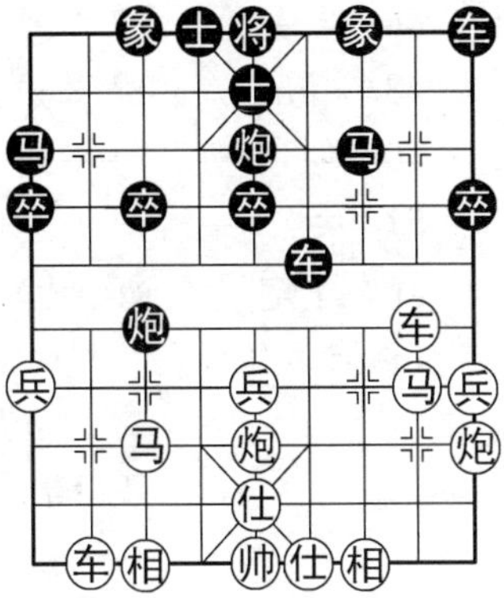

红方上相是老练之着，如改走车八平九，前炮平2，红方反而招来麻烦。

20. 马二退四　炮7退3
21. 车八平九　车3进2
22. 车九退一　车3平5
23. 炮五进四　车5退2

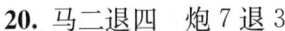
图9

由于黑方缺象少卒，已陷入困境。此时如改走马8进6，炮五平二，车5退3，车九平五，马6进5，炮一进四，黑方仍难对付。

24. 炮五平二　卒9进1
25. 相九进七　象5退3
26. 相七退五　炮3平5
27. 炮二退二　炮5进1
28. 马四进三　车5平7
29. 车九平五　车7进1
30. 车五平二　马8进6
31. 炮一进三　炮7平5
32. 炮一进四　士5进6
33. 炮一退二　士6退5
34. 炮一进二　士5进6
35. 炮一退五　车7进4

如改走车7进1，炮二平五，士4进5，车二平七，象3进1，车七进一，黑方仍然不好应付。

36. 车二平五　车7退3
37. 炮二平五　炮5退1

如若改走士6退5，炮五进三，象3进5，车五进一，车7平9，炮一平七，车9平3，车五退四，车3进1，兵九进一，仍是红方胜势。

38. 炮五进四　士6退5
39. 车五平四　马6进8
40. 车四平二　马8退7
41. 炮一进五　士5退6
42. 兵一进一　车7平1
43. 兵一进一　士4进5
44. 兵一进一　车1平7
45. 兵一进一　车7退4

46. 兵一平二　车 7 平 6　　47. 兵二进一　车 6 退 1
48. 相五进三　象 3 进 5　　49. 炮一退七　士 5 退 4
50. 炮一平五　士 6 进 5　　51. 车二平三　马 7 进 6
52. 兵二平三　车 6 退 1　　53. 车三平四

红方车炮兵攻杀凶狠，黑方难以抵挡，终于败下阵来，红胜。
（选自吕钦胜吴桂林的对局）

第 10 局　七路马对列炮

1. 炮二平五　马 8 进 7　　2. 马二进三　车 9 平 8
3. 车一平二　炮 8 进 4　　4. 兵三进一　炮 2 平 5
5. 马三进四　车 1 进 1　　6. 兵三进一　车 1 平 6
7. 马四退二　卒 7 进 1

红方如改走马四进二，炮 8 平 3，炮五平二，车 8 进 4，兵三平二，炮 5 进 4，马八进七，炮 5 退 1，黑方有攻势，形势令其满意。

8. 马八进七　车 6 平 8　　9. 车九平八　马 2 进 3
10. 炮八平九　前车进 5

红方如改走炮八进五比较紧凑，以下黑方如走前车进 5，车二进三，车 8 进 6，炮八平五，象 7 进 5，车八进七，马 3 退 5，兵七进一，车 8 退 1，相七进九，红方兵种齐全，仍然占先。

11. 车二进三　车 8 进 6　　12. 车八进六　马 7 进 6
13. 兵七进一　马 6 进 5（图 10）

红方如改走车八平七捉马，马 6 进 4，车七进一，马 4 进 3，炮五进四，士 6 进 5，车七退一，马 3 退 5，双方各有千秋。

14. 车八平七　马 5 进 3

图 10，红方平车吃卒反而落入下风，应改走马七进五兑马，炮 5 进 4，仕六进五，马 3 退 5，车八平七，马 5 进 7，兵七进一，红方仍持先手。

15. 车七进一　马 3 进 1　　16. 炮五进五　马 1 进 3

马踏底相抢夺攻势,是一步有力的弃子抢杀之着,以下红方如走炮五平四,则马3退4,帅五进一,车8进2,帅五进一,马4退5,黑方弃子有攻势,令人满意。

17. 车七平六　象7进5
18. 炮九进四　马3退2
19. 车六退一　卒5进1

红方应改走炮九平一打卒,比较好一些。

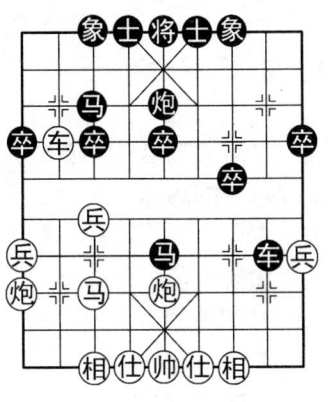

图 10

20. 相三进五　卒9进1　　21. 车六退二　卒5进1

红方退车是一步空着,给黑方中卒以渡河的机会,使局势更为不利。

22. 车六进一　马2退4　　23. 仕六进五　士6进5
24. 炮九平一　卒5进1　　25. 相五退七　车8退1
26. 兵七进一　马4退3　　27. 炮一平五　马3进4
28. 仕五进六　车8平3　　29. 相七进九　车3平5
30. 炮五平六　马4退2　　31. 车六平八　卒5进1
32. 仕六退五　马2进4　　33. 车八退四　卒5进1
34. 仕四进五　马4进6　　35. 帅五平四　马6退4
36. 仕五进六　车5平8　　37. 车八平三　马4退6
38. 仕六退五　马6进5　　39. 车三进一　车8进4
40. 帅四进一　车8退1　　41. 帅四退一　车8平5

红方难以应付车马卒的锐利攻势,只好认负,黑胜。

(选自张忠元负张福才的对局)

第 11 局　七路马对列炮

1. 炮二平五　炮2平5　　2. 马二进三　马2进3
3. 车一平二　马8进7　　4. 炮八平六　炮8平9

如改走车1平2，则炮六进五，炮5进4，马三进五，炮8平4，双方形成均势。

5. 炮六进五　马7退5　　　6. 车二进七　车1平2

针对黑方退马窝心的弱点，红方进车压炮制马，是一步好着。由此双方的战斗进入紧张状态。此刻黑方出直车是正确的选择，如改走车1进1，则车九进一，车1平4，车九平六，黑方子力受制，难以摆脱困境。

7. 车九进一　马5进7

跃出中马是必走之着。如改走车2进9，炮五进四，车2退5，车九平四，炮9退1，仕四进五，红方胜定。

8. 车二平三　车2进9　　　9. 炮五进四　士4进5

10. 车九平六　车9平8

可改走车2平3吃相，则炮五退二，车3退3，车三退一，车3退2，仕四进五，车3平5，炮五进三，象3进5，炮六平一，车9进2，车三平七，双方形成平稳之势。

11. 炮五退二　车2退4　　　12. 相三进五　车8进7

红方应改走兵七进一拦车，待车2平3吃兵之后，再走相三进五，较有好处。

13. 兵七进一　车2进1　　　14. 车三进二　炮9进4

15. 车六平四　将5平4

16. 炮五平六　将4平5

17. 后炮平五　将5平4

18. 炮五进四　（图11）　车8平7

图11，黑方应改走将4进1先避一手，以下红方如走车四进八，炮9进3，仕四进五，车8进2，车四退八，车8平6，帅五平四，将4平5，车三退一，将5退1，车三退二，车2平4，炮六进一，卒9进1。红方多兵，黑方多子少士象，双方各有千秋。

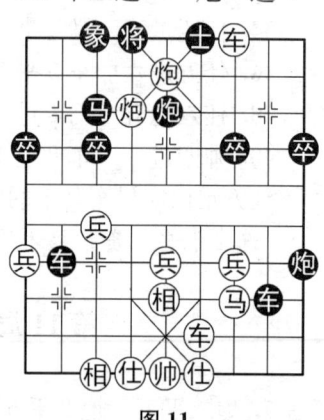

图11

19. 车四进八　将4进1　　　20. 车四平七　炮9进3

红方平车吃象是取势的紧要之着。如改走炮五平一，炮9平5，士六进五，后炮进5，相七进五，车2进3，黑胜。

21. 仕四进五　车7进2　　　22. 仕五退四　车7退3
23. 仕四进五　炮5平6　　　24. 炮五退一　马3退1
25. 车七退一　将4进1　　　26. 车三退一

红方双车攻杀凶悍有力，黑将难有去处，只好认负，红胜。

（选自喻之青胜赵国荣的对局）

第12局　七路马对列炮

1. 炮二平五　马8进7　　　2. 马二进三　车9平8
3. 兵七进一　炮2平5

反架中炮形成激烈的对攻之势。如改走炮8平9或卒7进1，形成不同的流行变化。

4. 马八进七　马2进3　　　5. 车九平八　炮8平9
6. 兵三进一　车1进1　　　7. 车一进一　车8进4
8. 车一平四　卒7进1　　　9. 车四进三　车1平4
10. 炮八进三　车8进2

进炮骑河迫使黑车离开河口防线，是一步争先的巧妙之着，如改走炮八平九，则车4进3，下一步兑卒之后再兑车，红方无从下手，不占便宜。

11. 兵七进一　卒3进1　　　12. 炮八平三　士6进5

补士虽然觉得安稳，但不如先攻击对方为好，可改走车4进7，局势比较有利。

13. 马七进六　马3进4

红方及时进马，加强攻势。以下黑方如走卒3进1，炮五平七牵制，红方主动。

14. 车四进四　卒3进1　　　15. 车四平三　车8退4
16. 马六退四　马4进2　　　17. 车八进一　车4进4

可否走马2进3，以下再马3退4，可能对局势比较好一些。

18. 炮三平八　马2进3

如改走车4平7，车三进一，士5退6，炮五进四，士4进5，炮八进四，象3进1，炮八平四，黑方遭受攻击。

19. 仕六进五　马3退1
20. 车八进二　马1退2
21. 车八进二　炮5平3
22. 兵五进一（图12）　车4退3

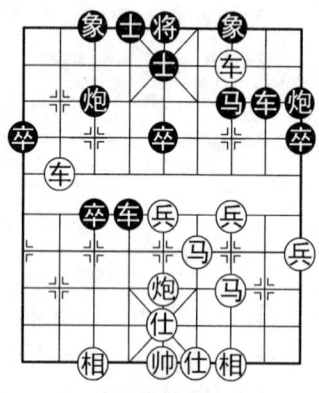

图12

图12，红方冲中兵捉车，打开中路攻势，并可发挥四路马的威力，攻势强大有力，迫使黑方退车防守，已难对付红方的攻击之势。

23. 车三进一　士5退6
24. 兵五进一　士4进5
25. 兵五进一　将5平4
26. 炮五进六　车8进1
27. 炮五平三　车8平5
28. 相七进五　将4平5
29. 炮三平九　炮3平2
30. 马四进五

黑方的防线已支离破碎，尽力抵挡也无济于事，红胜。

（选自柳大华胜陶汉明的对局）

第13局　七路马对列炮

1. 炮二平五　马8进7
2. 马二进三　车9平8
3. 车一平二　炮8进4
4. 兵三进一　炮2平5
5. 兵七进一　车1进1

如改走马2进3，马八进七，车1平2，车九平八，车2进6，形成另一路变化。

6. 马八进七　车1平8
7. 车九平八　炮8平7

及时平炮要底相，着法正确。如改走马2进3，炮八进一，炮8平2，车二进八，车8进1，车八进三，车8进3，车八进三，红方占优。

8. 车二平一　前车进3

平车力求保持左路的攻势。如改走炮八进一强行兑子，前车进8，马三退二，炮7平2，车八进三，车8进9，车八进六，车8平7，车八平七，车7退4，车七退三，卒7进1，双方大体均势，红方不占便宜。此刻黑方进车河口加强防守是一步稳健之着，如改走前车进7，马七进六，后车进4，炮八平六，马2进3，马六进七，士6进5，炮六平七，炮5平6，仕四进五，前车平6，炮七退一，车6退3，炮五平七，象3进5，相三进五，红方比较好走。

9. 炮八平九　马2进1　　10. 车八进七　士6进5

红方进车压马，并准备平七路捉象，是一步别出心裁的走法。以往多走炮九进四打边卒，将形成复杂的攻守变化。

11. 车八平七　炮5平6

12. 车七进二　象7进5

13. 车七平九（图13）　卒7进1

图13，红方用去4步着法夺取一象，似乎多费周折，不太上算。但吃去一象，对黑方的防守产生了不利，也有一定的好处。此刻黑方卒7进1兑兵活马，看似是正常之着，不料红方跃马抢先，迫使黑方退马防守，由此失去了先手。不如改走卒3进1兑兵，形势较为乐观。

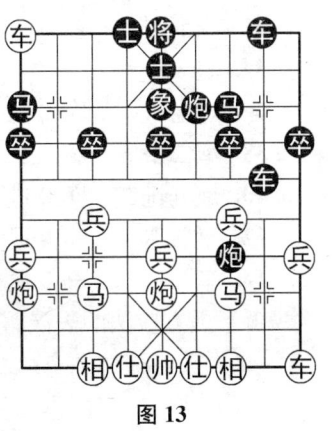

图13

14. 马七进六　卒7进1　　15. 马六进五　马7退6

不如改走马7进6，奋力进取，较为主动。

16. 兵九进一　前车平2	17. 兵九进一　车2平1
18. 车九退一　车8进8	19. 仕四进五　炮7平8
20. 炮五平八　车1平2	21. 炮九退一　炮6进6
22. 炮九平四　车2平3	23. 炮四进四　车2平7
24. 车九退一　车8平6	25. 炮四平八　车7平2

26. 炮八平五　　卒 7 进 1

急于冲 7 路卒，从而陷入被动挨打的困局中，应改走车 2 退 1 捉中兵，仍可对抗下去。

27. 兵五进一　　卒 7 进 1　　**28. 马五退三　　炮 8 平 3**

平炮是一步失利之着，应改走车 2 退 1 保炮，以下有炮 8 平 5 兑子的手段。虽然少象，但双车活跃，还有谋和的机会。

29. 车一平二　　车 2 平 3　　**30. 相七进五　　炮 3 平 5**

由于对攻计划的失误，已难抵挡红方的进取，所以无可奈何弃去一炮，作最后的反抗。如改走车 3 平 5，马三进四，车 6 退 6，相三进五，黑方丢车成败局。

31. 车二进一　　车 6 退 4

红方进车捉车是一步佳着，对防守很重要。

32. 炮五退二　　象 5 进 7　　**33. 炮五平二　　马 6 进 8**
34. 炮二平八　　车 3 平 2　　**35. 炮八平七　　马 8 退 6**
36. 炮七进三　　车 2 退 7　　**37. 炮七平二　　马 6 进 5**
38. 炮二平五　　将 5 平 6　　**39. 兵五进一　　车 6 进 2**
40. 炮五退二　　车 2 进 8　　**41. 车二进八　　将 6 平 1**
42. 车二退一　　将 6 退 1　　**43. 炮五平四　　将 6 平 5**
44. 车二退一　　马 5 退 6　　**45. 炮四平三**

由于黑方应法的失误，导致局势恶化，因少象而失利，红胜。

（选自蔡忠诚胜陈鱼的对局）

第 14 局　　七路马对列炮

1. 炮二平五　　马 8 进 7　　**2. 马二进三　　车 9 平 8**
3. 车一平二　　炮 8 进 4　　**4. 兵三进一　　炮 2 平 5**
5. 马三进四　　马 2 进 3

红方也可改走马八进七，等待一下变化。

6. 马四进六　　车 1 平 2　　**7. 马八进七　　车 2 进 2**

如改走炮 8 进 1，马六进七，车 2 进 6，弃子抢攻，局势比较紧张。

8. 炮八进四　车8进4
9. 兵三进一　卒7进1
10. 车九平八　卒3进1
11. 炮八平七　车2进7

红方平炮兑车是必然应法。如先走马六进四，车8进1，炮五平三，马7退9，炮八平七，车2进7，马七退八，炮8进2，压住红车之后，局势反而受制，红方失先。

12. 马七退八　马3退2
13. 车二进一（图14）　卒7进1

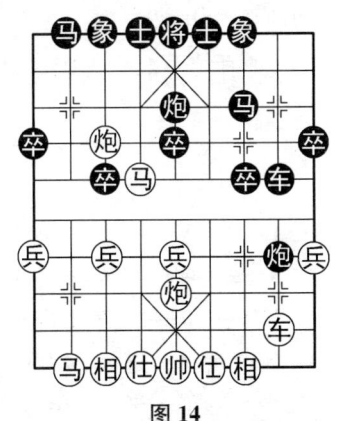

图14

图14，红方及时进右车，加大攻击力度，给黑方造成一定的压力，是一步好着。如改走马八进七，虽然仍是先手，但黑方有炮8进1的打扰，难以平静，总是不如升车为妙。

14. 马六进四　炮5进4

炮打中兵，防止红车左移，但防守的弱点也将出现，是其不利的一面。

15. 仕六进五　车8进1
16. 马八进七　炮5退2
17. 马七进五　炮5进3

红方可改走车二平四，也有一定的攻势。

18. 相七进五　炮8平6
19. 车二平三　象3进5

不如改走象7进5，对防守会更好一些。

20. 马四退三　象5进7
21. 车三进二　炮6退4

不如改走士4进5，加强防守，局势虽处下风，但尚可维持下去。

22. 兵七进一　炮6平3
23. 兵七进一　炮3进2
24. 马五进六　车8退4

退车反而加速了失利，不如改走象7进5，车三平八，马2进3，车八进四，马7退5，局势虽然仍处下风，但还可支撑一阵。

25. 炮七进三　士4进5
26. 车三平八　马2进1

如改走马2进3，炮七退四，马3进4，车八进六，士5退4，炮七进四，黑方仍难抵抗。

27. 炮七平九　象7进5　　　**28.** 车八进六　士5退4
29. 车八退二　炮3退4　　　**30.** 车八平九　马7进6
31. 马六进四

由于黑方在开局中吃亏较大，以后已无法改变局势，在被动中无法支撑而失败。

（选自黄勇胜喻之青的对局）

第15局　七路马对列炮

1. 炮二平五　马8进7　　　**2.** 马二进三　车9平8
3. 车一平二　炮8进4　　　**4.** 兵三进一　炮2平5
5. 兵七进一　车1进1

如改走马2进3，炮八平七，车1平2，马八进九，车2进5，车九平八，车2平3，车八进二，马3退5，兵九进一，炮5平3，马九进八，红方好走。

6. 马八进七　车1平8　　　**7.** 车九平八　炮8平7
8. 车二平一　前车进3　　　**9.** 炮八进一　炮7平2

红方进炮兑炮是平稳的走法，也可以改走炮八进五，比较主动，以下黑方如走马2进3，车八进六，红方先手。

10. 车八进三　马2进1　　　**11.** 炮五平六　卒7进1
12. 兵三进一　前车平7　　　**13.** 相三进五　卒1进1
14. 马七进六　马7进6

可考虑走车8进3，保护中卒不失，再进马兑马，可使局势平稳一些。

15. 马六进五　车7进2　　　**16.** 马五退四　马6进4

红方宜改走仕四进五，先巩固中路为好，静观变化再作进取，较为机动务实。

17. 车八平六　马4进6　　　**18.** 车一平三　车8进5

19. 马四进六　马6退5　　20. 车六平八　炮5退1

不兑炮是老练应法。如改走炮5平7，兵五进一，车7平2，马三进二，黑方反而吃亏。

21. 仕四进五　车8平4　　22. 马六进八　炮5平7
23. 兵九进一　卒1进1　　24. 马八退九　象7进5
25. 马九退八　车4退1　　26. 车八进四　士6进5
27. 马八进九　马5退6　　28. 炮六平九　马6进7

如改走车4平2迫兑车可有效地控制局势。以下红方走车八退二，则马1进2，炮九平六，马6进7，黑方子力活跃，较占优势。

29. 兵七进一　卒3进1　　30. 车八退一　马7进8
31. 车八平二　车4进1　　32. 车二进三　士5退6
33. 马九进八　马1进2

跃马攻击是积极的走法。如改走车4退2捉马，炮九进一，车4进3，车二退六，车7平8，马三进四，车4平1，马四退二，炮7平4，马八退六，红方在先弃后取中兑去双子，化解了车马受困的难处，形成各有千秋之势。

34. 车二退三　马2进3　　35. 炮九进六　车4退4
36. 炮九平三　车4平7　　37. 车二平一　马3进4
38. 兵五进一（图15）　前车平6

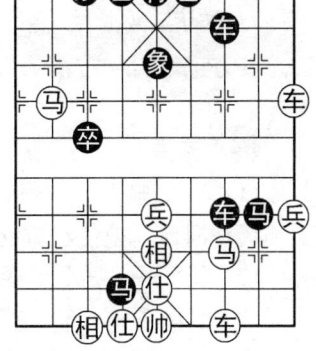

图15，由于红方轻视了黑方双车马的攻击能力，竟然进中兵避捉，造成后防被攻破。这时应改走马八进六，后车平4，马六退五，士4进5，车一平四，马4退5，马三进五，车7平5，马五退三，车5平4，局势平稳，可能形成和局。

39. 马八进六　车7平4
40. 马三进二　马8进6
41. 帅五平四　车6退1

图15

红方如改走仕五进四，马4退6，帅五平四，车6平8，车三进二，车 4 进 1，仕六进五，马 6 退 5，车三进二，车 4 进 6，红方单仕，防守不利，黑方已有胜势。

42. 马二退三	车 6 退 4	**43.** 车三进一	马 6 退 5
44. 车三平四	车 6 进 7	**45.** 帅四进一	车 4 进 1
46. 帅四退一	车 4 进 4	**47.** 车一平三	马 4 退 2
48. 马三退二	车 4 平 6	**49.** 马二进四	马 2 进 1
50. 车三退五	士 6 进 5	**51.** 仕五进四	车 6 进 1
52. 仕六进五	车 6 退 1	**53.** 帅四平五	马 1 退 3
54. 帅五平六	车 6 平 4	**55.** 仕五进六	卒 3 进 1

黑方车双马卒攻势强大，红方少子无法对抗，黑胜。

(选自黎德志负洪家旋的对局)

第 16 局　七路马对列炮

1. 炮二平五　马 8 进 7　　　**2.** 马二进三　车 9 平 8
3. 车一平二　炮 2 平 5　　　**4.** 车二进六　马 2 进 3
5. 马八进七　炮 8 平 9　　　**6.** 车二进三　马 7 退 8

红方兑车力求平稳。如改走车二平三，车 8 进 2，炮八进二，双方形成对攻之势。

7. 车九平八　车 1 进 1　　　**8.** 炮八进六　卒 3 进 1

红方进炮封住右车是常规的走法。如改走炮八平九，双方另有攻守。

9. 兵三进一　马 8 进 7　　　**10.** 仕六进五　士 6 进 5
11. 车八进四　马 3 进 4

跃马河口，迫使红方交换子力，从而使右车发挥攻击作用。

12. 车八平六　车 1 平 2
13. 车六进一　车 2 进 4（图 16）

图 16，双方进入中局阶段，形势各有千秋，此时要看双方运用战术的正确程度如何。

14. 兵五进一　炮 5 进 3

红方冲中兵是一步损兵失势的走法，应改走相三进一。以下黑方如走卒3进1，则兵三进一。双方对抢先手，红方并不难走。

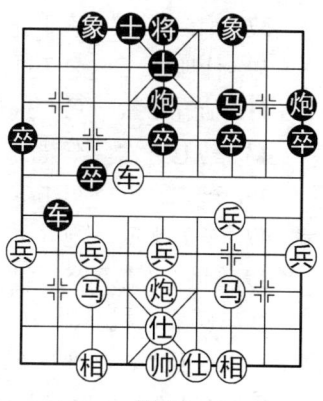

图 16

15. 马七进五　象3进5
16. 兵七进一　炮5进2
17. 相七进五　卒3进1
18. 马五进七　车2进4

红方吃卒造成被动。不如改走车六平二，则卒3进1，马五进四，马7退6，马四进二，炮9平8，车二平四。双方变化复杂，但也能成为和局。

19. 仕五退六　车2退3　　**20.** 马三进五　炮9进4

红方如改走车六平二，卒7进1，车二进一，马7进6，兵三进一，马6进4，黑方占优势。

21. 车六平二　士5进4　　**22.** 车二进一　车2退2

红方如改走车二进三，可能对形势好一些。

23. 车二平三　炮9平7　　**24.** 车三平四　士4进5
25. 马七进六　车2平5　　**26.** 马五进七　车5平6

借兑子之机扩大势力，形势令人满意。

27. 车四平二　车6平4　　**28.** 仕六进五　卒9进1
29. 车二平四　车4平6　　**30.** 车四平二　卒9进1
31. 马六退五　车6进1　　**32.** 马五进四　马7进6
33. 车二退二　车6进1　　**34.** 兵三进一　马6进4
35. 马四退五　马4进5

红方退马立刻使局势产生危机。应改走车二进三保马，虽处下风，但不至于形成败势。

36. 仕五进四　马5退6

红上仕抵挡，是无可奈何之举，不敢飞相去马，因有炮7进3抽车之着。又如马五退三，又有马5进7的凶悍之着，红方均成败势。

37. 车二进三	卒5进1	38. 马五退六	车6平3
39. 仕四进五	炮7进1	40. 相三进五	炮7平5
41. 帅五平六	马6进4	42. 车二退三	卒5进1
43. 马七进六	车3平1	44. 仕五退四	卒5平4
45. 车二平五	车1进3	46. 帅六进一	炮5进2
47. 车五平四	炮5平2	48. 后马进八	马4进2
49. 帅六平五	卒4进1		

冲卒已成杀机。以下红如逃马,则车1退1,帅五进一,卒4进1,帅五平六,马2进3,帅六平五,车1退1,黑胜。

(选自孙志伟负赵庆阁的对局)

第17局 七路马对列炮

1. 炮二平五	马8进7	2. 马二进三	车9平8
3. 车一平二	炮2平5	4. 马八进七	马2进3
5. 车九平八	车1进1		

升右车过于急躁,不如改走卒7进1稳健。

6. 兵三进一	车1平4	7. 兵七进一	车4进5
8. 炮八平九	炮8进2		

如改走车4平3,车八进二,车3退1,炮五平六,车3平7,相七进五,车7退1,车八进六,红方先手。

9. 仕四进五	车4平3	10. 车八进二	车3退1
11. 炮五平六	炮8平3	12. 车二进九	马7退8
13. 相七进五	车3进1		
14. 炮九退二(图17)	炮5平8		

图17,红方退边炮是一步抢先的佳着。以下黑方如走炮3进3,炮九平七,炮5进4,马三进五,车3平5,车八平七。红方车炮位置较好,形势占优。

15. 炮九平七	车3平4	16. 马七进八	车4退5
17. 马三进四	车4平2	18. 马八退六	车2进6

19. 马六退八　象7进5

不如改走马8进9，先保住7路卒，对形势较有好处。

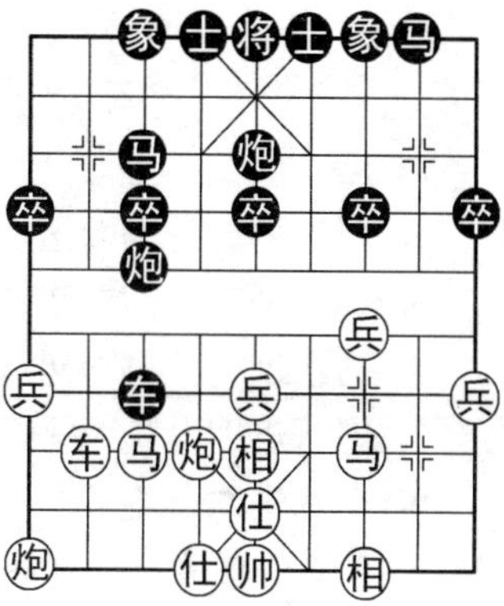

20. 马四进三　炮3进3
21. 炮七进六　炮8进1
22. 仕五退四　炮8进3

如改走马8进9，马三进五，象3进5，炮七平二，红方白得一象。

23. 兵九进一　炮8平7
24. 马三退四　马8进7
25. 兵一进一　炮3退1

图 17

红方进边兵很为紧要，为以后形成多兵之势打下基础。

26. 仕六进五　士6进5　　**27.** 马四进六　马3退2
28. 炮六退一　马2进1　　**29.** 炮七平八　马1进3
30. 兵三进一　马3进4

红方乘机过三路兵，使优势不断扩大。

31. 兵三进一　马7退8　　**32.** 炮八进三　象5进3
33. 炮六平七　炮7退2　　**34.** 兵五进一　马8进6
35. 兵三平四　士5退6　　**36.** 马八进六　马6进4
37. 兵四平五　后马进2　　**38.** 炮七平六　马2进4
39. 炮六进三　马4退3　　**40.** 炮八退三　炮7退3

如改走马3进5，兵五进一，马5退7，炮六平五，士6进5，兵五平四，红方得子大占优势。

41. 后兵进一　象3退5　　**42.** 炮八平一　炮7平1
43. 炮一进三　象5退7　　**44.** 炮六平一　士4进5
45. 炮五平二　炮1进4　　**46.** 炮二进五　士5退4
47. 马六进七　炮1平4　　**48.** 仕五进四　马3进2
49. 炮一平三　将5进1　　**50.** 炮三退一

红方炮马兵攻势强大，终于取得胜利。

（选自赵国荣胜赵庆阁的对局）

第18局　七路马对列炮

1. 炮二平五　马8进7
2. 马二进三　车9平8
3. 车一平二　炮8进4
4. 兵三进一　炮2平5
5. 马八进七　马2进3
6. 车九平八　卒3进1
7. 炮八进四　炮8平7
8. 炮八平七　士4进5
9. 车八进八　炮5平6

红方进车意欲攻击3路马，争夺主动。如改走车八进四，车1平2，车八进五，马3退2，形成平稳之势。此刻黑方平士角炮是正确的应着，如改走车8进9，马三退二，炮5平6，马二进一，炮7进1，马七退五，红方好走。

10. 车二进九　马7退8
11. 兵五进一　炮7进3

红方进中兵从中路突破，是必然之着。如改走相三进一，象3进5，车八退四，车1平4，兵七进一，车4进4，黑方反而好走。

12. 仕四进五　象3进5
13. 马七进五　车1平4
14. 兵七进一　车4进6

红方如改走兵五进一，卒5进1，炮七平一，马8进7，炮一平九，马3进1，车八退二，卒7进1，兵三进一，炮7退5，车八平九，炮6进4，双方形成对峙之势。

15. 兵七进一　炮6平8
16. 帅五平四　象5进3
17. 兵五进一　卒5进1
18. 炮五进三　象3退5
19. 车八退四　马8进7
20. 相七进五　炮7平9
21. 炮七平四　马7进5
22. 炮四退三　车4进2
23. 车八平四　马5进3（图18）
24. 车四进二　前马退4

图18，红方进车抢占卒林要道，并不是当务之急，应改走马五进七，前马退4，炮五进一，马4进3，炮五退一，红方保住中炮的存在，黑车一时不能攻击，双方各有千秋。

25. 炮五平二　车4退3
26. 炮四退二　车4平5

27. 车四退二　车5退2
28. 相五进七　马4进3
29. 车四进一　前马进5
30. 仕五进六　卒7进1

红方上仕使局势恶化，应改走炮四进一，尚可应付。

31. 兵三进一　马5进7
32. 车四退一　马7进9
33. 炮四平一　象5进7
34. 炮二退四　象7进5
35. 炮二平五　车5平4

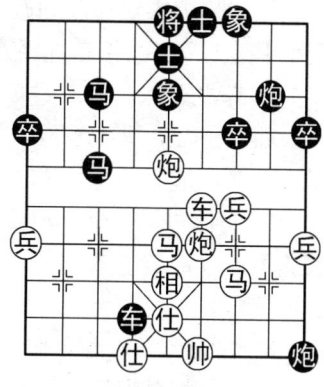

图 18

36. 炮五进一　马9进7

红方如走马五进三，马3进5，车四进二，车4进4，黑方胜势。

37. 炮一平二　炮8平6

也可改走马7退5，相七退五，车4进4，红方仕相残缺，难以防守，黑方胜势。

38. 炮五平四　马3进5　　39. 车四进二　马5进4
40. 车四退二　车4平8　　41. 炮四进五　车8进5
42. 车四平六　士5进6　　43. 车六平二　车8进1

红方如改走仕六退五，车8退2，车六平二，马7退9，帅四进一，马9进8，帅四进一，车8平6，帅四平五，马8退7，黑方胜定。

44. 帅四进一　炮9退1

黑方攻杀巧妙，终于取得胜局。

（选自于幼华负赵国荣的对局）

第19局　七路马对列炮

1. 炮二平五　马8进7　　2. 兵三进一　车9平8
3. 马二进三　炮8平9　　4. 马八进七　炮2平5

平中炮力求对攻。如改走卒 3 进 1，炮八进四，马 2 进 3，炮八平七，车 1 平 2，车九平八，象 3 进 5，红方先手。

5. 车九平八　马 2 进 3　　　　**6.** 马三进四　车 8 进 4

如改走卒 3 进 1，炮八进四，车 1 平 2，车一进一，车 8 进 5，车一平四，炮 9 进 4，双方对抢先手。

7. 马四进三　炮 9 退 1

不如改走卒 3 进 1。如以下红方走炮五平三，马 7 退 9，黑方足可抗衡。

8. 炮五平三　炮 5 平 6　　　　**9.** 炮八进五　炮 6 平 2

红方进炮兑炮迫使黑方阵形不稳，是一步击中要害的好着。

10. 车八进七　车 1 进 2　　　　**11.** 车八平九　象 3 进 1
12. 车一进一　卒 3 进 1　　　　**13.** 车一平四　车 8 进 3
14. 马三退四　马 3 进 4

红方退马保炮力求稳中夺势，也可以改走炮三平五，士 4 进 5，车四进七，炮 9 进 5，马三进五，红方有攻势占优。此刻黑方进 3 路马，力求兑子摆脱困境，以便达到平稳的局势。

15. 马七退五（图 19）　炮 9 平 5

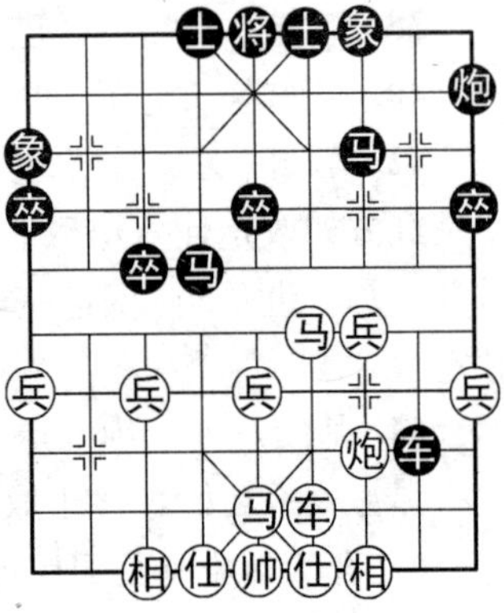

图 19，红方退中马等待交换子力，是保住主动攻势的好着。如改走炮三进五，马 4 进 6，车四进三，车 8 平 3，相三进五，车 3 退 1，车四平五，黑方可以抗争下去。此时黑方平中路炮，准备弃马抢攻，如改走马 4 进 5，则车四进二，黑方失子，形成败势。

16. 炮三进五　炮 5 进 5
17. 马五进四　车 8 平 5

红方没加细算，就贸然进马捉车，导致失子，应改走马五进六，红方得子占优势。

18. 仕四进五　车 5 平 2　　　　**19.** 帅五平四　马 4 进 6
20. 马四退三　车 2 退 2　　　　**21.** 马三进二　马 6 退 4

图 19

22. 车四进八	将5进1	23. 兵七进一	车2退3
24. 兵七进一	象1进3	25. 炮三退一	车2平7
26. 兵三进一	象7进5	27. 炮三平九	象5进7
28. 炮九进三	将5平4		

红方进炮没有效力，不如改走车四退四，炮5退2，车四平三，红方较有取胜的实力。

29. 车四退四	炮5退2	30. 马二进四	马4退3
31. 车四进一	士4进5	32. 马四进五	马3进5

为了避开黑方车7平6兑车之着，所以只好马吃中卒交换。虽然仍是优势，但要取胜，仍有很大的难度。

33. 车四平五	车7平5	34. 车五平七	车5平1
35. 炮九平一	车1进4	36. 车七退一	车1平6
37. 仕五进四	车6进1	38. 帅四平五	车6平5
39. 仕六进五	车5退1	40. 车七平六	士5进4
41. 相七进五	象7退5	42. 兵一进一	象5进7
43. 炮一平五	炮5平6		

红方竭力想吃去黑方士象，以便形成胜机，但黑方防守严谨，一时难有机会。如改走帅五平六吃士，将4平5，车六进二，卒9进1，兵一进一，炮5平9，红方要达到残局的必胜之势，因为少一仕，没有一定的把握。

44. 炮五平七	炮6进4	45. 车六平四	炮6平9
46. 相五进三	将4平5	47. 相三进五	象7退5
48. 炮七退五	车5平9	49. 炮七平五	将5平4
50. 车四进三	将4退1	51. 炮五平六	将4平5
52. 车四退二	卒9进1	53. 炮六平五	士4退5
54. 兵一进一	车9退2	55. 车四平五	车9平8
56. 炮五进三	士5进4	57. 炮五平一	将5平4
58. 仕五进六	炮9退4	59. 车五平六	将4进1
60. 帅五平六	车8退2	61. 炮一进二	炮9退3
62. 炮一平七	将4退1	63. 车六平一	炮9平3

64. 炮七平八　车8进7　　　　65. 帅六进一　车8平2

黑方在残局中应着周密,无懈可击,终于和局。

(选自许银川和吴桂林的对局)

第20局　七路马对列炮

1. 炮二平五　马8进7　　　　2. 马二进三　车9平8
3. 车一平二　炮2平5　　　　4. 马八进七　马2进3

红方如改走车二进六,炮8平9,车二进三,马7退8,以下红方可走车九进一,仍占先手。

5. 车九平八　炮8进4　　　　6. 兵三进一　卒3进1
7. 炮八进四　炮8平7　　　　8. 炮八平七　象3进1
9. 车八进八　士4进5

红方不如改走车八进四。

10. 车八平七　车1平3　　　11. 车七进一　象1退3
12. 相七进九　车8进9　　　13. 马三退二　象7进9
14. 兵七进一　卒3进1　　　15. 相九进七　卒7进1
16. 兵三进一　象9进7
17. 炮五退一　马7进6
18. 相七退五　卒9进1
19. 炮七退一　炮5平8 (图20)

图20,针对红方退炮打象的攻击,黑方巧妙地平中炮于8路,准备进炮压马,扩大优势,有力地化解了红方的攻势。

20. 马二进一　炮8进5
21. 马七进八　炮7平1
22. 炮七进一　马6进4
23. 马八进六　炮1平9
24. 马六进七　马4退3　　　25. 马七退五　象3进5

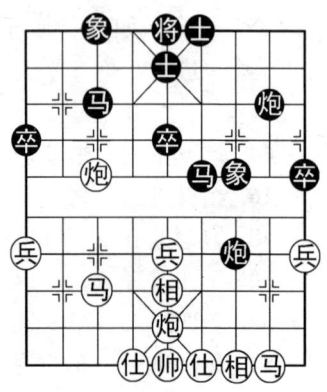

图20

至此黑方形成多卒之势,主力位置又好,已明显占优势。

26. 炮五平六	卒9进1	27. 仕六进五	炮9平8
28. 马五退四	后炮退5	29. 马四退三	马3进1
30. 马一退二	马1进2	31. 帅五平六	士5进6
32. 相五进七	后炮平4	33. 帅六平五	马2进3
34. 马三进四	炮8进1	35. 仕五退六	炮4平6

可改走炮4平8打马，形势仍然主动。

36. 马四退五	马3退4	37. 马五进三	炮8退2
38. 马三进五	马4进2	39. 炮六进三	马2退3

红方白失一相，形势更加艰难，要阻挡黑方的攻势已非常困难。

40. 相三进五	马3进4	41. 帅五进一	炮8退1
42. 炮六进二	炮8进3	43. 马五退三	炮8退2
44. 马三进五	炮6平5	45. 炮六退二	炮8退1
46. 马五进四	炮5退5	47. 帅五平六	马4进2
48. 炮六平五	象5进3	49. 马四退六	将5平4
50. 炮五平六	将4平5	51. 炮六平五	炮8退4
52. 相五进七	炮8平4		

红方如走马六退五，马2退3，交换子力之后，形势仍难改观。

53. 帅六平五	马2退4	54. 炮五进二	马4退3
55. 炮五退二	马3退4	56. 炮五进二	马4退6
57. 帅五进一	炮5退2	58. 马六进五	炮4平5
59. 马五退七	象7退5		

黑方逐渐扩大攻势，红方无力抵抗，只好投子认负。

（选自葛维蒲负洪智的对局）

第21局 七路马对列炮

1. 炮二平五	马8进7	2. 马二进三	车9平8
3. 兵七进一	炮8平9		

红方不出右车而先进七路兵，有意打乱流行布局的套路，是战略性的下法。

4. 马八进七　卒7进1　　　　**5.** 马七进六　炮2平5

红方如改走炮八平九，则车8进5，兵五进一，炮2平5，车九平八，马2进3，车八进五，炮5进3，马七进五，炮5进2，车八平三，象3进5，车三进二，炮5平2，马五进六，红方优势。

6. 炮八进六　车8进5

进炮压马是紧凑有力的攻法，如改走马六进七，马2进3，炮八平七，马7进6，车九平八，车8进5，相七进九，炮5平6，炮一进一，象3进5，车一平六，士4进5，车六进四，马6进7，炮五平六，炮6进1，车六退一，车8进3，黑方足可抗衡。此时黑方如改走车1进1，车九平八，车8进1，马六进七，车8平3，炮五平七，炮5平3，炮八退一，车1平2，车一进一，马7进6，车一平八，红方占优。

7. 马六进五　马7进6

以往多走马7进5兑马，炮五进四，士4进5，车一平二，车8平4，车九平八，红方略占优势。此时进马6路避兑中马，力图踏中兵对攻，但度数比较迟缓，容易被对方利用，计谋落空。

8. 车一进一　士4进5

9. 兵三进一（图21）　车8平7

图21，红方进三路兵捉车是一步极妙的好着，使黑车陷入被攻击之中，为此黑方费尽周折保车，落入下风。

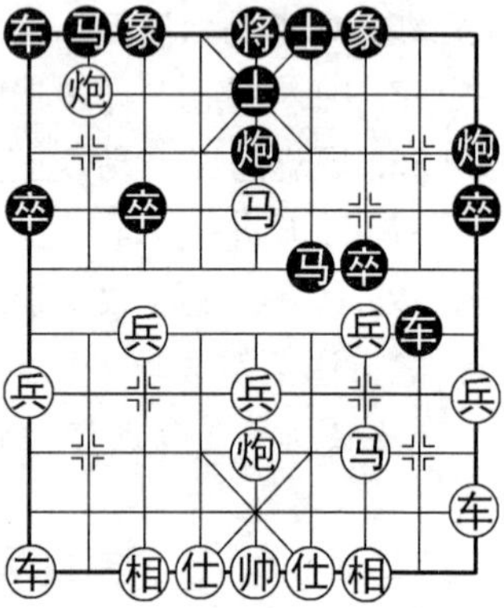

10. 马五退四　炮5平2

平炮阻挡红炮退回打车是必然的走法，因红方有相三进一，车7进1，炮八退五打死车的手段，所以不得不防。

11. 炮五退一　炮9平7　　　**12.** 炮五平三　车1进1

13. 相七进五　车7进2　　　**14.** 马四退三　车1平2

吃炮是正确的应法，如改走炮7进5，炮三平八，黑方右路拥塞，并不合适。

图21

15. 马三进四　炮2平6

应改走炮2进7，仕六进五，炮7进6，车一平三，象7进5，黑方还可对付。

16. 炮三进六　炮6进3

应改走马6退7兑炮，还有谋和之望。

17. 炮三退一　车2进5　　18. 兵五进一　马2进3

应改走马6退4，炮三平五，象3进5，兵五进一，炮6平5，兑去红炮之后，还有争取和局的可能。

19. 车一平四　卒7进1　　20. 相五进三　车2平5
21. 车四平五　车5平6　　22. 车九平七　马6进8
23. 炮三平四　炮6平3　　24. 车七进四　车6退3
25. 车五平七　马3退4

退马比较软弱，可走车6平5，还可争夺一下。

26. 前车进二　车6平2　　27. 后车进三　马8进7
28. 仕六进五　马7退9

此时还应改走象3进5，还能支持一阵。

29. 前车进三　车6平7　　30. 相三进一　车7进2
31. 后车退二　车7退5　　32. 兵五进一　马9退8
33. 前车退六　车7平1　　34. 后车平三　象7进9
35. 车三进四　车1平5　　36. 兵五平四　车5平6
37. 车七平四　马8退7　　38. 兵四进一　车6平2
39. 仕五退六　车2平5　　40. 仕四进五　车5平1
41. 车四平二　车1平3　　42. 车二进五

红方伏下车二平三捉马的凶着，黑方难以防守，红胜。

（选自许银川胜王平的对局）

第22局　七路马对列炮

1. 炮二平五　马8进7　　2. 马二进三　车9平8
3. 兵三进一　炮8平9　　4. 马八进七　炮2平5

5. 车九平八　马2进3　　**6.** 炮八平九　车1进1

红方平边炮使左车显出锋芒，是一种稳健的下法，如走兵七进一则形成另一路变化。

7. 马三进四　车1平4

8. 车八进四　车4进7

9. 仕四进五（图22）　车4平3

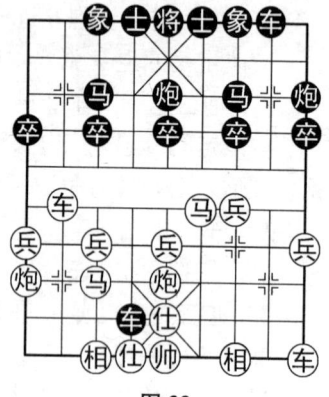

图22

图22，黑车平车捉马容易被红方算计。虽然能够使红车被迫回防，但红方平炮之后还要逃车，并不能占到便宜。不如改走卒3进1加强防守。

10. 车八退二　车8进4

11. 马四进三　车8进3

进车控制红方走炮五平三，但着法过于重复，没有攻击作用，形势仍然落后。

12. 炮五平四　车3进1　　**13.** 兵三进一　卒5进1

如改走车8平7，则相三进五，车3平1，车一平三，黑方仍难应付。

14. 马三进五　炮9平5　　**15.** 相三进五　车3平1

16. 兵三进一　马7退9　　**17.** 马七退八　炮5进4

红方退马困住黑车，并保卫中相的安全，一举两得。

18. 马八进六　炮5退1　　**19.** 马六进五　车8退1

20. 马五进三　车8平4　　**21.** 炮四退二　士4进5

22. 马三进四　炮5进1　　**23.** 炮四平三　将5平4

24. 帅五平四　炮5进2　　**25.** 车一进二　炮5平8

26. 相五退七　车1退1

红方退相是一步攻防的好着，伏下兑车的先手，由此扩大了优势。

27. 车八平六　车1平4　　**28.** 车六退一　车4进2

29. 炮九平六　马3进5　　**30.** 炮三进三　车4进1

31. 帅四进一　车4退1　　**32.** 帅四退一　车4进1

33. 帅四进一　车4平7　　　34. 炮三平六　将4平5
35. 前炮平五　士5进6　　　36. 炮五进三　炮8退2
37. 车一平五

红方攻势有力，黑方已无力支持，红胜。

（选自李鸿嘉胜谢靖的对局）

第23局　七路马对列炮

1. 炮八平五　马2进3　　　2. 马八进七　车1平2
3. 兵三进一　卒3进1　　　4. 马二进三　炮2平1

平炮边路演变新的走法，如改走马8进7，局势比较平稳。

5. 马三进四　炮8平5

红方进马河口，企图以快攻打扰对方，如改走车九进一加快出动主力，全面发展，则比较工稳。此刻黑方反架中炮反击，造成抢夺先手之势。如改走马8进7，则车九进一，红方仍占先手。

6. 马四进五　马3进5

红方主力尚未出动而急于进马发动攻势，难有好的效果。不如改走车九进一，则马8进7，炮二平三，比较含蓄有力。

7. 炮五进四　士6进5　　　8. 炮二进六　车2进3
9. 炮五退二　车2平5　　　10. 炮五进三　象7进5
11. 车一平二　马8进6　　　12. 炮二退六　车9平8

红方退炮无可奈何。此炮的位置已起不到封制的作用，所以退炮预防马6进8的反击手段。

13. 车九进一　车5平6　　　14. 车九平二　车6进4
15. 相七进五　车8进6　　　16. 仕六进五　车6平7
17. 炮二平一　车8平9

如改走车8进2，则车二进一，车7平9，车二进七，车9退1，车二平四，双方形成均势，容易成和。所以黑方没有兑车，保持变化，其中原因是红方七路马不通活，黑方想利用这个弱点，等待机会，谋求进取。

18. 前车进二　车7退1　　　19. 前车进五　车7平6
20. 前车平三　士5退6　　　21. 炮一平四　炮1退1
22. 车三退一　车9平8

兑车出于无奈，如强求进取容易出事，所以先保住局势的稳定，然后再找机会。

23. 车二进三　车6平8　　　24. 车三平四　马6进8
25. 车四退二　卒7进1
26. 兵三进一　马8进7
27. 炮四进七（图23）　车8退3

图23，红方炮打底士，不能产生有效的攻击，反而使防守出现了致命的弱点，得不偿失。不如改走车四进一静观变化。

28. 车四平六　炮1平6

平炮封住红炮的退路，使其不能回家防守，是取势的紧要之着。

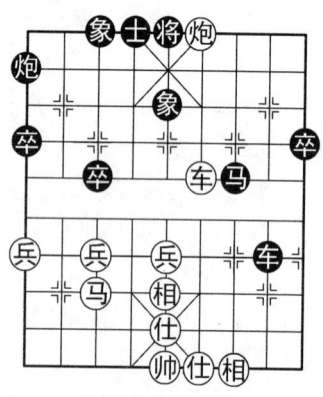

图 23

29. 炮四平六　车8平2　　　30. 炮六退一　车2进4
31. 马七退六　炮6平5　　　32. 车六平四　炮5进5
33. 炮六退三　马7进8　　　34. 炮六退二　炮5退1
35. 车四退二　马8进7　　　36. 车四退二　马7退8
37. 车四进二　马8进7　　　38. 车四退二　马7退8
39. 炮六平五　卒3进1

进卒是一步巧妙的攻击手段，由此打开了防守的大门。

40. 车四平二　马8退7

红方如改走相五进七，则车2平6，车四平二，车6退1，马六进七，将5平6，相七退五，炮5平8，打死红车，黑胜定。

41. 车二平三　将5平4　　　42. 兵七进一　车2退1
43. 车三进二　炮5退2　　　44. 兵九进一　卒9进1
45. 马六进七　车2平3　　　46. 车三进一　车3进1

红方弃子是形势所迫，否则也将受困而负。

47. 车三平六　将4平5　　　48. 车六进一　马7进6
49. 帅五平六　车3退1　　　50. 炮五进一　车3平5

红方不但失子，形势又差，无力支撑，终成败局，黑胜。

(选自柳大华负许银川的对局)

第24局　七路马对列炮

1. 炮二平五　马8进7　　　2. 马二进三　车9平8
3. 车一平二　炮8进4　　　4. 兵三进一　炮2平5
5. 兵七进一　马2进3　　　6. 马八进七　车1平2
7. 车九平八　车2进4　　　8. 炮八平九　车2平8
9. 车八进六　炮8平7　　　10. 车八平七　前车进5

红方平车吃卒，对抢攻势，形成紧张的局势。如改走车二平一，则炮5平6，车八平七，象7进5，兵七进一，前车平3，车七退一，象5进3，马七进六，车8进4，马六进五，马3进5，炮五进四，炮6平3，炮五退一，炮3进7，仕六进五，炮7平1，兵五进一，炮1退2，车一平二，车8进5，马三退二，炮1平5，兵五进一，象3退5，炮九平三，炮3退8，炮三进四，炮3平9，炮3平9，马二进三，红方占优。

11. 马三退二　车8进9　　　12. 车七进一　车8平7
13. 车七进二　炮7进1

如改走炮7平8，则炮九进四，炮8进3，炮九进三，卒7进1，兵七进一，车7退4，仕四进五，车7平3，车七平八，车3退1，马七进六，炮8退8，炮五平三，红方占优。

14. 兵七进一　炮7平3

红方也可以改走马七进六，比较工稳。

15. 兵七平六　炮3平2

也可改走炮5进4，展开对攻，在乱中寻求机会。

16. 车七平八　车7退4　　　17. 车八退七　炮5进4
18. 炮五平七　车7平3

红方平炮可保持子力的攻击力。如改走仕六进五,则车7平4,炮九进四,车4退1,炮九进三,将5进1,黑方反而有一定的反击能力。

19. 炮七平三　马7退5　　　　**20.** 车八进一　炮5退1

如改走车3平5,则炮九进四,象7进5,车八平七,象5退3,炮三平七,卒7进1,炮九进三,红方好走。

21. 炮九进四　象7进5

22. 炮三平二（图24）　卒7进1

图24,红方如改走炮三进二打车,车3进2,车八进一,车3平5,仕四进五,车5退1,炮九退二,卒5进1,炮九进五,象5退3,兵六平五,车5平1,红方要想取胜,也有一定的难度。此刻黑方进7路卒,是一步迟缓之着,不如改走马5进3,则炮二进七,象5退7,炮九进三,

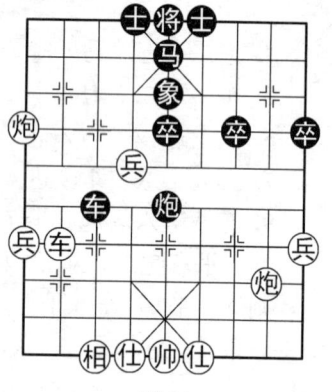

图24

将5进1,炮二退五,车3进2,车八进五,将5进1,车八退四,车3平5,仕四进五,车5退1,兵六进一,卒5进1,黑方还可坚持下去。

23. 炮九进三　车3退5　　　　**24.** 炮二平九　马5进3

25. 车八进一　炮5进1　　　　**26.** 兵六进一　炮5退2

红方牵制了车马的活动,有力地控制了局势,黑方已难防守。

27. 兵六进一　马3进4　　　　**28.** 车八平六　马4退2

29. 兵六进一　士6进5　　　　**30.** 车六平二　象5退7

31. 车二平八　马2进4　　　　**32.** 车八平六　马4退5

33. 兵九进一　炮5平6　　　　**34.** 车六平七　车3平2

35. 车七平八　车2平3　　　　**36.** 车八进四　士5退6

37. 兵六平七

红方车炮兵攻势强劲,黑方无力阻拦,终于败下阵来,红胜。

（选自聂铁文胜苗永鹏的对局）

第25局　七路马对列炮

1. 炮二平五　马8进7　　　2. 马二进三　车9平8
3. 车一平二　炮2平5　　　4. 兵三进一　马2进3

红方先进三路兵等待变化。如改走车二进六，则炮8平9，车二进三，马7退8，马八进七，马2进3，车九平八，红方先手，但变化减少，因此红方为谋取更大的进取空间避开兑车的变化。

5. 马八进七　车1平2　　　6. 车九平八　车2进5
7. 炮五退一　炮8进4　　　8. 相七进五　炮8平7
9. 兵七进一　车8平9

红方进兵捉车是创造性的走法。如改走车二进九，则马7退8，炮八平九，车2进4，马七退八，卒3进1，黑方足可对抗。

10. 马七进八　车8退2　　11. 炮五平七　炮7进3
12. 帅五进一　炮7平9　　13. 炮八平七　炮9退2

红方应改走马八进七，看一下变化再做打算。

14. 马三进四　炮5进4　　15. 帅五平六　车8退6
16. 兵七进一　炮9平3　　17. 马八退七　车8平4
18. 兵七平六　炮5退1　　19. 马七进八　卒3进1

进卒弃马准备抢攻，是一步争先的好着。

20. 炮七进六　卒3进1　　21. 相五进七　车4进3
22. 帅六平五　车4平6　　23. 马四退三　卒7进1
24. 马八进九　卒7进1　　25. 车八进三　士6进5
26. 炮七平八　车6进3（图25）

图25，黑方进车捉马反而被红方乘机兑子而失势。应改走车6平1，则马九进七，马7进6，炮八退三，炮5退1，帅五平四，车1平3，黑方大占优势。

27. 马九退七　炮5退1　　28. 马七进六　士5进4
29. 炮八平三　士4退5　　30. 车八进三　卒7平6

应改走卒7进1，较有攻击作用。

31. 马三进二　卒6平5
32. 帅五平六　车6进2
33. 车八平五　车6退1
34. 帅六进一　炮5平2
35. 车五退二　炮2进1
36. 相七退九　炮2平8
37. 车五平二　车6退2
38. 兵九进一　车6平9
39. 车二平六　车9进1
40. 帅六退一　车9平1
41. 炮三退六　象7进5

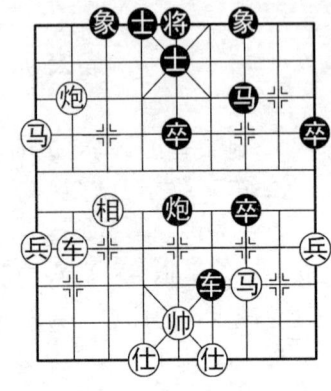

图25

42. 炮三平五　将5平6

此刻应改走车1平5保住边卒，红方如要取胜颇费周折。

43. 车六平四　将6平5　　44. 车四平一　将5平6

不如改走车1退1较为有力。

45. 炮五平一　车1退1　　46. 炮一进五　车1平4
47. 帅六平五　车4平5

如改走车4进3，则车一平四，将6平5，炮一平五，仍是红方胜势。

48. 帅五平六　车5退3　　49. 仕六进五　将6平5
50. 炮一进三　车5进1　　51. 车一平二　将5平6
52. 炮一退九　将6平5　　53. 车二进五　士5退6
54. 炮一进九　车5平7　　55. 炮一平四　象5退7
56. 炮四退九　车7进1　　57. 炮四平五　士4进5
58. 兵九进一　车7退1　　59. 兵九平八　象3进5
60. 兵八进一　车7平4　　61. 仕五进六　将5平4
62. 炮五平六　将4平5　　63. 车二退三

红方车炮兵攻击紧凑，获得一士之后，形势大好，黑方无力抵抗，红胜。

（选自吕钦胜洪智的对局）

第26局　七路马对列炮

1. 炮二平五　马8进7　　　　2. 马二进三　车9平8
3. 兵三进一　炮2平5　　　　4. 马八进七　马2进3

红方为了平衡两路的子力出动，所以先跃出左马，以免左路出子较慢而受到反击。如改走车一平二，马2进3，马八进七，车1平2，车九平八，车2进5，黑方首先挑起战火，红方反而不好。

5. 车九平八　炮8平9　　　　6. 兵七进一　车1进1
7. 炮八平九　车1平4　　　　8. 车八进六　车4进5
9. 马七进八　车4平2　　　　10. 车八进二　车8进4

红方进车企图摆脱牵制，仍可保持先手。如改走炮九平七，车8进4，炮七进四，马3退1，车八进二，卒7进1，形成混战局势。

11. 马八进九　车2退5
12. 马九进八（图26）　卒7进1

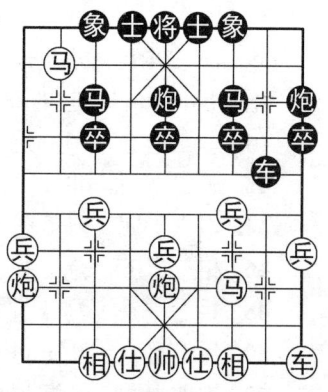

图26

图26，黑方如改走士4进5，红方可走车一平二或马八退七，仍占先手，但此时黑方不顾危险，贸然进7路卒抢先，此举并非上策，还是上士防守为好。

13. 兵三进一　车8平7
14. 马八退六　将5进1
15. 车一平二　将5平4

如改走车7平8，车二进五，马7进8，马六进七，红方多兵相，占有优势。

16. 炮九平六　将4进1

红方应改走炮五平六，则车7平4，仕六进五，士4进5，炮九退一，红方占优。

17. 炮六退一　炮5平6　　　　18. 车二进二　马7进6
19. 车二进五　将4平5　　　　20. 马三进四　马6退7

21. 车二进一　车7平6　　　22. 马四退三　车6平4
23. 炮六平三　马7进8　　　24. 兵五进一　将5平4
25. 仕四进五　士4进5

过稳，反而不达，可改走炮6平5展开反击。

26. 炮五平六　车4平6

平6路车是一步失算之着，使红方有了取胜之机，应改走车4平2，双方各有千秋。

27. 马三进二　车6平2　　　28. 马二退四　将4平5
29. 兵五进一　马8进6　　　30. 马四进六　卒5进1
31. 马六进七　将5平4　　　32. 炮三进二　车2进3
33. 马七退五　马6退5　　　34. 炮三平六　车2平4

红方可走车二退四即取得胜局。

35. 仕五进六　将4退1　　　36. 仕六退五　将4退1
37. 炮六退一　炮6平5　　　38. 马五进三　炮9进4
39. 马三进五　象7进5

兑子反而影响取胜的速度，应改走相三进五。

40. 车二退五　炮9退1　　　41. 车二进一　炮9进1
42. 车二平三　将4平5　　　43. 炮六进四　马5进7
44. 炮六平四　马3进4　　　45. 炮四平二　士5退4
46. 相三进五　炮9平6　　　47. 兵九进一　士6进5
48. 兵七进一　马4进3　　　49. 兵九进一　炮6退5
50. 兵七进一　卒9进1　　　51. 炮二平四　马3退5
52. 炮四退一　马5退3　　　53. 相五进七　卒9进1
54. 炮四平六　马3进1　　　55. 车三退一　炮6退5
56. 炮六退一　马1退3　　　57. 炮六进一　马3进1
58. 炮六退一　马1退3　　　59. 炮六进一　马3进1
60. 炮六平五　将5平6　　　61. 炮五平四　马1进3
62. 车三进一　炮6平5　　　63. 帅五平四　炮5平8
64. 车三平四　将6平5　　　65. 相七进五　炮8退4
66. 帅四平五　马3进4　　　67. 仕五进六　马4退2

68. 仕六进五　马 2 进 1　　　**69.** 相五进三　马 1 退 3

红方忙中出错,应改走炮四平五,仍是胜势,由此黑方有了谋和的机会。

70. 帅五平六　炮 8 进 3　　　**71.** 相三退五　炮 8 进 1

72. 仕五进四　炮 8 平 4　　　**73.** 仕六退五

黑方虽然有一定的攻势,但红方防守稳固,要取胜并非易事,遂同意红方提和,就此休战。

(选自喻之青和李来群的对局)

第 27 局　七路马对列炮

1. 炮二平五　马 8 进 7　　　**2.** 马二进三　车 9 平 8

3. 车一平二　炮 8 进 4　　　**4.** 兵三进一　炮 2 平 5

5. 马八进七　卒 3 进 1　　　**6.** 车九平八　马 2 进 3

红方如改走炮八进四,马 2 进 3,炮八平七,炮 8 平 7,车九进一,车 1 平 2,车九平四,车 8 进 9,马三退二,象 3 进 1,车四进二,车 2 进 3,车四平三,车 2 平 3,兵三进一,卒 7 进 1,车三进二,马 7 退 5,车三退一,车 3 平 4,仕四进五,车 4 进 3,炮五平二,双方各有攻守。

7. 炮八进四　炮 8 平 7　　　**8.** 炮八平七　士 4 进 5

9. 仕四进五　车 8 进 9

如改走象 3 进 1,车二进九,马 7 退 8,车八进四,车 1 平 2,车八进五,马 3 退 2,形成平稳局势。

10. 马三退二　炮 5 平 6　　　**11.** 炮五平三　象 3 进 5

如改走炮 7 进 3 打相,则相七进五,炮 7 退 1,仕五退四,车 1 平 2,车八进九,马 3 退 2,马二进一,炮 7 平 8,兵三进一,红方占优。

12. 相七进五　车 1 平 4　　　**13.** 马二进一　炮 7 平 8

14. 炮七平三　炮 8 进 1

红方打卒压马是正确的应法。如改走兵三进一,车 4 进 3,兵三进一，车4平3，兵三进一，炮6进6，车八进四，卒5进1，双方各有攻守。

15. 车八进四　车4进4　　16. 车八平四　车4平8
17. 兵七进一　马3进4　　18. 车四平六　卒3进1
19. 车六平七　炮6进6　　20. 后炮退一　卒1进1

红方退炮先避一手是有力的应着。如改走前炮平九，炮8平5，仕五退四，马7进6，炮九进三，士5进4，黑方子力灵活，反而好走。

21. 兵一进一　马7退8　　22. 前炮进二　炮6退3
23. 前炮平一　车8退3　　24. 炮一进一　士5退4
25. 马七退九　炮6进3　　26. 车七平六　马4退3
27. 兵三进一　炮8进1
28. 马九进八　车8进6（图27）
29. 炮三进二　炮6平7

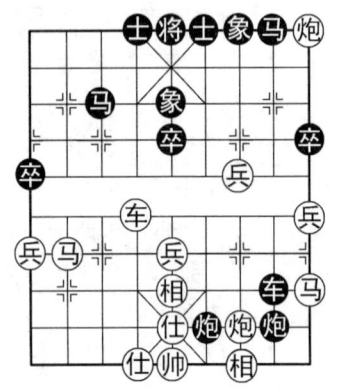

图27

图27，红方升三路炮失去良机。应改走车六平四，车8平9，炮三进八，象5退7，炮一平三，士6进5，车四退三，车9进1，仕五退四，红方胜势。

30. 马八进九　炮8平9
31. 仕五退四　炮9进1
32. 帅五进一　炮9退1
33. 帅五退一　炮9进1
34. 帅五进一　炮7平8
35. 马九进七　车8平9
36. 车六平二　车9进1
37. 马七进五　象7进5

红方进马吃象失着，应改走马七进九，炮9平8，车二平四，将5进1，帅五退一，车9退1，车四平七，车9平5，仕六进五，马3进4，车七进四，将5退1，车七平四，马4退2，炮三进六，士6进5，车四退七，后炮平5，炮三退三，马8进9，车四平五，车5进1，帅五进一，马9进7，兵三进一，红方优势。

38. 车二进五　炮8退2　　39. 帅五退一　炮8平5

40. 相五退七　炮 9 退 4

红方少子，又无法展开攻势，黑方有攻势，胜局已定。
（选自韩国振负郑国庆的对局）

第 28 局　七路马对列炮

1. 炮二平五　马 8 进 7　　　　2. 马二进三　车 9 平 8
3. 车一平二　炮 8 进 4　　　　4. 兵三进一　炮 2 平 5
5. 兵七进一　车 1 进 1　　　　6. 马八进七　车 1 平 8
7. 车九平八　炮 8 平 7

先平炮兑车是必然的走法。如先走马 2 进 3，炮八进一，炮 8 平 2，车二进八，车 8 进 1，车八进三，车 8 进 3，车八进三，红方子力开朗，占优。

8. 车二平一　马 2 进 3

红方如改走炮八进一，前车进 8，马三退二，炮 7 平 2，车八进三，车 8 进 9，车八进六，车 8 平 7，车八平七，车 7 退 4，车七退三，卒 7 进 1，双方对抢先手。

9. 仕四进五　前车进 3　　　　10. 炮八进三　后车进 1

红方进炮河口，防止兑卒抢先，是一步佳着。

11. 车八进四　后车平 2

平车捉炮急躁，应改走前车平 4。以下红方如炮五平六，车 4 进 2，相三进五，车 4 平 3，车八退二，卒 3 进 1，兵七进一，车 3 退 2，马七进六，车 8 平 2，炮八进一，卒 7 进 1，双方均势。

12. 炮八进一　卒 3 进 1　　　　13. 车一平二　车 8 进 5
14. 马三退二　马 3 退 1

如改走卒 3 进 1，车八平七，马 3 进 4，炮八平六，车 2 平 4，车七进二，红优。

15. 炮八平三　车 2 进 4　　　　16. 炮三进三　士 6 进 5
17. 马七进八　卒 3 进 1　　　　18. 马八进九　炮 5 进 4
19. 马二进三　炮 5 平 6

20. 兵三进一　炮7进3（图28）

图28，红方及时进三路兵，有力地克制黑方7路马的活动，由此控制了局势，占据了优势。

21. 马三进五　炮6退3
22. 马九进八　象3进5
23. 炮三退一　炮6平8
24. 帅五平四　炮8进6
25. 帅四进一　炮7平3

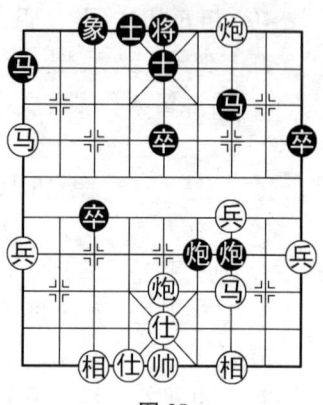

图28

如改走象5进7吃兵，马五进七，炮8退7，炮五平九，马7进6，炮三退八，炮8平6，仕五进四，马6进5，帅四平五，马5退3，炮九进六，红方得子胜定。

26. 马五进七　炮3平1　　**27. 炮五进五　士5进4**
28. 兵三进一　马7退9　　**29. 马八退六　将5进1**
30. 炮五平二　马9退7　　**31. 马六进四**

红方运用马炮兵直捣九宫，终于取得胜利。

（选自赵国荣胜肖革联的对局）

第29局　七路马对列炮

1. 炮二平五　马8进7　　**2. 兵三进一　车9平8**
3. 马二进三　炮2平5　　**4. 马八进七　炮8平9**
5. 车九平八　马2进3　　**6. 炮八平九　卒3进1**

进卒制马是正确的应法。如车1进1，车八进五，车1平6，兵七进一，黑方双马受制。

7. 马三进四　车1进1　　**8. 车八进四　车1平4**
9. 炮五平三（图29）　卒5进1

图29，红方平三路炮对黑方7路线施加压力，得不偿失，使自己中路空虚，即将受到严重打击。应改走车一进一，攻守兼备，红方仍然好走。此刻黑方及时冲中卒，从中路展开攻势，着法果断

有力。如改走车 8 进 4，相三进五，卒 7 进 1，兵三进一，车 8 平 7，车一平三，红方先手。

10. 仕四进五　卒 5 进 1

红方如改走马四进三，卒 5 进 1，马三进五，炮 9 平 5，炮三进五，马 3 进 5。黑方弃马之后，在中路有较强的攻势。

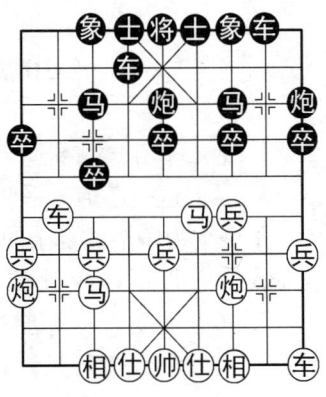

图 29

11. 兵五进一　马 7 进 5
12. 马四进三　车 4 进 4

红方应改走马四进五兑马，马 3 进 5，兵五进一，炮 5 进 2，炮三平五，这样比较好一些。

13. 车八平六　马 5 进 4　　　**14.** 相三进五　马 3 进 2

黑方经过兑车，双马乘势跃出，产生了很大威力。红方虽然多兵，但处于劣势，颇为不利。

15. 车一平四　炮 9 进 4　　　**16.** 马三进四　车 8 进 3

红方进马捉车挂角打将，想制造攻击机会，但不能真正威胁对方，但除此之外没有更好的手段。

17. 马四退六　将 5 进 1　　　**18.** 马六退五　马 2 进 3
19. 炮九平八　炮 9 进 1　　　**20.** 车四进三　车 8 进 6

红方进四路车捉马，使右路更加空虚，黑方可乘机而入，造成败势。

21. 仕五退四　炮 9 进 2

车马炮已构成有力攻势，红已难对付。

22. 车四平一　炮 5 进 3　　　**23.** 仕六进五　炮 9 平 6
24. 帅五平六　炮 6 退 6

由于红方的走法不合乎棋理，所以遭黑方迅速打击，黑胜。

（选自傅光明负阎文清的对局）

第 30 局　七路马对列炮

1. 炮二平五　马 8 进 7　　　　**2.** 马二进三　车 9 平 8
3. 兵七进一　炮 8 平 9　　　　**4.** 马八进七　炮 2 平 5

平中炮力争造成复杂的局势，以便寻求对攻机会。如改走象 3 进 5 或卒 7 进 1，局势比较平稳。

5. 车九平八　马 2 进 3　　　　**6.** 兵三进一　车 1 进 1
7. 马三进四　车 1 平 4

红方进马威力不大，不如改走炮八平九。

8. 仕四进五　车 8 进 4　　　　**9.** 炮五平四　卒 7 进 1

如改走卒 3 进 1，兵七进一，车 8 平 3，相三进五，马 3 进 2，炮八退一，炮 5 平 3，炮八平七，马 2 进 3，车八进四，红方略先。

10. 兵三进一　车 8 平 7　　　**11.** 相三进五　卒 5 进 1
12. 炮八进三　车 7 平 2　　　**13.** 炮八退二　车 7 退 2
14. 炮八进二　车 7 平 2

如改走卒 5 进 1，兵五进一，马 7 进 5，炮八平五，炮 5 进 2，兵五进一，车 7 平 5，马四进三，车 5 平 7，马三进一，象 7 进 9，兑子之后局势比较平淡。为了保持复杂局势，所以黑方没有轻易冲中卒，而是进车控制局势，等待更好的机会。

15. 炮八退二　车 7 退 2　　　**16.** 车一平二　卒 3 进 1

红方不如改走炮八平七。以下黑方如走卒 5 进 1，兵五进一，马 7 进 5，马四进五，马 3 进 5，炮七平五，马 5 进 6，炮五进四，象 7 进 5，车八进三，车 4 平 8，车八平四，马 6 进 8，炮四平二，马 8 退 9，形成对峙之势。

17. 兵七进一　卒 5 进 1　　　**18.** 兵五进一　马 7 进 5
19. 兵五进一　马 5 进 3　　　**20.** 兵五平六　后马进 4
21. 炮八进二（图 30）　车 4 平 8

图 30，红方虽然用炮牵制黑方的车马，但黑方有中炮及 3 路河口马的威力，随时都有反击的可能，不可轻视。此时果然不出所

料,黑方平车巧妙献车解围,使红方立即陷入困境。

22. 车二平一　马4进6

红方如改走车二进八吃车,车7进5,炮四退二,马4进6,车二平四,马6进4,车八进一,炮9进4。下一步沉底炮,黑胜势。

23. 炮八平三　马3进4
24. 炮四退一　车8进7
25. 车一平四　炮9平6
26. 炮三平五　马4退5
28. 车八进一　马6进7

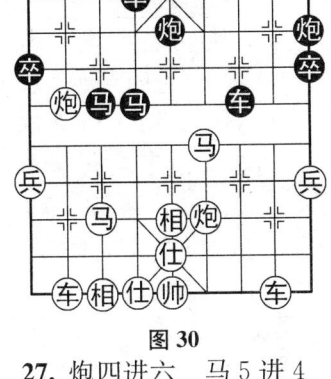

图30

27. 炮四进六　马5进4

29. 马七进五　马7进6

以下红方如走帅五平四吃马,则车8进1,帅四进一,车8退3,马五进四,士6进5。黑方得子,胜局已定。

(选自魏国同负赵国荣的对局)

第31局　七路马对列炮

1. 炮二平五　马8进7	2. 马二进三　车9平8
3. 兵七进一　炮8平9	4. 马八进七　卒7进1
5. 车一进一　车8进5	6. 相七进九　炮2平5
7. 车九平八　马2进3	8. 车一平四　车1平2
9. 炮八进四　士4进5	10. 车四进五　马7进8

红方可改走兵三进一,车8平7,马三进四,红方仍有攻势。

| 11. 车四平二　车8进3 | 12. 马七进六　马8进9 |
| 13. 车二退五　马9进8 | 14. 炮五平七　马8退6 |

红方平炮有些冒险,不如改走马六进四,马8退7,马四退三,炮9平7,前马进四。红方只是少兵,还可支持。

| 15. 帅五进一　卒5进1 | 16. 马六进七　卒5进1 |
| 17. 马七进五　象3进5 | 18. 炮七进五　马6退4 |

19. 帅五平四	炮9平3	20. 马三退五	马4进3
21. 兵五进一	马3退5	22. 帅四进一	马5退3
23. 帅四退一	马3退5		
24. 马五进四	炮3进1		
25. 仕四进五	车2进2（图31）		

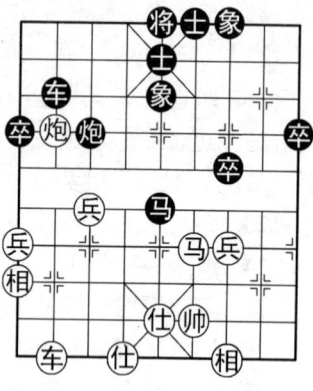

图31，由于红方老帅不安于位，车炮又被牵制，在黑方车炮马的围攻之下，虽然进行艰苦防守，但仍难阻挡住黑方的强大攻势。

26. 帅四退一	炮3平6		
27. 帅四平五	马5退4		
28. 炮八退二	炮6平5		
29. 相三进五	马4进5	30. 相九退七	车2进2
31. 车八进三	卒1进1	32. 兵七进一	车2平3
33. 炮八进五	车3平4	34. 车八平六	马5进6
35. 帅五平四	马6退8	36. 车六平七	士5进4
37. 帅四平五	炮5平6	38. 车七进六	将5进1

图31

红方已难防守，黑方胜定。

（选自吕钦负胡荣华的对局）

第32局　七路马对列炮

1. 炮二平五	马8进7	2. 兵三进一	车9平8
3. 马二进三	炮8平9	4. 马八进七	炮2平5
5. 车九平八	马2进3	6. 马三进四	卒3进1
7. 炮八进四	车1平2	8. 车一进一	车8进4
9. 车八进四	马3进4		

红方应改走车一平八，以后可走炮八平七或炮八平三，还有一定的攻势。

| 10. 马四进六 | 车8平4 | 11. 炮五平三 | 炮5平3 |

12. 相七进五　象7进5　　　13. 车一平八　炮9进4
14. 炮八退一　车4进2

红方应改走炮八平三打卒，车2进5，车八进三，炮9平3，仕六进五，虽落下风，但还可以对抗。

15. 炮八进二　车4平3　　　16. 前车进二　卒3进1
17. 马七退九　炮9平7　　　18. 兵九进一　卒3平4
19. 仕四进五　卒4进1　　　20. 兵五进一　车2平8
21. 前车平六　卒4平5　　　22. 车八进四　炮3进2

进炮是一步老练的应法，不但防止红方车八平六叫杀之着，又伏下炮3平9的攻击手段，并可马7退5增强攻势力量，由此扩大了优势。

23. 车六退一　马7退5　　　24. 车六平四　马5进3
25. 车八退三　炮3平2
26. 帅五平四　卒5平6
27. 车八进一（图32）车2进1

图32，红方不仅少兵，而且八路炮又在绝境之中，形势异常危险。紧要关头，红方进车兑车，是一步化解危局的好着，因此还可周旋下去。

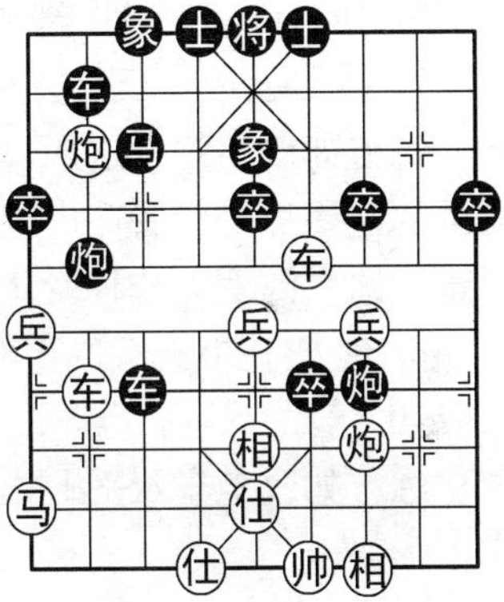

28. 车四退二　车3平6
29. 车八平四　炮2进5
30. 马九退七　炮7进3
31. 车四进六　将5进1

图32

红方虽然吃去一士，但无后援的支持，也是无济于事。相比之下，黑方车马炮的攻势比较强大，红方仍处不利地位。

32. 相五退三　车2进3　　　33. 车四退七　车2平5
34. 车四平八　炮2平1　　　35. 相三进五　马3进4
36. 车八平九　炮1平2　　　37. 车九平八　炮2平1
38. 车八退二　炮1平3

交换子力之后，黑方多卒占优，红方仍难防守。

39. 车八平七	车5进2	**40.** 炮三进四	车5退2
41. 炮三平九	车5平7	**42.** 帅四平五	将5平6
43. 仕五退四	车7平1	**44.** 炮九平一	马4进6
45. 车七进二	将6平5	**46.** 炮一退五	卒5进1
47. 仕四进五	车1进1	**48.** 炮一平四	卒5进1

黑方车马卒攻击有力,红方车炮无力支持,终于失利,黑胜。

(选自郭福人负于幼华的对局)

第33局　七路马对列炮

1. 炮二平五	马8进7	**2.** 马二进三	车9平8
3. 车一平二	炮8进4	**4.** 兵三进一	炮2平5
5. 马八进七	马2进3	**6.** 车九平八	车1平2
7. 兵七进一	车2进4		

红方如改走炮八进四,卒3进1,炮八平七,炮8平7,双方兑掉双车之后,主要斗中残局功夫。红方不愿意走成这种形势,所以进七路兵演变另一种变化。

8. 炮八平九	车2平8	**9.** 车八进六	炮8平7
10. 车二平一	炮5平6		

红方如改走车八平七,双方各攻一路,局势比较激烈,但难以掌握形势。

11. 兵五进一	士6进5	**12.** 车八退三	前车进2

红方也可改走兵五进一,从中路展开攻势,形势比较紧张。

13. 仕四进五　后车进4

14. 兵九进一　象7进5 (图33)

红方如改走车八平四,卒7进1,兵三进一,后车平7,黑方好走。

15. 马三退一　炮7平3

图33,双方形势相差不多,红方退马捉车反而落入下风。可以改走车一平二兑车,前车进3,马三退二,车8进5,车八平三,

红方足可抗衡。

16. 马七退八　前车平7

平7路车是一步好着，红方如走炮九进一，炮3平9兑车，黑方占优。

17. 相三进一　卒3进1
18. 兵七进一　车8平3
19. 车一平四　炮6进4
20. 车八进一　炮3退1
21. 炮九平六　炮6平2

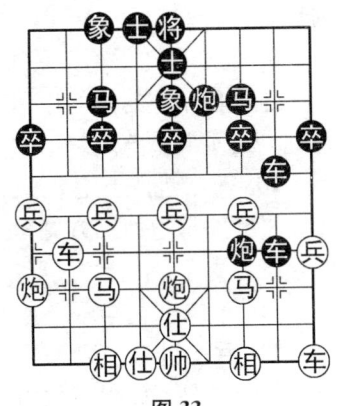

图33

运用车炮迫使红方穷于防守，表现了深厚的中局功夫，现在伏下袭击红马的计谋，由此控制了局势。

22. 马一进三　炮3进3　　23. 马八进七　炮3平2
24. 车八平六　后炮平3　　25. 马七退九　炮3进2
26. 车六平八　炮3平1　　27. 车八退三　炮1进1

黑方运炮连接攻击，取得沉底炮的优势，红方底相必失，形势已相当危险。

28. 兵五进一　车3进5　　29. 车四进八　卒5进1
30. 帅五平四　卒5进1　　31. 帅四进一　马3进4
32. 车八进七　马4进6　　33. 车八平六　马6进5

红方已无攻守之力，只好推枰认负。

（选自张鸿钧负李庆先的对局）

第34局　七路马对列炮

1. 炮二平五　马8进7　　2. 马二进三　车9平8
3. 车一平二　卒7进1　　4. 兵七进一　炮8进4
5. 马八进七　炮2平5　　6. 仕四进五　马2进3
7. 车九平八　车1进1

如改走车1平2，炮八进四，士4进5，马七进六，红马占据河口,比较好走。

8. 炮八平九　车 1 平 4　　　　**9.** 车八进六　炮 8 退 3

退炮保卒使封车的作用化解,失着。不如改走车 4 进 1,以下再炮 5 退 1 调整阵型。

10. 车二进四　炮 8 平 6

平 6 路炮迫使红方兑车,减轻压力。如改走炮 8 平 7,车二平四,红方先手。

11. 车二进五　马 7 退 8　　　**12.** 车八退一　炮 6 平 7
13. 兵七进一　炮 5 平 7　　　**14.** 马七进八　卒 3 进 1

红方进马八路没有效力,应改走兵七进一,前炮平 3,马七进八,象 7 进 5,车八进一,炮 3 进 1,炮五进四,马 3 进 5,车八平五,车 4 进 4,马八进九,红方占优。

15. 车八平七　象 7 进 5　　　**16.** 车七退一　车 4 进 2
17. 兵五进一　士 6 进 5

红方冲中兵,企图打破平静,形成新的攻势。

18. 兵五进一　卒 5 进 1　　　**19.** 炮九平七　马 3 退 1
20. 车七平二　前炮平 8　　　**21.** 马三进五　马 1 进 2

应改走车 4 平 6,先威胁对方,看红方如何应付再作对策。

22. 炮五进三　马 2 退 4　　　**23.** 马五进六　卒 7 进 1

面临红方的攻势,赶紧弃卒抢攻,以求背水一战。

24. 车二平三　炮 8 进 6　　　**25.** 相三进一　车 4 平 8
26. 炮五退二　炮 8 平 9　　　**27.** 仕五进六　车 8 进 6

红方应改走帅五平四,仍是双方对攻,但红方可以有惊无险地取得胜势。其变化如下:帅五平四,马 4 进 5,车三平五,马 5 退 7,马六进八,红胜势。

28. 帅五进一　车 8 退 1　　　**29.** 帅五退一　车 8 进 1
30. 帅五进一　车 8 平 6　　　**31.** 马八进七　将 5 平 6
32. 车三平四　车 6 退 4

红方的攻势被化解之后,红方只好兑车,兑车之后仍占优势。

33. 马六退四　炮 9 平 3　　　**34.** 马七退六　炮 7 退 1

35. 马四进二　马4进5
36. 兵三进一　士5进6
37. 炮五平二（图34）　炮7平5

图34，红方在残局中略占优势，此时平炮打马是一步佳着，迫使黑方马8进6之后，再走马二进三抢吃边卒争先。不料黑方不甘落后，而平中炮反攻，然后再进马闪避，由于中炮的阻挡，反而被红方妙手进炮打死马而成败势。

图34

38. 帅五平四　炮5平6　　39. 帅四平五　炮6平5
40. 帅五平四　马8进6　　41. 炮七进六　马5退3

应改走马5进3，马二进三，将6平5，炮七平四，马3进4，帅四进一，黑方还可乱攻一阵。

42. 马六退七　马3进5　　43. 炮七退八　马5进7
44. 仕六退五　马7进8　　45. 帅四退一　马8退6
46. 炮七平九　象5进7　　47. 马二退三　马6进8
48. 炮二退一　马6进8　　49. 炮九进六　炮5平7
50. 马三进五　象7退5　　51. 炮二平四　将6平5
52. 炮九平五　士6退5　　53. 马七进八　炮7平9
54. 马八进七　炮9进5　　55. 炮四平七　象3进1
56. 马七进九　炮9平6　　57. 炮七进七

红方得子之后，攻击力大增，黑方无力防守，红胜。

（选自刘殿中胜蔡福如的对局）

第35局　七路马对列炮

1. 炮二平五　马8进7　　2. 马二进三　车9平8
3. 车一平二　炮8进4　　4. 兵三进一　炮2平5
5. 马三进四　马2进3　　6. 马四进六　车1平2

7. 马八进七　炮8进1
8. 马六进七　车2进6
9. 车九进一　炮8平3

红方出左车是紧要的走法，可以加强攻击能力。

10. 车二进九（图35）马7退8

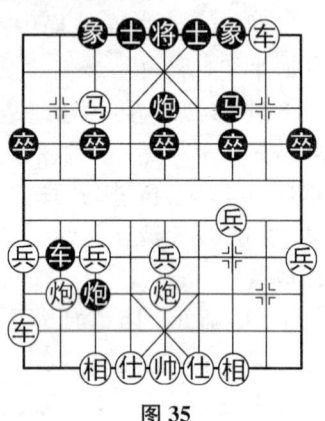

图35

图35，黑方如改走炮5进4打兵，仕四进五，马7退8，车九平六，士6进5，车六进二，炮5退2，帅五平四，马8进7，车六平四，车2退4，马七退五，马7进5，炮五进四，士5进6，炮八平九，红方先手。

11. 车九平六　士6进5
12. 炮五进四　将5平6
13. 车六平四　炮5平6
14. 炮五平一　车2进1

如改走马8进9，车四进一，车2进1，炮一平七，炮3退4，车四平八，炮3进6，仕六进五，炮3退7，车八进四，马9进8，兵一进一，马8进6，兵五进一，马6进7，仕五进四，红方多兵占先。

15. 炮一进三　将6平5
16. 马七退五　炮6平5

平中炮过于着急，应改走炮3平6为好。以下红方如走车四平二，象3进5，车二进八，后炮退2，车二退七，炮6平9，仕四进五，车2退3，车二平四，车2平5，马五进七，车5进2，形势相差不大，大体可成和局。

17. 车四进二　卒3进1
18. 仕四进五　车2退5
19. 马五进三　炮5平6
20. 马三进二　炮6退2
21. 车四平二　炮3平2
22. 炮一平三　炮6进3
23. 炮三退一　士5退6
24. 炮三平一　士4进5
25. 马二退四　将5平4
26. 车二退一　车2平9
27. 车二平六　将4平5
28. 炮一平二

红方车马炮归边攻杀，黑方难以抵挡，红方取得胜局。

（选自喻之青胜许波的对局）

第36局　七路马对列炮

1. 炮二平五　马8进7
2. 马二进三　车9平8
3. 车一平二　炮2平5
4. 马八进七　马2进3
5. 车九平八　炮8进4
6. 仕四进五　卒3进1
7. 炮八平九　卒7进1
8. 车八进六（图36）　马3进4

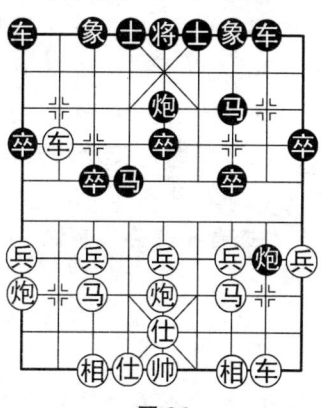

图36

图36，黑方进马河口有些过急，可改走车1进2，车八平七，炮5退1，车七退一，象7进5，车七退一，炮5平3，车七平八，马3进4，车八平七，炮3进5，马七退九，车1平3，黑方局势平稳，令人满意。

9. 车八退二　马4进3
10. 兵三进一　炮5平3

应改走卒7进1，车八平三，马7进6，车三平四，车8进4，黑方并不难走。

11. 兵三进一　象3进5

红方进兵弃马是步好着，计算以后可以得还一子，并占先手。

12. 兵三进一　马3进5
13. 炮九平五　炮3进5
14. 马三进二　炮8平1
15. 兵三进一　车8进3
16. 车八平四　炮1平9
17. 炮五平二　炮9平8
18. 炮二平四　炮3退1
19. 车四进五　将5平6

红方进车杀士是一步好着，由此突破了黑方的防线，扩大了攻势。

20. 马二进四　车8平6
21. 炮四进四　士4进5
22. 兵五进一　炮8平4
23. 马四进二　将6平5

红方应改走炮四平二，将6平5，炮二进三，士5退6，车二进八，车1进2，车二平六，炮4退4，马四进二，炮3平6，兵三平四，红方快速取得胜局。

24. 炮四平一	车1进2	25. 炮一进三	士5退6
26. 马二进三	将5平4	27. 相三进五	炮3平2
28. 车二平四	炮2退6	29. 兵三平四	车1平4
30. 兵四平五	车4退1	31. 车四进三	车4平7
32. 车四平六	将4平5	33. 车六平八	炮2平4
34. 兵五平六	车7平9	35. 炮一平二	车9平8
36. 炮二平一	车8退1	37. 炮一退三	车8进3
38. 炮一进三	车8退2	39. 车八进三	

红方车炮兵展开强大攻势，黑方左右难挡，终于招架不住而败北。

（选自徐耀荣胜李锦欢的对局）

第37局　七路马对列炮

1. 炮二平五	马8进7	2. 马二进三	车9平8
3. 兵三进一	炮8平9	4. 马八进七	炮2平5
5. 车九平八	马2进3	6. 马三进四	卒3进1

红方进马积极进取，局势比较紧张。如改走炮八平九或兵七进一，另有不同变化。

7. 车一进一　车1平2　　**8.** 炮八进四　车8进5

进车骑河是硬性下法。如改走车8进4，局势相对平稳。

9. 炮五平三　车8平7

红方平中炮导致中路空虚，容易被黑方所算计，形势难以展开。应改走车一平四，车8平7，炮八平三，车2进9，炮三进三，士6进5，炮三退五，车2平3，炮三退二。双方对攻，红方略优。

| **10.** 炮八平三 | 马7退5 | **11.** 车八进九 | 马3退2 |
| **12.** 车一平四 | 马2进3（图37） | | |

图37，黑方进马使攻击力放慢，应在红方双炮马被牵制之时炮9进4打边兵展开反击。红方如走相七进五，车7进1，仕六进

五，炮9平5。红方阵形虚浮，黑方占优。

13. 相七进五　车7进1
14. 仕六进五　炮9进4

此时炮打边兵使局势复杂化。如改走炮5平6，车四平二，马5进6，车二进二，车7退2，车二进二，车7进2，双方不变可成和局。

15. 车四平二　炮9平5
16. 车二进七　前炮退1

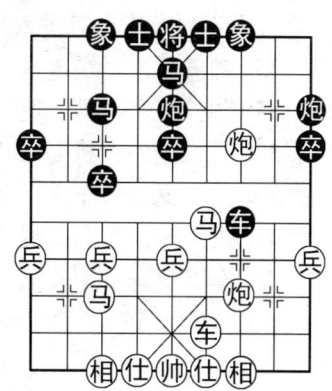

图37

如改走马3进2，车二平三，象7进9，后炮平一，仍是红方占优。

17. 车二平三　车7平6　　18. 前炮进三　马5退7
19. 炮三进七　士6进5　　20. 炮三平一　士5进6

进士正着。如改走将5平6，车三进一，将6进1，马四进三，后炮平7，马七进五，红方胜势。

21. 马四进三　前炮退1　　22. 马三进二　前炮平9
23. 炮一平二　炮9进5

进底炮力求谋取对攻。如改走马3进4，车三进一，将5进1，车三退四，马4进3，炮二平七，红方胜势。

24. 车三进一　将5进1　　25. 车三退七　马3进4
26. 车三平一　马4进3

红方平边车佳着。如急于走炮二平七，将5平4，马二进四，将4进1，马四退五，将4平5，车三平一，炮9平8，车一进四。红方虽然有优势，但要取胜还有一定的难度。此刻黑方如不进马3路而改走炮9平8，炮二退九，车6平8，马二退四，车8进3，车一进四，红方胜势。

27. 车一退二　马3进1　　28. 马七退八　马1进2
29. 炮二平七　马2退4　　30. 车一进六　车6平1
31. 车一平四　炮5平2　　32. 车四平五　炮2平5

红方不如改走仕五进六比较紧凑有力。

33. 帅五平六　马4退3　　34. 帅六平五　马3进4
35. 帅五平六　马4退3　　36. 帅六平五　马3退4
37. 马二退四　将5平6　　38. 马四进二　将6平5
39. 马二退三　车1平2　　40. 车五退一　车2退3
41. 马三退四　马4退3　　42. 炮七退四　车2平6
43. 车五退一　车6进1

如改走马3进5，车五进二（可马四进五，吃中马），车6进2，炮七退二。下一着红方可走炮七平五捉死黑炮，红方胜定。

44. 炮七退五　马3进4　　45. 马四退三　车6进2
46. 车五平六　车6平7　　47. 车六进一　车7进1
48. 帅五平六　将5平6　　49. 车六进四　车7退4
50. 车六退一　将6退1　　51. 车六退一　车7平5

红方运车先叫将再捉炮，次序井然。这样牵制车炮之后，再从容升起七路炮，从而形成胜势。

52. 仕五进四　将6进1　　53. 炮七进一　车5平3

如若改走炮5平6，车六平四，将6进1，炮七平四，将6平5，炮四平五，红胜。

54. 相五进七　车3进2　　55. 炮七平四　将6平5
56. 炮四平五　将5平6　　57. 车六平五　车3进4
58. 帅六进一　车3平6　　59. 车五退五　卒1进1
60. 车五平九　卒1进1　　61. 车九进二　车6退2
62. 炮五进一

红方运子功夫老练，终于炮占中路，取得胜利。

（选自赵国荣胜阎文清的对局）

第38局　七路马对列炮

1. 炮二平五　马8进7　　2. 马二进三　卒7进1
3. 马八进七　车9平8　　4. 兵七进一　炮8平9

5. 车一进一　车8进5　　　**6.** 兵五进一　炮2平5

红方冲中兵是较好的应着，如改走相七进九，不如冲中兵强硬，有较好的攻击能力。

7. 车一平四　马2进3　　　**8.** 车九平八　士4进5

先上士防守是创新的变化。如改走车1平2，炮八进四，炮5进3，仕六进五，象7进5，车四进五，士6进5，车四平三，红方占优。

9. 炮八进二　车1平2

红方进炮保兵是一步必要的等着。如车四进五，马7进8，车四平二，车8进3，红方不占便宜。

10. 仕六进五　车8进1

红方上左仕再次等待机会，是必要的夺势手段。如改走兵七进一，则车8平5，兵七进一，车5平3，黑方反而得先。

11. 炮八退一　车8退1　　**12.** 兵三进一　车8退1

红方及时进三路兵是紧凑之着。如炮八进三，卒7进1，兵三进一，车8平7，黑方并不难走。

13. 车四进五　卒7进1　　**14.** 车四平三　车8退2

15. 炮八进五　炮9退2

红方进炮是冲兵时预定的走法，如直接走车三退二，则炮9退1，车三平二，炮9平7，车二进三，炮5平8，黑方反先。

16. 马三进五　卒7平6　　**17.** 兵五进一　炮5进2

18. 炮五进三　卒5进1

如马五进六，象7进5，马六进七，车2进1，车八进八，炮9平7，车三进一，车8平7，相三进一，炮5平8，黑方弃子之后反而有一定的攻势，红方并不合算，所以兑去一炮，减少黑方的反击手段，是颇为有利的走法。

19. 马五进六　马3退4　　**20.** 相七进五　马4进5

21. 马六进五　象7进5　　**22.** 炮八退一　士5进4

23. 马七进六　炮9平7　　**24.** 车三平六　士4退5

应改走士6进5。红方一时尚难得手，黑方仍可反抗。

25. 马六进七　炮7进1
26. 炮八进一　马7进6
27. 马七进九　车2平1
28. 车八平六（图38）　车8退1

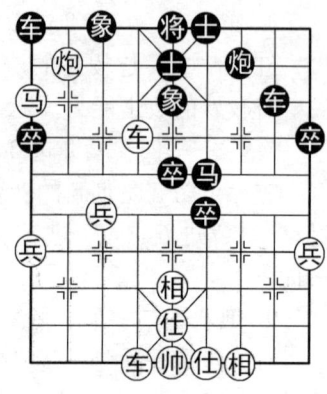

图38

图38，红方平六路车伏下杀机，黑方只好退车防守。如改走卒5进1，车六进三，士5退4，马九进七，炮7平4，车六进八，红方胜定。

29. 炮八进一　车1平2
30. 马九进八　卒5进1
31. 前车平三　马6进8
32. 车三进一　炮7退1
33. 马八退七　车8进2
34. 车六进八　马8退6
35. 车三进一　马6退4

退马保士，无可奈何。如车8平3，马七进五，红方可速胜。

36. 兵七进一　马4退2
37. 车三退一　马2进3
38. 车三平五　车8平4
39. 车五进一　士6进5
40. 车六退二　卒9进1

红方车马威力强大，黑方马炮缺士象难以防守，虽然顽强奋战也无济于事。

41. 车六退一　象3进5
42. 车六平五　炮7进6
43. 马七退六　象5退3
44. 车五平三　炮7平6
45. 相五进七　卒1进1
46. 车三平一　卒1进1
47. 马六退四　马3退4
48. 车一进四　士5退6
49. 马四进二　卒1进1
50. 马二进三　马4退6
51. 相七退五　象3进5
52. 车一退四　卒5平6
53. 车一平九

红方攻势猛烈，黑方马炮无力抵挡，红胜。

（选自胡荣华胜于幼华的对局）

第39局 七路马对列炮

1. 炮二平五　马8进7
2. 马二进三　车9平8
3. 兵七进一　炮8平9
4. 马八进七　卒7进1

以往多走象3进5。现在进7路卒,是为了保持还架中炮的机会。

5. 车一进一　炮2平5
6. 车九平八　马2进3
7. 车一平四　车8进5
8. 相七进九　车1平2
9. 炮八进四　士4进5

红方以上的应着,不够理想,是否有更好的应法还有待实践来发现。

10. 兵三进一　车8平7

如改走车8退1,则车四进五,卒7进1,车四平三,车8退2,车三退二,炮9退1,车三平二,炮9平7,车二进三,炮5平8,炮八平五,红方稍优。

11. 马三进四　车7进4

进车破相以求对攻是唯一的应法。如让红方马四进六,黑方将穷于应付。

12. 马四进六　车7退2

退车捉炮是反击的关键之着。如马7进8,马六进四,马8进7,马四进三,将5平4,车四平六,炮5平4,车六进六,士5进4,炮五平六,士4退5,炮八退五,红方胜定。

13. 相九退七　马7进8
14. 炮八退三　卒7进1
15. 马七进八（图39）　车2进5

图39,黑方果断地弃车砍马,由此展开了强大的攻势。红方全力阻击,但很难达到目的。

16. 马六退八　马8进6
17. 车八进二　炮5进4
18. 仕六进五　炮9平6
19. 车四平二　马6进4
20. 炮八平七　炮5平3
21. 车八平六　炮3平2

22. 马八进七　炮2进3
23. 相七进九　车7平5

经过巧妙运子，黑方夺回一子，取得多卒象的优势。

24. 车六进一　车5平1
25. 车六平八　车1进2
26. 车八退二　炮2平3
27. 兵七进一　炮3退4

如炮3退6，仕五退六，红方吃还一子，黑方取胜的难度将会增加。

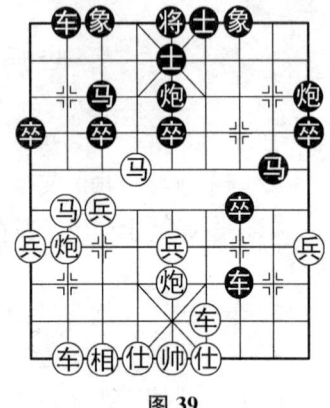

图39

28. 仕五退六　车1退3
29. 车八平七　车1平5
30. 仕六进五　炮3平5
31. 兵七平六　卒7平6
32. 兵六进一　炮6平7

以下红方只好走帅五平六，车5平4，仕五进六，车4退3。红方无力抵抗，只好认负。

（选自吕钦负胡荣华的对局）

第40局　七路马对列炮

1. 炮二平五　马8进7
2. 马二进三　车9平8
3. 车一平二　炮8进4
4. 兵三进一　炮2平5
5. 马八进七　马2进3
6. 炮八进四　炮8平7

红方先进炮卒林，意欲封制黑方右路的子力。

7. 车二进九　炮7进3
8. 仕四进五　马7退8
9. 炮五进四　马3进5
10. 炮八平五　士6进5
11. 车九平八　马8进7

红方及时出动左车是抢先之着。如马三进四，马8进7，炮五退一，车1平2，车九平八，车2进9，马七退八，将5平6，马八进七，卒3进1，形成大体均势的中残局势。

12. 炮五退一　车1进2
13. 车八进六　马7进5

14. 兵五进一（图40） 炮5平8

图40，由于双方都刻意进取，形成了较为复杂的对攻局势，此刻黑方如不平炮而走炮5进2兑炮，则兵五进一，马5进3，兵七进一，马3进5，马三退一，炮7平9，车八退三，双方大体均势。

15. 车八平七 炮8进1

进炮是正确的应法。如改走车1平6弃马求攻，则车七平五，将5平

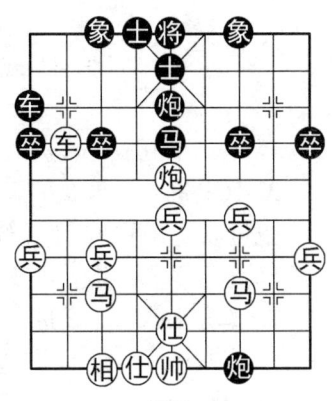

图40

6，仕五进四，车6进5，炮五平二，车6平7，车五平四，红方弃还一子之后占有主动。

16. 兵三进一 炮7退5 　　**17.** 兵七进一 车1平4

红方进七路兵是明智的走法。如急于求攻而走马三进四，炮7进5，仕五进六，车1平6，马四进五，车6进6，炮五平二，象7进5，黑方弃子之后大有攻势。

18. 车七进三 将5平6 　　**19.** 车七平八 车4进4
20. 马七进五 车4退1 　　**21.** 炮五进三 车4退4

红方炮打中士，虽然丢掉一炮，但取得了局势上的优势。此刻黑方退车捉炮，也是无可奈何之着。如炮7进2，则兵五进一，马5进7，炮五平三，兑换一子之后，黑方缺士象，仍是败势。

22. 炮五平一 车4平9 　　**23.** 车八平六 将6进1
24. 兵五进一 马5退3 　　**25.** 车六退一 马3退5
26. 兵五平四 炮7进2 　　**27.** 马五进三 卒7进1
28. 马三进五 炮8平5 　　**29.** 兵四进一 炮7平5
30. 马三进五

红方四路兵有攻杀之着，黑方无法阻挡，红胜。

（选自刘殿中胜陈孝坤的对局）

第 41 局　七路马对列炮

1. 炮二平五　马 8 进 7　　　2. 马二进三　车 9 平 8
3. 兵七进一　炮 2 平 5　　　4. 马八进七　马 2 进 3

也可以炮 8 平 9，不让红方出直车，也是一种较好的变化。

5. 车一平二　炮 8 进 4　　　6. 兵三进一　车 1 平 2
7. 车九平八　车 2 进 4　　　8. 炮八平九　车 2 平 8
9. 车八进六　炮 8 平 7　　　10. 车二平一　炮 5 平 6
11. 兵五进一　士 6 进 5　　　12. 马七进五　象 7 进 5

如卒 7 进 1，兵五进一，卒 7 进 1，车八平七，卒 7 平 6，车七进一，象 7 进 5，车七进一，炮 6 退 1，车七退一，卒 6 进 1，马五进六，炮 6 进 1，车七进一，前车平 5，兵七进一，红方多子占优。

13. 兵五进一　卒 5 进 1　　　14. 车八平七　卒 5 进 1
15. 炮五进二　卒 7 进 1　　　16. 炮九平五　后车进 3

红方平炮加强中路控制，是一步稳健的走法。如车七平三，卒 7 进 1，车三退二，马 7 进 6，红方多兵好走。

17. 兵七进一　马 3 进 5　　　18. 兵七平六　卒 7 进 1
19. 马五进三　马 5 进 7　　　20. 车七退二　前马进 5
21. 车七平五　前车平 7　　　22. 相三进一　炮 7 平 8
23. 车一平二　马 7 进 6

红方出车反而使黑方乘势跃马助战，形成相互牵制之势，改走兵六平五为好。以下黑方如走马 7 进 8，则后马进二，红方占优。

24. 兵六平五　马 6 平 7　　　25. 车五平七　车 8 进 2
26. 炮五平八　炮 6 平 7　　　27. 前马退五　车 8 退 2
28. 兵五平六　车 7 退 1　　　29. 兵六平五　炮 8 平 5
30. 车二进六　车 7 平 8　　　31. 马三进五　马 7 进 9
32. 车七平四　炮 7 平 7　　　33. 帅五进一　车 8 进 3

应改走车 8 进 5 打将，先看一下红方的动向，然后再作对策较好。以下红方如帅五进一，车 8 退 2，马五进六，马 9 进 7，车四退三，车8平2，黑方占优势。

34. 马五进六　马9进7　　**35.** 炮八退一　马7退6
36. 帅五平六　马6进8　　**37.** 炮八进一　车8平4
38. 帅六平五　马8退6　　**39.** 帅五平四　炮7退7
40. 炮八平四　炮7平6

应改走象5进3控制红马。红方如车四平三，炮7进2，黑方占优。

41. 帅四平五　象5进3

红方平中帅过早。应仕四进五，形势比较平稳。

42. 相七进五　炮6平4　　**43.** 兵五进一　车4进2
44. 帅五退一　车4进1　　**45.** 帅五进一　车4退1
46. 帅五退一　马6退4

应车4退4兑马，车四退一，车4平5，黑方稳占优势。

47. 车四平二　士5退6
48. 仕四进五（图41）　马4进5

图41，黑方忽略了左路的危险性，而急于进马吃中相，造成败势。应改走车4退2及时加强防守，双方仍是相互牵制局面。

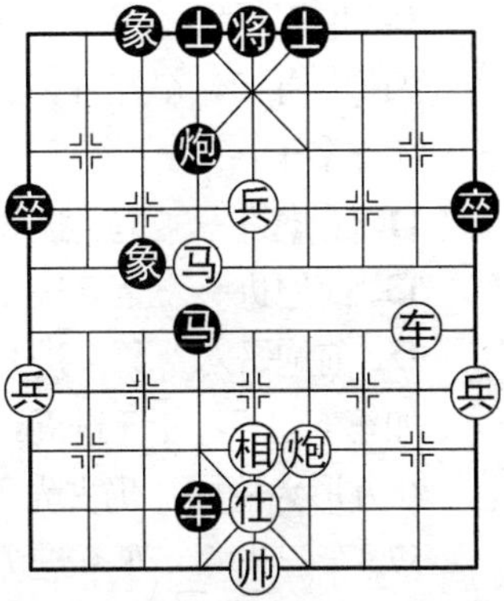

49. 马六进四　士4进5
50. 车二平五　马5退3

图41

红方针对黑方左侧的弱点及4路车低头不能回防的机会，调动车马炮展开攻击，黑方局势已相当危险。

51. 炮四平二　士5进6　　**52.** 炮二进七　士6进5
53. 车五平三　将5平4　　**54.** 车三进五　将4进1
55. 炮二退一　士5退6　　**56.** 车三平四　车4退2
57. 车四退二　车4平8　　**58.** 马四进二

红方车马炮构成杀势，红胜。

（选自赵国荣胜蔡福如的对局）

第42局 七路马对列炮

1. 炮二平五　马8进7　　　2. 马二进三　车9平8
3. 车一平二　炮2平5　　　4. 车二进六　马2进3
5. 炮八平六　炮8平9

红方如车二平三，马3退5，形成对攻形势。

6. 车二平三　车8进2　　　7. 兵七进一　车1进1
8. 马八进七　车1平4　　　9. 炮六进二　炮9退1

红方进炮河口是正确的应着。如仕六进五，炮9退1，黑方有炮9平7的反击手段，红方反而不好。

10. 炮五平六　车4平6

如炮9平7，车三进一，车8平7，后炮进六，车7进4，马三退五，红方多子占优。

11. 前炮进三　炮9进1　　　12. 相七进五　士6进5
13. 前炮进一　士5进4　　　14. 车九平八　炮9退2
15. 前炮平八　象7进9　　　16. 车三退二　炮9平7

如车6进7，仕四进五，炮9平7，车三平六，士4进5，炮八退七，红方形势稳固，仍占先手。

17. 车三平六　车6进7　　　18. 炮六进五　士4进5
19. 炮六平三　车8平7　　　20. 仕四进五　车6平7

红方补仕正着。如兵三进一，车7平6，黑方得子占优势。此刻黑方平7路车捉马急躁，应车7进4，炮二退七，车6退4，马三退四，炮5平6，平炮巩固形势，并伏下将5平6的捉马之着，占优势。

21. 车八进六　炮5平6　　　22. 车八平七　炮6进1
23. 车七退一　前车退1　　　24. 车六平四　炮6平8
25. 车七平二　炮8平7
26. 兵三进一　卒5进1（图42）

图42，红方虽然弃去一马，但双车炮兵对黑方造成较大的威胁，并获取一士，使黑方不得安宁，红方有较大的优势，比较好走。

27. 车四进二	马3进4		
28. 车二平五	马4进3		
29. 车四进二	象3进5		
30. 炮八退一	前炮平8		

平炮准备弃车一争高下，如士5进4，车五平四，红方胜势。

31. 炮八平三	炮8进6
32. 相三进一	车7进2
33. 仕五退四	车7退4

红方如车四退八，马3进5，车5平6，象9进7，兵三进一，炮7进4，红方反而招来了麻烦。

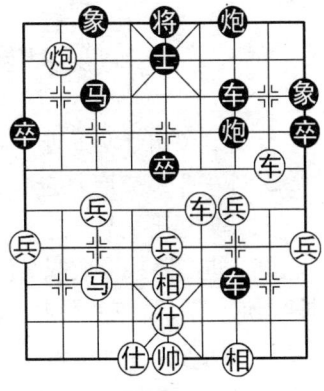

图 42

34. 相五退三	车7退3	35. 车五平二	炮8平9
36. 车二退五	炮9退1	37. 车二进八	士5退4
38. 车二平三	车7平8		

只好闪车避兑。如车7退1，车四平三，红方多兵，形成有车杀无车之势。

39. 仕六进五	炮9进1	40. 马七退六	车8进4
41. 马六进七	车8进1	42. 车三退一	象5进7
43. 车四退六	车8退2	44. 兵七进一	车8平3
45. 兵七平六	马3进1	46. 兵六进一	马1进3
47. 帅五平六	车3进1	48. 兵六进一	炮9退1

如车3平4，车四平六，车4进1，仕五进六，仍是红方胜势。

49. 兵六进一	车3平2	50. 仕五进六	炮9平8
51. 相一进三	炮7平6		

红方上相是一步攻不忘守的好着，以防黑方暗中伏下的炮打底相的要杀手段。

52. 车三平二

红方双车兵已形成杀势，黑方无力防守，只好认负。

（选自王德发胜于红木的对局）

第43局　七路马对列炮

1. 炮二平五　马8进7　　　　2. 马二进三　车9平8
3. 车一平二　炮8进4　　　　4. 兵三进一　炮2平5
5. 马八进七　马2进3　　　　6. 兵七进一　车1平2

红方进七路兵形成双马活跃之势。如车九平八，卒3进1，炮八进四，炮8平7，炮八平七，趋向双方拼兑双车，成另一种变化。

7. 车九平八　车2进4　　　　8. 炮八平九　车2平8
9. 车八进六　炮5平6

如炮8平7，车八平七，前车进5，马三退二，车8进9，车七进一。双方对攻，红方机会可能多一些，故黑方避开这种变化。

10. 兵五进一　士6进5

红方如车八平七吃卒，象7进5，炮五进四，马3进5，车七平五，炮6进5，各有千秋。

11. 马七进五　卒7进1

红方进中马展开攻势，争取更多的机会。如车八退三，局势较为平稳。

12. 兵三进一　前车平7

红方可改走车八平七压马，局势比较复杂多变。

13. 兵五进一　车7进2
14. 马五进六　象7进5
15. 仕四进五　车8进4
16. 马六进七　炮6平3
17. 车八平七　（图43）　车7进1

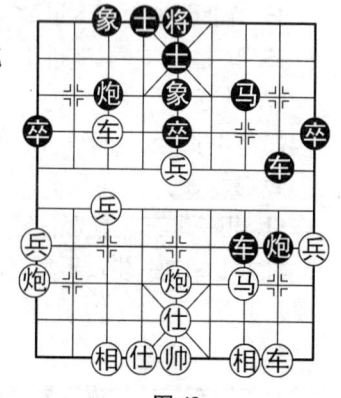

图43

图43，红方如不平车杀卒捉炮，而改走兵五进一，马7进5，车八平七，马5进6，车七进一，马6进7，炮九平三，车7进1，下一步黑方可走炮8平5的攻势，黑方占优势。此刻黑方妙手杀马，通过

兑子的手段抢到了主动，形势的转变来之不易。

18. 炮九平三　炮8平3　　19. 车二进五　前炮退3
20. 炮五平七　马7进8　　21. 炮七进四　卒5进1
22. 炮三平一　马8进6　　23. 炮一进四　马6进4
24. 相三进五　炮3平1　　25. 炮七平四　卒1进1
26. 炮一退一　卒5进1　　27. 炮四退一　炮1进4

红方退四路炮准备吃去边卒，看似是一步正常之着，实际上并无作用。应改走兵七进一，象5进3，炮一平九，马4进3，帅五平四，炮1平6，炮四平七，卒5平6，炮七平四，基本形成和局。

28. 炮一平九　炮1进3

及时进底炮，红方将失去一相，形势已落入下风。

29. 炮四退四　卒5进1　　30. 相五进三　马4进2
31. 仕五退四　马2进3　　32. 炮四平七　炮1退3
33. 炮九进三　炮1平9　　34. 炮九平六　象3进1
35. 炮六退七　炮9退1　　36. 仕四进五　将5平6

先出将控制帅路，再使黑马解脱围困，便有取胜的希望。

37. 仕五进四　炮9平3　　38. 炮六平四　将6平5
39. 帅五平四　炮3平1　　40. 炮四平五　象1进3
41. 炮五平六　士5进4　　42. 仕四退五　象5进7
43. 仕五进六　炮1退2　　44. 仕六进五　士4进5
45. 仕五退六　士5进6　　46. 仕六进五　炮1退2
47. 相三退一　炮1平6　　48. 帅四平五　炮6平7
49. 仕五退六　炮7平4

红方如改走帅五平四，尚不至于速成败势。

50. 仕六进五　卒5平4

借炮力运卒于右路，助3路马突围，可以取得胜势。

51. 帅五平六　卒4平3　　52. 炮六进六　卒3进1
53. 炮七平八　马3退4　　54. 炮八平六　卒3进1

黑方炮马卒竭力进取，终于取得胜利。

（选自刘振文负廖二平的对局）

第44局　七路马对列炮

1. 炮二平五　炮2平5
2. 马八进七　马2进3
3. 车九平八　车1平2
4. 马二进三　马8进9
5. 车一平二　车9平8
6. 炮八进四　士4进5

如卒3进1，车二进五，炮8平7，车二进七，车8进8，炮五平六，形成另一路变化。

7. 兵七进一　炮8进4
8. 兵三进一　车8进4
9. 马三退一　炮8进2
10. 炮五平三（图44）　炮5平6

图44，红方平炮三路是一步好着，伏下了兵三进一的攻击手段，迫使黑方被动防守，由此扩大了先手。

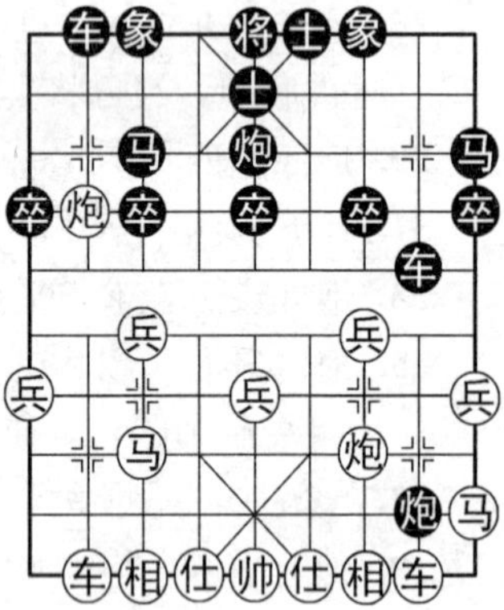

11. 兵三进一　车8平7

吃兵使形势快速恶化。应车8进3，足可抗衡。

12. 车二进一　车7进3
13. 炮八平五　象7进5

上左象无可奈何。如象3进5，车八进九，马3退2，车二平八，黑方失子，形成败势。

14. 车八进九　马3退2
15. 车二平四　车7平3
16. 车四进六　马2进3
17. 炮五退二　马9退8
18. 相三进五　车3平4

由于黑方在布局上出现了三步缓着，被红方有力地控制了局势。

19. 车四退一　马8进7
20. 车四平三　马7进5
21. 炮五平二　车4退3

应先走将5平4，然后再走车4退3，仍可支持下去。

22. 炮二进五　象5退7
23. 车三进三　车4平8

图44

24. 炮二平一	象3进5	25. 车三退五	车8退4
26. 炮一退一	车8进8	27. 炮一进一	车8退8
28. 炮一退一	马5进7	29. 马一进三	马3进5
30. 兵五进一	马5退7	31. 炮一平四	车8进3
32. 兵五进一	士5进6	33. 兵五平四	车8退2
34. 兵四平三	车8平6	35. 兵三进一	马7退9
36. 车三平五	士6退5	37. 车五进三	马9退7
38. 车五退一	车6进5	39. 马三进二	车6平1
40. 马二进四	马7进6	41. 马四进五	车1平4
42. 兵三平四	马6退7	43. 马五进三	将5平4
44. 仕六进五	车4退4	45. 兵四平三	车4平3
46. 车五平六	士5退4	47. 兵三进一	士6进5
48. 车六平一	将4进1	49. 车一进三	车3退2
50. 马三退五	卒3进1	51. 兵七进一	车3进4
52. 车一平三			

红方车马兵攻击力强大,黑方已无法防守,只好推枰认负。

(选自蔡福如胜刘美松的对局)

第45局 七路马对列炮

1. 炮二平五	马8进7	2. 兵三进一	炮2平5
3. 马二进三	马2进3	4. 马八进七	车1平2
5. 车九平八	车2进4		

如车2进5,车一平二,车9平8,炮五退一,炮8进4,相七进五,炮8平7,车二进九,马7退8,炮五平七,卒5进1,兵七进一,车2进1,兵七进一,双方对抢先手。

6. 车一平二　卒7进1

红方及时出右车是必走之着。如炮八平九,车2平8,兵七进一,车9进1,黑方双车已出动,局势平稳,可以满意。

7. 车二进四　卒7进1

不如车9平8,静观变化较好。

8. 车二平三　马7进8

进8路马作用不大,应马7进6,路子较广。以下红方如走炮八平九,车2进5,马七退八,马6进5,马三进五,炮5进4,士六进五,象7进5,马八进七,炮5退2。以下黑方可走车9平7兑车,双方形成均势。

9. 炮八平九　车2平4　　　　10. 车八进六　炮5退1

退中炮准备以下走象7进5,然后炮8平7,继而炮5平7,加强反击之势。

11. 兵五进一　象7进5

红方冲中兵是有力之着。由于抢在黑方行动之前进行攻击,可使红方取得满意的形势。此刻黑方上象不如炮8平5,车八平七,车9进2,马七进五,卒5进1,车三进一,车4进2,至此还可力求一战。

12. 马七进五　车4进2

13. 兵五进一（图45）　马8进9

图45,黑方如卒5进1,马五进四,车4平6,马四进五,象3进5,炮五进五,炮5平6,炮九平五,红方胜势。黑方在以上第12回合时应改走车4进1进行牵制,以后会好一些。

14. 车三进三　马9进7

15. 马五退三　炮8进4

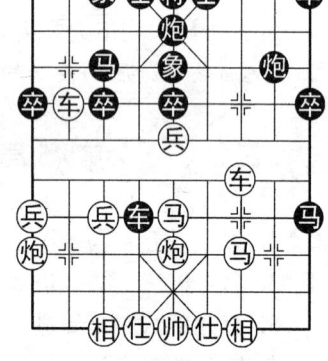

图45

如车9平8或炮8进6,车八进一,黑方也难应付。

16. 马三进四　炮8平5

如车4平6,马四退二,车6平8,车八平七,红方稳占优势。

17. 炮五平一　炮5退1

如车9平7,车三进二,炮5退1,车三退三,红方多车可胜。

18. 炮一进七　象5退7　　　　19. 马四进三　车4平7

20. 车三平四　车7平5

红方如车三进二，后炮进3，马三退五，车7退6，马五退三，车7平9，马三进四，红方仍然可胜。

21. 炮九平五　车5平6　　　22. 炮五平三　后炮进3
23. 马三退五　车6退4　　　24. 马五退三　象3进5
25. 车八平七　车6进4　　　26. 车七退二　车6平7
27. 车七平五　车7进1　　　28. 相七进五　车7退1
29. 车五平七　马3进2　　　30. 车七平八　马2退3
31. 车八进二

红方在中局取得优势，并逐渐扩大攻势，终于取得胜利。

（选自徐天红胜王德发的对局）

第46局　七路马对列炮

1. 炮二平五　马8进7　　　2. 马二进三　车9平8
3. 车一平二　炮8进4　　　4. 兵三进一　炮2平5
5. 马三进四　马2进3

红方跃马河口想抢夺攻势，如马八进七比较平稳。

6. 马四进六　车1平2　　　7. 马八进七　车2进2

黑方进车保马是正确的应法。如马3退1，车九进一，炮8进1，车二进二，车8进7，炮五进四，马7进5，炮八平二，红方多中兵好走。

8. 炮八进四　车8进4　　　9. 兵三进一　卒7进1

红方弃三路兵使局势更加紧张，将战斗引入了高潮。如车九平八，车8平4，车二进三，士4进5，局势平稳。

10. 车九平八　卒3进1

进卒兑马是正确的应着。如士6进5，兵七进一，黑方子力受制，红方先手。

11. 炮八平七　车2进7　　　12. 马七退八　马3退1
13. 马八进七　炮8进2

红方进马保中兵是必然之着。如马六进四，炮 5 进 4，仕六进五，车 8 进 1，红方白失一兵，反而不好。

14. 仕四进五　卒 7 进 1　　15. 马六进四　车 8 进 1

进车保卒好着。如车 8 退 3 防守，马四退三吃卒，下一步有炮五平三，马三进二等夺先之着，黑方大为不利。

16. 炮五平三（图 46）　炮 8 退 1

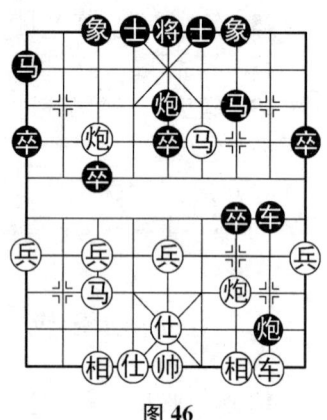

图 46

图 46，黑方此时退炮是一步精妙之着，由此保持了优势。如马 7 进 6，炮三进七，士 6 进 5，马四进三，将 5 平 6，相三进五，马 6 进 4，炮七平一，马 4 进 3，炮三退五，马 3 退 5，炮三平四，红方弃子有攻势。

17. 炮三进五　炮 8 平 5
18. 相七进五　车 8 进 4
19. 马四退三　车 8 退 5

红方如炮三退一，卒 7 平 6，炮三平五，士 6 进 5，炮五退一，炮 5 进 1，黑方优势。

20. 炮七平一　炮 5 平 6

先平炮是细致之着。如车 8 平 7，炮三平四，黑方无法连续攻击，反而不好。

21. 炮一平九　车 8 平 7　　22. 炮三平二　炮 6 进 4
23. 相三进一　炮 6 平 3
24. 炮二退五　象 3 进 5
25. 兵五进一　卒 3 进 1

弃 3 路卒正确。如马 1 进 3，炮九退一，车 7 退 3，兵五进一。兑去中卒之后，谋和希望较大。

26. 相五进七　马 1 进 3　　27. 炮九退二　士 4 进 5
28. 相七退五　马 3 进 1
29. 马七进五　车 7 平 3
30. 仕五退四　炮 3 平 4

红方退仕不好，应炮九平七。

31. 马五退三　车 3 平 8

平车牵制红炮是取势的紧要之着。红方形势不妙,已难应付黑方的反击。

32. 炮二进二　炮4平7　　　33. 炮二平一　马1进3
34. 炮九平七　车8进3　　　35. 炮七退二　马3进2

红方如前马退五,炮7平6,红方仍不好应对。

36. 仕四进五　马2退4

退马踏炮是紧凑之好着,比走马2进3更为凶狠有力。

37. 后马进五　车8平5　　　38. 炮七平六　炮7平1
39. 帅五平四　马4进2　　　40. 马五进七　炮1进3
41. 帅四进一　车5平7　　　42. 炮六退一　车7进1
43. 帅四进一　车7退2　　　44. 马七退六　马2进3

如车7进1更为凶悍。帅四退一,车7进1,帅四进一,马2进4,仕五进六,车7平4,黑方得子胜定。

45. 马六进七　炮1退2　　　46. 帅四退一　车7进2
47. 帅四进一　马3退4　　　48. 马七退五　马4进2
49. 炮六进一　马2退3　　　50. 马五退七　炮1平4
51. 仕五进六　车7退1　　　52. 帅四退一　马3进4
53. 帅四退一　车7平5

红方无力反抗,败下阵来。

(选自王德发负赵国荣的对局)

第47局　七路马对列炮

1. 炮二平五　马8进7　　　2. 马二进三　车9平8
3. 兵七进一　炮8平9　　　4. 马八进七　车8进5
5. 相七进九　卒7进1

红方上相保兵是正常应法。如兵五进一,变化比较复杂。

6. 车一进一　炮2平5　　　7. 车一平四　马2进3
8. 车九平八　车1进1　　　9. 仕六进五　车1平4
10. 车八平六　车4进8　　　11. 仕五退六　马7进8

12. 兵三进一　车8平7

红方如车四进一，变化也相当复杂。

13. 马三进四　马8进7

14. 车四进一　马7进5

15. 相三进五　车7平8

红方用相吃马比较稳健。如炮八平五，士4进5，相三进一，车7进1，马四进六，卒3进1，兵七进一，马3进4，兵七平六，炮5进4，炮五进四，炮9平5，双方对抢攻势，各有顾忌。

16. 炮八进二（图47）　车8退4

图47，红方也可炮八进一，以后有炮八平七打卒的手段，比较实惠。以下黑方如卒7进1，马四进六，仍是红方好走。

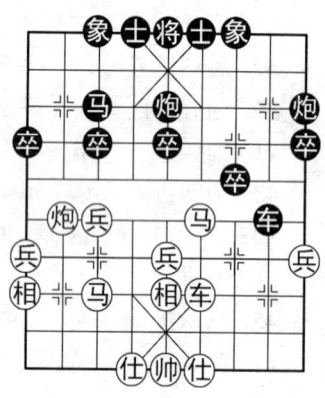

图47

17. 仕四进五　炮9进4

炮打边兵创造攻势。如车8平2牵制马炮，则马四退二，车2进3，车四平三，红方有攻击力，比较好走。

18. 马四进六　车8进8

19. 仕五退四　马3退1

20. 炮八平九　车8退8

如炮9进3，炮九进四，车8退8，仕四进五，车8平1，车四平一，炮9平8，车一进四，红方优势。

21. 相九退七　卒1进1

22. 炮九平八　炮5平7

红方平炮避开兑子，力求保持变化，寻找机会。如改走炮九进四，车8平1，车四进四，卒9进1，车四平三，红方略占优势。

23. 车四平一　炮9退2

24. 马六退四　马1进3

25. 炮八进二　车8平2

26. 马四进五　炮7平9

红方如炮八平五，车2平6，车一进二，卒7进1，车一平三，炮9进5，红方反而难以对付。

27. 马五进七　车2进2

28. 马七退五　象3进5

29. 马五退六　卒3进1

30. 兵七进一　前炮平3

31. 车一平四　卒7进1

32. 兵五进一　卒7进1

33. 兵五进一　士4进5　　　34. 兵五进一　炮9平8
35. 仕四进五　炮8进4　　　36. 车四进二　车2进4

进车控制双马的活动，基本形成和势。

37. 车四平三　卒7平6　　　38. 车三平四　卒6平7
39. 车四平三　卒7平6　　　40. 车三平四　卒6平7
41. 车四平五　卒7平6　　　42. 车五平四　炮8平1
43. 仕五进四　炮3进5　　　44. 相五退七　炮8平3
45. 马六退七　车2平3

双方兑去子力，均无力进取，形成和局。

（选自赵国荣和吴贵临的对局）

第48局　七路马对列炮

1. 炮二平五　马8进7　　　2. 马二进三　车9平8
3. 兵三进一　炮8平9　　　4. 马八进七　炮2平5
5. 车九平八　马2进3　　　6. 兵七进一　车1进1
7. 炮八进一　车8进4

红方升炮准备平七路攻击黑马，是一步有力的着法。如马七进六，车8进4，马六进七，卒7进1，炮八平七，炮5退1，兵三进一，车8平7，双方对抢先手。

8. 炮八平七　卒7进1　　　9. 马三进四　卒7进1

红方跃马弃兵积极展开攻势，力求在快攻中取得机会。如兵三进一，车8平7，马三进四，车1平6，红方各子接应不上，将要失去先手。

10. 马四进三　车1平4　　　11. 仕六进五　车8平7
12. 炮七进三　象3进1　　　13. 车一平二　车4进2
14. 马三进一　象7进9　　　15. 炮七平八　士4进5
16. 炮八退二　马3进4
17. 车八进五（图48）　车7平8

图48，红方进车牵制车马是正确的走法，使黑方一时难以反

击。如炮五平三，卒 7 平 6，炮三进五，马 4 进 5，车二进二，马 5 退 3，相七进五，马 3 退 5，黑方弃子多卒有攻势，红方并不见得有好处。

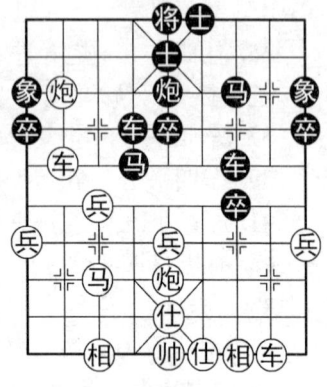

图 48

18. 车二进五　马 7 进 8
19. 马七进六　炮 5 进 4
20. 马六进四　车 4 退 1
21. 马四退五　马 4 进 5
22. 炮五进四　将 5 平 4
23. 车八平二　车 4 平 2
24. 相三进五　卒 7 平 6
25. 车二平五　马 5 进 7
26. 兵七进一　象 1 进 3
27. 车五平七　车 2 平 4
28. 炮五平二　马 7 退 8
29. 车七进四　将 4 进 1
30. 车七退五　马 8 退 7

红方退车捉卒机智，防止黑方马卒的反击。如车七退一，将 4 退 1，炮二进三，象 9 退 7，车七平五，车 4 平 8，炮二平四，车 8 平 6，车五平七，马 8 进 6，仕五进四，马 6 进 4，帅五平六，车 6 平 4，仕四进五，卒 6 进 1，黑方车马卒有攻势，红方还要防守，局势有一定的危险性，并不合适。

31. 炮二平九　车 4 进 1
32. 炮九退一　车 4 进 1
33. 兵九进一　卒 9 进 1
34. 炮九进三　象 9 退 7
35. 炮九平八　象 7 进 5
36. 炮八退六　将 4 退 1
37. 车七平八　将 4 平 5
38. 车八进五　车 4 退 4
39. 车八退四　车 4 进 6
40. 兵九进一　车 4 平 9
41. 车八进四　士 5 退 4
42. 车八退三　马 7 进 8
43. 车八平四　车 9 平 2
44. 车四退二

残局阶段，双方的应法十分严谨，最终和局。

（选自柳大华和李来群的对局）

第49局　七路马对列炮

1. 炮二平五　马8进7　　　　**2.** 马二进三　车9平8
3. 兵七进一　炮8平9　　　　**4.** 马八进七　车8进5
5. 相七进九　炮2平5

红方如兵五进一，炮2平5，马七进五，车1进2，变化比较复杂。

6. 兵三进一　车8平7

吃兵必然。如车8退1，车一平二，红方占先。

7. 车一进二　马2进3　　　　**8.** 炮八退一　车7退1
9. 炮八平三　车7平6　　　　**10.** 车一平二　马7退5

退中马是冷静的应法，否则红方有马三进二的攻势，黑方将更难应付。

11. 车九进一　卒7进1　　　　**12.** 马三进二　卒7进1

红方上河口马强行攻击是争夺攻势的好着。如车二进六，炮5平7，马三进二，卒7进1，炮三进六，红方稍占优势。此刻黑方进7路卒捉马是必走之着。如车6退1，则车二平三，红方稳持先手。

13. 马二进一　炮9进4　　　　**14.** 车二进六　炮9平7
15. 炮三进三　炮7进1

红方可炮五平三，炮7进2，车九平三，卒7进1，炮三平五，红优。

16. 车九平六　车6退1

退车捉马是一步好着。如炮7平3，炮五平三，炮5进4，车六进二，车6进1，炮三退一，炮5退2，车二平四，车6平5，仕四进五，红方胜势。

17. 车六进六　车6平9

红方进车士角给了黑方机会。应马一退二，炮7平3，炮五平三，炮5进4，车六进二，炮5退2，马二进三，马5进7，马三进一，这样虽然变化复杂，但红方终将占优。此刻黑方用车吃马过急，应车1平2，再静观一下变化，黑方仍可抵抗，现在吃马放弃6路要道，形势非常危险。

18. 车二平四　车1进2
19. 仕四进五（图49）　马3退2

图49，红方弃马之后，双车压住窝心马，以下即将出帅助攻，大致已成胜定之势。现在黑方如不退马兑车，而改走车9退3，则帅五平四，象7进9，炮五进四，仍是红胜。

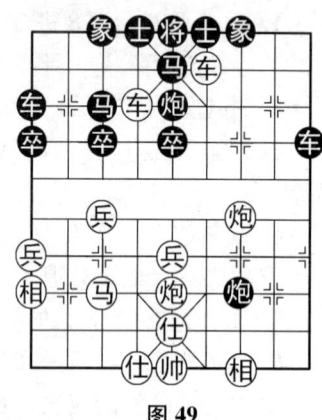

图 49

20. 车六进二　将5平4

红方弃车吃士是获胜的关键之着。如帅五平四，炮5平6，车四退一，车9平6，车四退一，马5进6，均势。

21. 车四进一　将4进1　　22. 炮三平六　马5进7
23. 车四平五

红方平中车要杀，黑方无法解救，红胜。

（选自胡荣华胜赵国荣的对局）

第50局　七路马对列炮

1. 炮二平五　炮2平5　　　2. 兵三进一　炮8平7
3. 马八进七　卒7进1　　　4. 炮八进四　马2进3
5. 车九平八　卒7进1　　　6. 马二进一　炮7退1

退炮加强防守，并让出马位，是较好的应着。

7. 车一平二　马8进7　　　8. 炮五平三　炮7平2

红方平炮打马忽略了黑方平炮打车的反击手段，没有好处可得。不如仕四进五，炮7平2，炮八平五，马3进5，车八进八，马5进4，炮五进五，象3进5，车八退六，形成平稳局势。

9. 炮三进五　炮2进8　　　10. 炮三平七　卒5进1

11. 车二进六　炮2退3　　**12.** 车二平七　车1平2

出车牵制红炮错失良机。应炮2平5，马七进五，炮5进4，炮八平一，车9进2，黑方优势。

13. 车七平三　士4进5　　**14.** 兵七进一　卒9进1
15. 相七进五　卒7平6　　**16.** 兵七进一　车2进2
17. 兵七进一　车9平8　　**18.** 仕六进五　车8进6
19. 车三平五　卒5进1　　**20.** 兵五进一　炮2平3
21. 兵五进一　炮3退4　　**22.** 兵七进一　车2平3
23. 马七进八　车3进2　　**24.** 炮八进三　士5退4

退士稳健。如象3进1，车五平八，红方有攻势。

25. 马八进六　车8平2　　**26.** 炮八平九　士6进5
27. 马六进五　象7进5
28. 车五平九　卒6进1
29. 兵九进一（图50）　卒6进1

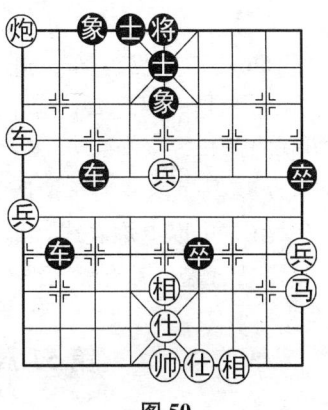

图50

图50，红方进九路兵容易发生危险，可以改走车九平四，车2平1，炮九退三，车3平5，炮九平五，以后可走车四平一，尚有谋和的希望。

30. 车九平四　卒6平5
31. 相三进五　车3平5
32. 车四退四　车2平9
33. 炮九退三　卒9进1

应车9平5，马一退三，前车平7，马三进一，车7退3，不让红炮退回阵地防守，黑方较有取势的机会。

34. 炮九平七　车9平3　　**35.** 炮七退二　车5平7
36. 炮七平六　车3平4　　**37.** 炮六平七　士5退6
38. 炮七退二　卒9进1　　**39.** 炮七平六　车4平5
40. 相五退七　士4进5　　**41.** 相七进五　象5退7
42. 相五退七　象7进5　　**43.** 相七进五　车5平1
44. 仕五退六　士5退4　　**45.** 仕六进五　象5退7

46. 仕五退六	车1退1	47. 仕六进五	车1平5
48. 相五退七	象3进5	49. 相七进五	车5进1
50. 相五退七	士4进5	51. 相七进五	车5平2
52. 仕五退六	卒9平8	53. 仕六进五	车7平8
54. 仕五退六	车2平5	55. 仕六进五	将5平4
56. 相五退七	车8平2	57. 相七进五	车2进4
58. 仕五退六	卒8平9	59. 仕六进五	车2平4
60. 炮六平七	车5平3	61. 相五退三	车4退2
62. 车四平三	车4平5	63. 车三平四	车5退2
64. 车四平六	将4平5	65. 车六平四	车5平7

红方平四路车白丢一相,是一步失误之着。如车六平三,车5平7,车三进三,象5进7,炮七平六,仍是和局形势。

| 66. 马一退二 | 车7进5 | 67. 马二进三 | 卒9平8 |

平卒是失误之着,应卒9进1,不给红方以马换卒的机会,黑方仍有胜机。

| 68. 马三退一 | 车7退3 | 69. 马一进二 | 车7平8 |

红方可以退炮底线,形成正规和局之势。

(选自朱俊奇和柳大华的对局)

第51局 七路马对列炮

1. 炮二平五	马8进7	2. 马二进三	车9平8
3. 兵三进一	炮8平9	4. 马八进七	炮2平5
5. 兵七进一	车1进1	6. 车九平八	马2进3
7. 炮八平九	车1平4

红方平九路炮是一种变化,也可以车一进一,马三进四,马七进六,各有不同的复杂变化。

8. 车八进六	车4进5	9. 马七进八	车4平3
10. 炮九平七	车8进4	11. 炮五退一	卒7进1
12. 兵七进一	卒7进1	13. 兵七进一	马3退1

14. 车八进二　士4进5　　15. 炮五平七　车3平2
16. 前炮进七　炮9退1　　17. 车八进一　马1退3

红方进车继续展开攻击。如炮七退一，士5退4，炮七进一，士4进5，双方不变形成和局。

18. 炮七进八　车8平4（图51）

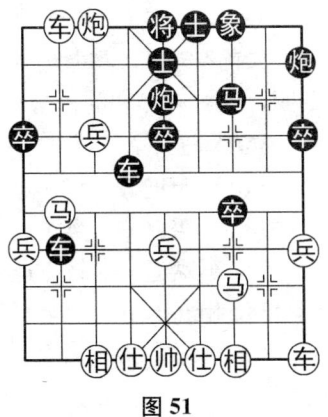

图51

图51，黑方平车守要道稳健。如卒7进1展开对攻，车一进一，车8平4，兵七平六，车4进1，炮七平四，士5退4，炮四平六，车2退1，车八平九，红方弃子有攻势，黑方对此变有所顾忌。

19. 车一平二　车4进1

红方可考虑走炮七平四打士。士5退4，马八进六，车2退6，炮四退一，炮5平6，车一平二，红方形势可以满意。

20. 炮七退一　士5退4　　21. 炮七进一　士4进5
22. 炮七退二　士5退4　　23. 炮七平三　卒7进1

冲卒捉马是抢先之着，由此形成中路攻势，黑方已占先手。

24. 兵七进一　车2退1

及时吃马是正确的走法，否则红方有马八进七兑车的手段，将会招来麻烦。

25. 车八退五　车4平2　　26. 车二进八　车2平7
27. 车二平一　车7退3　　28. 兵七平六　炮5退1
29. 兵六进一　炮5进1　　30. 马三退五　车7平5
31. 兵六进一　将5平4　　32. 车一平七　卒5进1
33. 车七进一　将4进1　　34. 车七退五　车7平4

平车效力不大，应卒5进1，车七平五，车7平4，马五进七，车4进4，马七进八，车4进2，帅五进一，卒7平6，黑方占优。

35. 马五进七　卒7平6

仍应改走卒5进1，可取得较好的形势。

36. 仕四进五	卒 6 平 5	37. 马七进八	将 4 平 5
38. 车七进四	将 5 退 1	39. 车七进一	将 5 进 1
40. 车七平四	后卒进 1	41. 车四平三	后卒平 4
42. 车三退一	将 5 退 1	43. 车三退四	炮 5 进 3
44. 马八退七	卒 5 平 4	45. 相七进五	将 5 平 4

如前卒进 1，马七进六，车 4 进 2，车三平四，卒 4 进 1，帅五平四，红方有谋和的机会。

46. 车三平四	卒 9 进 1	47. 帅五平四	车 4 进 1
48. 车四进五	将 4 平 5	49. 车四退一	将 4 退 1
50. 车四退二	卒 1 进 1	51. 车四进三	将 4 进 1
52. 车四退一	将 4 退 1	53. 车四退四	将 4 平 5
54. 相五退七	前卒平 3		

一味求攻，并不理智，以下红马可跃出，造成威胁，不如谋和为好。

55. 马七进五	卒 3 平 4	56. 车四进五	将 5 进 1
57. 车四退一	将 5 退 1	58. 马五退三	车 4 平 7
59. 车四进一	将 5 进 1	60. 马三进四	车 7 进 5
61. 帅四进一	车 7 退 1	62. 帅四退一	车 7 退 6
63. 马四进五	车 7 平 4		

运车吃相，但红马可以活动，得不偿失，导致被攻。

64. 车四退一	将 5 退 1	65. 车四退三	炮 5 进 1
66. 马五退七	车 4 平 5	67. 兵九进一	卒 1 进 1
68. 马七退九	炮 5 退 3	69. 车四进一	前卒平 5
70. 马九进八	将 5 平 4	71. 马八退六	车 5 平 4
72. 马六退四	炮 5 退 2	73. 车四进三	炮 5 退
74. 马四进五	车 4 进 1	75. 马五进四	将 4 进 1
76. 马四退二	车 4 平 8	77. 车四退一	将 4 退 1
78. 车四退一	炮 5 进 1	79. 马二退四	车 8 进 6
80. 帅四进一	车 8 退 1	81. 帅四退一	车 8 退 2
82. 车四平六	将 4 平 5	83. 车六平八	炮 5 平 6

84. 马四进六　炮6平4　　　85. 车八进二　将5进1
86. 帅四平五　车8退4

由于黑方在前面贪攻忘守,红马跃出之后遭到无休止的攻击,只好苦于防范,但因无士象防守,经不起车马冷着的突击,不料此时退车导致速败。应车8退3,仍可坚持下去。

87. 马六退四　车8平6　　　88. 车八平四

红方车马不断攻击,终于取胜。

(选自张明忠胜廖二平的对局)

第52局　七路马对列炮

1. 炮二平五　马8进7　　　2. 马二进三　车9平8
3. 车一平二　炮8进4　　　4. 兵三进一　炮2平5
5. 马三进四　车1进1

红方进马河口是一路对攻性的下法,如马八进七则比较平稳。

6. 兵三进一　车1平6

红方过兵捉炮是夺先之着。如炮八进五,则炮5进4,仕六进五,车1平6,黑方占优。

7. 马四退二　卒7进1　　　8. 车九进一　炮5进4

红方升左车迅速控制局势,是一步好着。如马八进七,卒7进1,车九进一,卒7进1,车九平三,马7进6,黑方反而占优。

9. 仕六进五　象3进5　　　10. 车九平六　卒7进1
11. 马八进七　炮5退2　　　12. 炮八进五　马2进3

走马7进6较好。以下红方如炮八退一,车6平4,形成互相牵制之势。

13. 车六进六　车6平3　　　14. 炮八退四　士4进5
15. 车六退三　车3平2

红方应车六退四,形成多子占优之势。

16. 马七退九　车8进5
17. 帅五平六　马7进6（图52）

18. 炮五平二　炮5进2

图52，红方平二路炮打车是正确的攻击手段。如炮五平八打车，炮5平2，红方将陷入被攻。

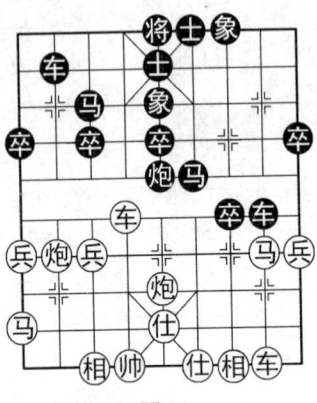

图 52

19. 炮二进二　马6进4
20. 炮二平六　炮5平2
21. 马九进八　车2进5
22. 马二退四　车2平3
23. 相七进九　卒3进1
24. 帅六平五　卒7平6
25. 车二进五　卒6进1
26. 马四退二　车3平4
27. 炮六平四　车4平1
28. 相九退七　卒3进1

过3路卒作用不大，应马3进2。黑方少子多卒有攻势，比较有利。

29. 炮四进四　卒3平4
30. 车二平四　卒6平5
31. 马二进三　车1退2
32. 车四退一　车1平7
33. 马三进四　马3进4
34. 车四退二　后卒进1

进中卒稳健。如卒4进1，马四进六，黑方有后顾之忧。

35. 马四退五　卒5进1
36. 马五退七　车7进5
37. 车四进三　车7退5
38. 车四平三　象5进7
39. 炮四退七　卒1进1
40. 炮四平一　卒1进1
41. 炮一进五

进入残局阶段，红方马炮兵对马3卒，双方都难以进取，和局。

（选自臧如意和丁传华的对局）

第53局　七路马对列炮

1. 炮二平五　马8进7
2. 兵七进一　车9平8
3. 马二进三　炮8平9
4. 马八进七　炮2平5

5. 兵三进一　马2进3
6. 炮八进一　车8进4（图53）

图53，红方升左炮是一步新变化，意欲平七路攻击黑马，扩大控制力。以往多走炮八平九，车8进4，车一平二，车8进5，马三退二，车1进1，车九平八，车1平8，马二进三，车8进3，形成对攻之势。

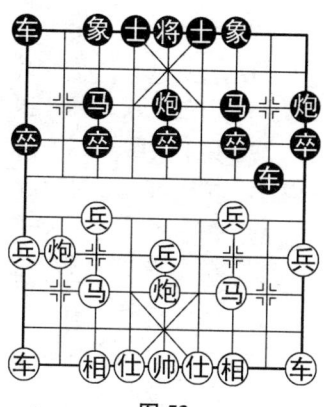

图 53

7. 车一平二　车8平2
8. 炮八平七　卒7进1
9. 车二进四　炮9退1
10. 车九平八　车1平2

红方出车兑车，指望以下可以走炮七进三打卒，抢占便宜。

11. 车八进五　车2进4
12. 炮七进三　象3进1
13. 马三进四　车2平6

平车白损失一步棋，造成被动，应炮9平5。

14. 兵三进一　车6平7
15. 炮五平三　马7进6

黑方形势不佳，又少卒，但红方一时也难攻入阵地，所以只好平炮上相调理阵势，做好打持久战的准备。

16. 相七进五　炮9平6
17. 仕六进五　炮6进4
18. 车二平四　象7进9
19. 炮三平一　炮5平6
20. 车四平五　卒9进1
21. 马七进六　马6进4

兑马的目的是用车马炮继续作战，以便寻求机会。如炮6平5，马六进五，炮5进3，马五退三，炮5进2，相三进五，象9进7，炮一进三，马6进5，红方多兵占先。

22. 车五平六　士4进5
23. 兵一进一　炮6平5
24. 车六进二　车7平5
25. 兵一进一　象9退7
26. 炮一平三　车5平7
27. 炮三平二　车7平2
28. 炮二进五　炮5进4

红方进炮打马是一步佳着，扩大了先手。如炮七平五打中卒，车2平5，黑方可借机从中路反攻，双方形成对攻之势。

29. 帅五平六	象1退3	30. 兵一进一	卒5进1
31. 炮七进三	车2平4	32. 车六退一	马3进4
33. 炮二平八	马4退3	34. 兵七进一	士5进6
35. 兵七进一	马3进5	36. 兵七平六	马5进7
37. 兵六进一	马7退5	38. 兵一平二	炮5平4
39. 兵二平三	马5进3	40. 炮八进二	将5进1
41. 兵六平七	马3进2	42. 帅六平五	将5平4
43. 仕五进四	炮4平1	44. 炮八退一	士6进5
45. 兵三平四	马2退4	46. 帅五平六	炮1平4
47. 炮七平九	马4退2	48. 炮九退一	将4退1
49. 兵七进一	将4平5	50. 炮八进一	炮4平1
51. 兵七平六	士5进4	52. 炮九平七	马2退3
53. 炮八平六			

红方双炮兵的位置及子力的配合极佳，使黑方一直处于应付之中，最后红方运炮取得胜局。

（选自黄勇胜胡远茂的对局）

第54局　七路马对列炮

1. 炮二平五	马8进7	2. 马二进三	车9平8
3. 车一平二	炮8进4	4. 兵三进一	炮2平5
5. 马八进七	马2进3	6. 车九平八	卒3进1
7. 炮八进四	炮8平7	8. 炮八平七	士4进5
9. 仕四进五	象3进1		

上象通车是攻守兼备的好着。

10. 炮五平四　车1平2

应车1平4，然后车4进3捉炮，再冲中卒反击，进行抢攻。可惜黑方没有这样走。

11. 车八进九	马3退2	12. 相三进五	炮5平3
13. 炮四进六	车8进9		

红方进过河炮,不但可制住黑方马 2 进 4 捉炮,又可平三路打卒,是一步好着。

14. 马三退二　卒 5 进 1

冲中卒出马使步法迂回,不能得到实利。不如炮 7 平 3,去兵兑炮,力求平稳局势。

15. 炮四平三　马 7 进 5　　**16.** 马二进一　炮 7 进 1
17. 仕五进四　马 2 进 4　　**18.** 炮七平八　马 5 退 6

不如士 5 退 4,马七退五,炮 7 平 8,炮八平三,马 4 进 6。这样虽然失去一卒,但红方只有双炮过河,不具备杀势,黑方足可抗衡。

19. 兵三进一　炮 7 平 8
20. 兵三进一　炮 3 进 4
21. 炮八进二(图 54)　卒 3 进 1

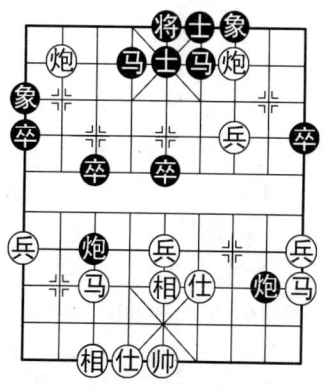

图 54,黑方双马被红方双炮牵制,形势非常困难。红方又运兵围攻 6 路马,黑方将要失子,红方占优势。

22. 兵三平四　炮 3 平 4

不如炮 3 平 9 打边兵,再卒 3 进 1,谋取中兵,可形成少子多卒之势,仍可对抗下去。

图 54

23. 兵四进一　士 5 进 6　　**24.** 炮三平六　马 6 进 8
25. 马七退五　卒 3 进 1　　**26.** 兵九进一　马 8 进 7
27. 兵一进一　炮 8 退 4　　**28.** 马五进三　卒 5 进 1
29. 仕四退五　炮 8 平 5　　**30.** 兵五进一　马 7 进 5
31. 马一进二　卒 3 进 1

红方跃出边马,伺机过河攻击,黑方失子无势,已难支撑。

32. 炮六退三　卒 3 进 1　　**33.** 炮六平五　将 5 平 4
34. 马三进四　卒 5 平 3　　**35.** 炮八退四　炮 3 进 4
36. 炮八平七　卒 3 平 4

红方炮马威力强大,黑方已难抵抗,红方胜定。

(选自刘星胜朱永康的对局)

第55局　七路马对列炮

1. 炮二平五　马8进7
2. 马二进三　车9平8
3. 兵三进一　炮8平9
4. 马八进七　炮2平5
5. 车九平八　马2进3
6. 马三进四　车1进1
7. 车一进一　车1平4

红方升右车掩护河口马，比较稳健。如马四进六捉马，车1平3，红方不占便宜。

8. 马四进三　车8进6
9. 炮五平四　卒3进1
10. 相七进五　炮9进4
11. 炮八进一　车8进1

由于边炮受制，若发展下去容易吃亏，所以进车捉炮，乘机摆脱牵制，是一步佳着。

12. 仕六进五　炮9平3
13. 车一平三　车4进7
14. 炮四退一　车4退3
15. 炮四进一　卒3进1

如车4进3，炮四退一，车4退3，炮四进一，双方不变成和。

16. 炮八进四　炮5平2
17. 车八进七　象7进5
18. 兵三进一　马3进4
19. 兵三平四　马4进2

只顾攻击而疏于防守，造成劣势。应马7退8，兵四平五，卒5进1，马三退五，士4进5，车三进五，车8退3，马五退三，卒9进1，车三平九，卒9进1，双方各有千秋。

20. 马三进五　象3进5
21. 车三进六（图55）　象5退3

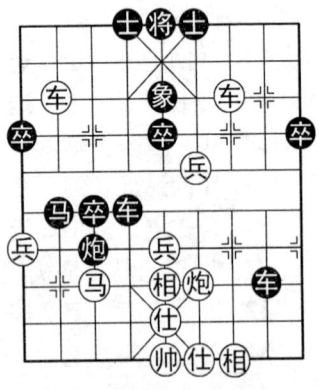

图55

图55，红方进车吃马稳占优势，是正确的应着，如车八平五则容易发生险情。以下黑方可走马7退5，车三进八，车8平6，仕五进四，马2进3，仕四进五，炮3平2，车三平二，炮2进3，帅五平四，车4进4，帅四进一，车4退1，车

五平四，马3进4，黑方胜。

22. 车三退一　士4进5　　　23. 车三平五　车8退1
24. 兵四进一　车8平6　　　25. 兵四进一　马2退3
26. 车八退四　车4退3

应车6退4吃兵，虽然仍有危险，但还有一定的变化，增加了红方的取势难度。

27. 车五退二　卒3平4　　　28. 车五进二　卒4平3
29. 马七退八　车6退4　　　30. 相五进七

到此，黑方形势不利，进入苦思之中，超时作负。

（选自吕钦胜胡荣华的对局）

第56局　七路马对列炮

1. 炮二平五　马8进7　　　2. 马二进三　车9平8
3. 兵七进一　卒7进1　　　4. 马八进七　炮8平9

红方可车一平二，待机而动。

5. 车一进一　车8平5　　　6. 相七进九　炮2平5
7. 车一平四　马2进3　　　8. 车九平八　车1平2
9. 炮八进四　士4进5　　　10. 兵三进一　车8退1

红方弃兵争先是积极的走法。如车四进五，车8退3，红方不占好处。黑方退8路车防守正着，如车8平7，马三进四，红方有攻势。

11. 车四进五　卒7进1　　　12. 车四平三　车8退2
13. 炮八进二　炮5平6

红方进炮是防止黑方退炮打车，保持平稳局势。如车三退二，炮9退1，车三平二，车8进3，马三进二，双方均势。

14. 兵五进一　卒7进1

弃卒企图进炮打马对攻，抢夺先手。但不如象7进5为好，兵五进一，卒5进1，马三进五，卒5进1，以下不论红方走炮五进二或马五进三，可走炮9退2对抗，黑方满意。

15. 车三退三　炮6进5
16. 炮五退一　炮6平1
17. 兵五进一　卒5进1
18. 马三进五　卒5进1
19. 炮五进三　象3进5（图56）
20. 马五进三　马7进5

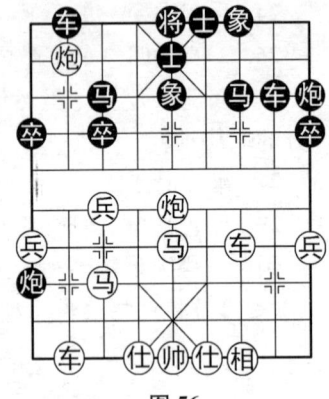

图56

图56，红方进三路马展开攻势，不如车三退二，下一手可平车捉死黑炮，以下黑方虽然应法较多，但还是红方先手。

21. 马三进四　车8平6
22. 车三进三　车2平4
23. 炮八平七　马5进6
24. 车三平二　马3进5
25. 炮七平九　炮9平7

平炮不见效力，应马6进8，车二退三，车6进1，双方各有千秋。

26. 炮九退一　象5进3
27. 炮九平三　车6平7
28. 兵七进一　车7进7

进车吃相失去了对攻机会。应卒3进1，胜负一时尚难定论。

29. 车二进二　车4平3

平车是无可奈何之应法。如马6退7，车二平三，黑方难以对付。

30. 车二平三　车7退8
31. 马四进三　将5平4
32. 兵七平六　马6进5
33. 仕六进五　车3进2
34. 马七进五　车3平7
35. 兵六进一　马5进6
36. 炮五平六　马6退4
37. 兵六进一　车7平4
38. 车八进二

红方车炮马兵发动攻击，黑方无法抵挡，红方得子胜定。

（选自柳大华胜黄勇的对局）

第57局　七路马对列炮

1. 炮二平五　马8进7　　　2. 马二进三　车9平8
3. 车一平二　炮2平5　　　4. 马八进七　马2进3

红方如车二进六，炮8平9，车二平三，车8进2，炮八进二，形成另一路变化。

5. 兵七进一　卒7进1　　　6. 车九平八　车1进1
7. 车二进四　车1平4　　　8. 马七进六　炮8平9
9. 车二平四　车8进6　　　10. 炮八平六　车4平8
11. 兵七进一　前车退1

退车迫使红方兑车，并攻击红马，紧凑有力。

12. 车四平二　车8进4　　　13. 马六进八　马3退5
14. 兵七进一　车8平3　　　15. 车八进三　车3退1
16. 马八退七　车3退1　　　17. 炮六平七　车3平4
18. 车八进二　车4进4　　　19. 炮七平九　炮5平3
20. 马七进五　马5进4　　　21. 车八平三　马4进5

如象3进5，马五进四，红方先手。

22. 炮五进二　象7进5　　　23. 相三进五　士6进5
24. 车三平八　车4退1
25. 仕四进五　车4平1

红方上仕防守，效力不大，应先走炮五平七，然后再走兵三进一，强行渡河助战，局势略显优势。

26. 炮五平七（图57）　车1平3

图57，黑方平3路车，没有估计到红方骑河车的威力。应车1退1逐炮，然后再车1退1兑车，局势平稳。

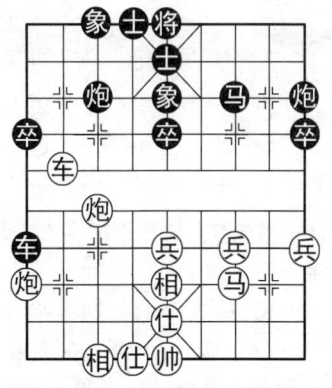

图57

27. 仕五退四　炮9平8

红方退仕保护七路炮，是一步好着，由此保持了先手地位。此刻黑方平 8 路炮颇为不妥，可考虑走炮 9 退 2，兵三进一，炮 9 平 7，加强防守，等待时机。

28. 兵三进一　炮 8 进 2　　**29.** 车八进二　炮 3 平 4
30. 车八平七　车 3 平 2　　**31.** 兵三进一　炮 8 进 3
32. 兵三进一　马 7 退 6　　**33.** 炮九平七　象 3 进 1
34. 车七平九　车 2 进 1

红方利用车炮的控制，乘势渡兵助战，取得很大的优势。

35. 后炮进一　炮 8 平 5　　**36.** 车九退一　炮 5 平 6
37. 马三进四　车 2 退 1　　**38.** 马四进六　卒 5 进 1
39. 车九平四　炮 6 平 8　　**40.** 马六进五　士 5 进 6
41. 马五退六　马 6 进 5　　**42.** 车四平五　士 4 进 5
43. 前炮平二　车 2 进 2　　**44.** 仕四进五　车 2 退 4
45. 炮二进一　车 2 进 3　　**46.** 炮二平二　炮 8 平 2
47. 炮二平五　将 5 平 6　　**48.** 炮七进一　卒 5 进 1
49. 车五退二

红方运子攻击强悍有力，终于取得胜利。

（选自赵国荣胜柳大华的对局）

第 58 局　七路马对列炮

1. 炮二平五　马 8 进 7　　**2.** 马二进三　车 9 平 8
3. 车一平二　炮 8 进 4　　**4.** 兵三进一　炮 2 平 5
5. 炮八进五　马 2 进 3　　**6.** 炮八平五　象 7 进 5
7. 马三进四　炮 8 进 1

不如改走炮 8 退 2 较为有力，这样可以限制红方马八进七的走法。

8. 马八进七　炮 8 平 3

红方强行进马，弃子抢先。此刻黑方如不打马而卒 3 进 1，马七退五，车 1 进 1，马五进三，炮 8 平 5，车二进九，马 7 退 8，相七进五，局势平稳。

9. 车二进九　马7退8　　　10. 车九进二　炮3进1
11. 车九退一　炮3退1　　　12. 马四进六　车1进2
13. 车九平二（图58）　马8进9

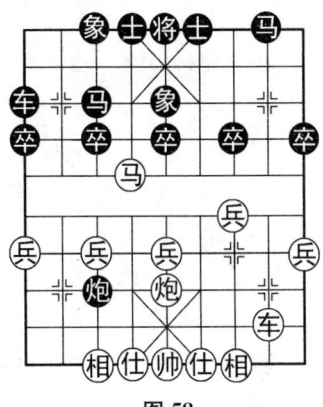

图58

图58，黑方进边马，企图让红车形成低头，但轻易失子不利，不如马8进6，车二进七，马6进4，炮五进四，士4进5，车二退六，马4进5。黑方弃去一子之后，局势并不危险。

14. 车二进六　卒3进1
15. 马六进七　车1平3
16. 车二平一　卒3进1
17. 炮五进四　士4进5
18. 相三进五　卒3进1

红方上相防止黑车杀通兵线，精细。若急于吃卒而走炮五平一，卒3平4，车一平三，车3进4，红方并无好处。

19. 炮五平一　车3进2　　　20. 兵一进一　车3平8
21. 车一平三　卒3平4　　　22. 兵五进一　车8退1

红方进中兵，对形势的发展将发挥有利作用。

23. 炮一进三　车8退3　　　24. 炮一退三　卒1进1
25. 车三退一　士5退4　　　26. 车三平七　炮3平2
27. 炮一平五　士6进5　　　28. 炮五退一　炮2进2

红方退中炮，防止黑方进车牵制，由此取得多兵优势。

29. 车七进三　卒4进1　　　30. 车七平八　炮2平1
31. 车八退九　炮1退1　　　32. 车八进一　炮1进1
33. 兵一进一　车8进9　　　34. 车八平四　车8退3
35. 车四进四　车8平9

红方依仗多兵之势，设法兑车，以多兵取胜。

36. 仕四进五　车9进3　　　37. 车四退五　车9退5
38. 仕五进六　车9退4　　　39. 车四进六　车9平6
40. 车四平二　车6进5　　　41. 车二进三　车6退5

42. 车二退二	车6进5	43. 车二平五	将5平6
44. 炮五平七	车6进4	45. 帅五进一	车6退1
46. 帅五退一	车6进1	47. 帅五进一	车6平4
48. 炮七进四	将6进1	49. 炮七退一	士5进6
50. 兵三进一	车4平5	51. 帅五平四	车5平6
52. 帅四平五	车6平5	53. 帅五平四	车5平6
54. 帅四平五	车6平8	55. 帅五平四	车8平6
56. 帅四平五	车6平9	57. 帅五平四	车9退1

形成一将一杀之势。黑方须变着，否则判负。

58. 帅四进一	车9进1	59. 帅四退一	车9进1
60. 帅四进一	车9退2	61. 车五平四	将6平5
62. 兵五进一	车9进1	63. 帅四退一	车9进1
64. 帅四进一	车9退1	65. 帅四退一	车9进1
66. 帅四进一	车9进1	67. 仕六退五	炮1退1
68. 相五退三	车9平7	69. 炮七退六	车7退1
70. 车四进一			

红方车炮兵已成杀势，黑方认负。

（选自蒋志梁胜卜凤波的对局）

第59局　七路马对列炮

1. 炮二平五	马8进7	2. 马二进三	车9平8
3. 车一平二	炮2平5	4. 马八进七	马2进3
5. 车九平八	炮8进4	6. 兵三进一	卒3进1
7. 炮八进四	炮8平7	8. 炮八平七	象3进1
9. 车二进九	马7退8	10. 车八进八	士4进5

先上士是一步创新着法，以后逐渐得到运用，可以保持变化。如改走车1平2，则车八进一，马3退2，炮五进四，士4进5，炮五退一，红方多兵好走。

11. 车八平七	车1平3	12. 车七进一	象1退3

13. 仕四进五　卒 9 进 1　　14. 炮五平六　马 8 进 9
15. 相三进五　马 9 进 8　　16. 兵七进一　卒 3 进 1
17. 相五进七　马 8 进 9

先弃后取之着，企图谋取红兵，扩大攻击力量，是有力的争先手段。

18. 相七退五　马 9 退 8
19. 马七进六　炮 5 平 8（图 59）

图 59，黑方平开中炮是一步无多大效力的走法，使本来乐观的局势反而造成被动，应马 8 进 6 控制局势。

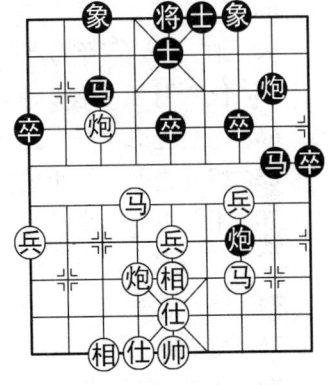

图 59

20. 马六进四　象 3 进 5
21. 马四进六　炮 8 退 1
22. 炮六平七　马 3 退 2
23. 前炮平五　马 2 进 3
24. 炮五退一　马 8 进 6
25. 兵五进一　马 3 进 4　　26. 马三进五　马 4 进 5
27. 炮五退二　炮 7 平 1　　28. 炮七进二　炮 1 退 1
29. 炮五平三　卒 9 进 1　　30. 马六退四　马 6 进 7
31. 兵五进一　炮 8 进 4　　32. 炮七退二　马 7 进 9
33. 马四进二　炮 1 平 6　　34. 马二进三　炮 6 退 4
35. 炮三进三　士 5 进 6　　36. 炮三进三　士 6 进 5
37. 炮七退一　马 9 退 7　　38. 马三退一　马 7 退 6
39. 炮三平一　马 6 进 4　　40. 仕五进六　士 5 进 4
41. 兵五进一　炮 8 退 3　　42. 马一进二　将 5 进 1
43. 马二退三　象 5 退 3　　44. 仕六进五　马 4 退 3
45. 仕五退六　马 3 进 5

红方在占据大优的形势下，不必再纠缠，应兵五平六，展开有力的攻击。

46. 炮一退四　将 5 退 1　　47. 炮一平五　炮 6 平 5
48. 炮七平五　马 5 进 6　　49. 帅五平四　马 6 进 8

50. 帅四平五	马8退6	51. 帅五平四	炮5进3
52. 炮五进四	士4退5	53. 马三退四	炮8进7
54. 帅四进一	马6退8	55. 兵三进一	马8进7
56. 兵三进一	马7退6	57. 炮五退二	炮8退4
58. 帅四退一	炮8平6	59. 帅四平五	卒9平8
60. 仕六进五	卒8平7	61. 兵三进一	将5平6
62. 帅五平六	炮6平2	63. 仕五进四	卒7平6
64. 仕六退五	炮2退3	65. 炮五平七	卒6平5
66. 炮七进二	马6退4	67. 兵五平六	卒1进1
68. 相五进七	卒1进1	69. 帅六平五	卒1平2
70. 相七进五	卒2进1	71. 炮七平六	炮2进2
72. 马四进二	卒5平6	73. 兵三平四	炮2退1
74. 马二进一	士5进6	75. 马一退三	将6平5
76. 马三退二	卒6进1	77. 炮六平五	将5平6
78. 马二进三	将6进1	79. 炮五退一	炮2进2
80. 马三退一	卒6平5	81. 马一进二	卒2平3

由于双卒急于联手，几乎造成败势，应改走炮2退4。

82. 炮五平一	将6平5	83. 兵六进一	马4退3
84. 炮一进四	将5退1	85. 马二退四	将5平6
86. 兵六进一	马3退4		

红方进兵过急，由此失去了谋取胜势的机会。

87. 马四进六	将6平5	88. 马六退七	炮2退3
89. 炮一退三	炮2平3		

黑方防守有方，终于迫和红方，实在不易。

（选自傅光明和赵庆阁的对局）

第60局　七路马对列炮

1. 炮二平五	马8进7	2. 马二进三	车9平8
3. 兵七进一	卒7进1	4. 马八进七	炮8平9

5. 车一进一　车8进5

红方如炮八平九，形成另一路变化。

6. 兵五进一　炮2平5　　　7. 车一平四　马2进3
8. 马七进五　车1平2　　　9. 车九进二　车2进4

红方进边车是一步灵活的变化，效果究竟如何，有待更多的实践。

10. 车四进七　马7进6　　11. 兵五进一　马6进5
12. 兵五进一　马3进5　　13. 炮五进四　士4进5
14. 马三进五　车8平5　　15. 车四退二　车5进1
16. 仕四进五　卒3进1　　17. 炮八平二　车2退1

红方平炮弃兵是相当凶悍的走法，充分显示了红方敢于拼杀的风格。

18. 炮二进四　卒3进1　　19. 车九平六　卒3进1
20. 车六进六　炮9退1

红方进车下二路，伏下车六平五的杀着。

21. 帅五平四　车5退3　　22. 炮二平五　车2平5
23. 车六平五　士6进5

红方平车吃士是正确之着，由此产生了取胜的条件。

24. 车四平五　炮5平9　　25. 车五平九　卒9进1
26. 兵九进一　前炮进4　　27. 车九退一　象7进5

红方退车捉卒看似没多大用处，其实是一步算度深远的好着。

28. 兵三进一　前炮进3
29. 相三进五　卒7进1

吃兵弃炮是无可奈何之着。如卒9进1，兵三进一，象5进7，车九平三，红方稳获胜势。

30. 车九平一　后炮平6
31. 车一退五　卒7平6
32. 帅四平五　卒6进1（图60）

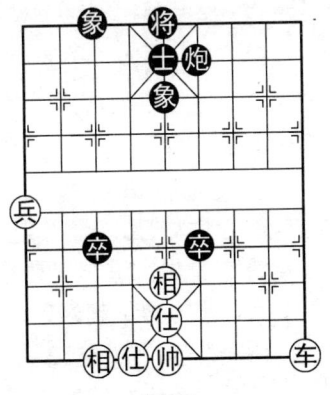

图60

33. 兵九进一　卒 3 平 4

图 60，红方进边兵失却了胜机。应车一进三捉卒，则士 5 进 6，车一进五捉炮，炮 6 退 1，车一平四，红方得子，稳成胜局。

34. 兵九平八　卒 4 平 5　　　35. 兵八进一　炮 6 退 1
36. 车一进八　炮 6 平 7　　　37. 车一平四　炮 7 平 6
38. 兵八平七　炮 6 平 7　　　39. 兵七平六　炮 7 平 6
40. 相五退三　炮 6 平 7　　　41. 仕五退四　炮 7 平 6

红方难以取势，终于形成和局。

（选自于幼华和李来群的对局）

第 61 局　七路马对列炮

1. 炮二平五　马 8 进 7　　　2. 马二进三　车 9 平 8
3. 车一平二　炮 2 平 5　　　4. 马八进七　马 2 进 3
5. 车九平八　炮 8 进 4　　　6. 兵三进一　卒 3 进 1
7. 马三进四　车 1 进 1　　　8. 炮八进六　卒 1 进 1
9. 车二进二　卒 1 进 1

红方可改走炮五平三，成另一路变化。

10. 兵三进一　炮 8 平 3　　　11. 车二进七　马 7 退 8

如兵三平二，卒 1 平 2，先手捉炮，红方反而不利。

12. 兵三进一　卒 1 平 2　　　13. 车八进四　马 3 进 1
14. 炮五进四　士 6 进 5　　　15. 车八进二　车 1 平 2

平车吃炮正确，如退马吃炮，虽得一子，但子力位置较差，局势并不乐观。

16. 车八平九　炮 3 进 3
17. 仕六进五　车 2 进 6（图 61）

图 61，黑方进车捉马是一步紧凑有力的着法。如炮 3 平 1，车九平六，黑方得不到好处。

18. 帅五平六　卒 3 进 1

红方应改走马四退六，则车 2 平 3，炮五平七，车 3 平 4，炮七退六，车4平3，炮七平六，车3退1。黑方有攻势，但红方还有谋和的希望。此刻黑方不急于吃马，而进卒过河控制局势，预防红方平炮打车的反击手段，是一步老练之着，由此取得了胜势。

19. 马四进六　卒3进1
20. 炮五退二　卒3进1
21. 马六进四　象7进9
22. 车九平六　将5平6
23. 炮五平四　将6平5

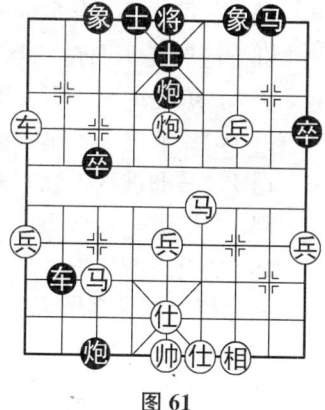

图61

以下黑方平炮要杀，红方已无法解救，黑胜。

（选自洪文负柳大华的对局）

第62局　七路马对列炮

1. 炮二平五　马8进7　　　2. 马二进三　车9平8
3. 车一平二　炮8进4　　　4. 兵三进一　炮2平5
5. 马八进七　马2进3　　　6. 兵七进一　车1平2
7. 车九平八　车2进4

进车河口，力求稳中进取，是一种变化。如车2进6，马七进六，车2退2，（也可以改走马3退5，双方展开对攻）兵七进一，车2平3，炮八平七，车3进1，车八进八，车3平4，炮七进五，红方先手。

8. 炮八平九　车2平8　　　9. 车八进六　炮8平7
10. 车八平七　前车进5

红方平车吃卒交换子力，是新流行的变化，可以取得很好的对攻效果，但变化复杂，不好掌握。如车二平一，炮5平6，兵五进一，士6进5，马七进五，象7进5，黑方阵形稳固，足可对抗。

11. 马三退二　车8进9　　　12. 车七进一　车8平7

13. 炮九进四　车7平8

红方应改走车七进二吃象。以下黑方如炮7平8，炮九进四，炮8进3，炮九进三，车7退4，仕四进五，车7进4，仕五退四，卒7进1，兵七进一，车7退4，仕四进五，车7平3，车七平八，车3退1，马七进六，红方先手。

14. 兵七进一　炮7进3　　**15. 仕四进五　炮7退2**
16. 仕五退四　炮7平3

平炮打马先求多子，是一步积极进取之着。

17. 兵七平六　炮5进4　　**18. 仕六进五　炮3平2**
19. 车七平八　炮2平3　　**20. 车八平三　象3进5**

红方虽然夺回一子，但子力位置不好，仍是黑方占先。

21. 帅五平六　车8退5

红方如车三平四，则炮5平7，帅五平六，车8退5，黑方占优。

22. 炮五进四　士4进5
23. 炮五退一　（图62）　炮5平4

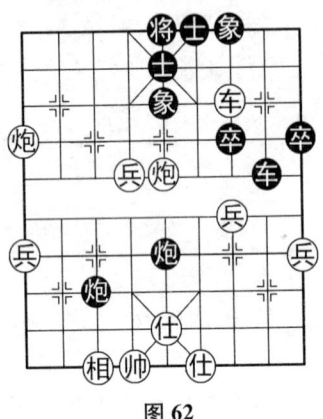

图62

图62，红方如兵六平五兑炮，则炮5平4，炮九平三，将5平4，兵三进一，车8进1，兵三平四，炮4退4，黑方优势。此刻黑方平炮4路是一步佳着，可以消灭红方的过河兵，借此攻击红方车炮的弱点，扩大优势。

24. 相七进五　炮3平4　　**25. 帅六平五　炮4退3**
26. 炮九退一　车8进3　　**27. 仕五进四　前炮平5**
28. 帅五平六　车8平6

红方如相五退三，炮4进1，炮五退一，车8退3，炮九退一，炮4进2，帅五进一，车8平5，黑方大占优势。

29. 仕四进五　车6退4

红方如车三退一，车6进2，帅六进一，车6退1，帅六退一，车6退3，相五退七，炮5平4，帅六平五，车6平5，帅五平四，后炮退2。红方仕相残缺,于防守不利,仍是黑方占优。

30. 车三平二　车6平2　　　31. 炮九平七　车2平5
32. 车二退四　炮5平4　　　33. 帅六平五　象5进3

红方失子之后已无法对抗黑方的反击,终成败局。

(选自郑祥福负吴贵临的对局)

第63局　七路马对列炮

1. 炮二平五　马8进7　　　2. 马二进三　车9平8
3. 车一平二　炮8进4　　　4. 兵三进一　炮2平5
5. 马八进七　马2进3　　　6. 兵七进一　车1平2
7. 车九平八　车2进6　　　8. 马七进六　马3退5

如炮8平7弃子夺势比较强硬。以下红方如马六进四,车8进9,马三退二,马3退5,马四退三,炮5进4,仕六进五,马5进4,黑方有一定的攻击能力。

9. 车二进一　炮5平2

红方进二路车是新创之着。如兵七进一,车2退1,马六进五,炮8进1,车二进二,车8进7,炮五平二,马5进3,黑方反而夺得先手。

10. 兵七进一　车2退1
11. 马六退七　车2平3
12. 炮八平九　炮2平3
13. 车二平六(图63)　炮8平7

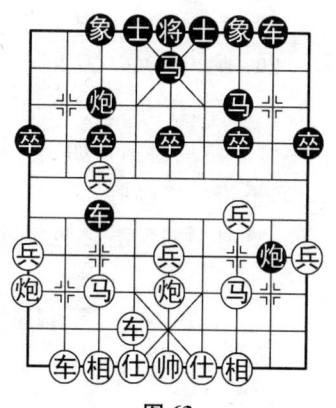

图63

图63,红方平车弃马,企图展开对攻,由此形成复杂的局势。如兵七进一,车3进2,兵七进一,马5进3,车二平四,红方仍是先手,但黑方的防守也比较工稳。此时黑方平炮打底相,是一步迟缓之着,不如车3进2,炮九进四,炮3进2,车六进七,马5进6,双方对攻激烈,

后果一时难料。

14. 马三退五　炮 3 进 2

此刻黑方已不能用车吃马。如车 3 进 2，炮九进四，炮 3 进 2，车六进八，将 5 平 4，炮九进三，象 3 进 5，马五进七，炮 3 进 2，车八进九，将 4 进 1，炮五平六，红方攻势强大，黑方不好应付。

15. 车六进七　马 5 进 6　　　**16.** 车八进七　马 6 进 7

如车 8 进 2，车八平四，伏下炮五进四打卒的凶悍之着，黑方更难对付。

17. 车八平三　士 6 进 5　　　**18.** 马七进六　马 7 退 5

红方进马攻击比较缓慢，不如炮五进四打中卒。以下黑方如将 5 平 6，马七进六，红方可以轻易取得胜势。

19. 车三平八　马 5 进 6

进马失算，应车 8 进 5 捉马，还可顽强对抗下去。

20. 炮五进四　象 7 进 5　　　**21.** 马五进四　炮 7 平 5
22. 炮九平六　炮 3 进 5　　　**23.** 帅五进一　车 8 进 8
24. 帅五进一　炮 5 平 4　　　**25.** 车八平五　将 5 平 6

红方强行杀象展开兑子抢攻，正确。

26. 炮五平六　炮 3 退 2

红方平炮暗伏杀机，是取势的好着。

27. 后炮退一　炮 4 进 1　　　**28.** 帅五平六　炮 3 平 2
29. 帅六平五　车 3 进 2　　　**30.** 后炮进一　车 3 退 1
31. 后炮退一　车 8 退 7　　　**32.** 车六进一

红方胜局已定，如黑方接走士 5 退 4 吃车，后炮平四，车 8 平 6，车五进二，红胜。

（选自刘明胜冯光明的对局）

第 64 局　七路马对列炮

1. 炮二平五　马 8 进 7　　　2. 马二进三　车 9 平 8
3. 车一平二　炮 8 进 4　　　4. 兵三进一　炮 2 平 5

5. 兵七进一　马2进3　　　　**6.** 马八进七　车1平2
7. 车九平八　车2进4

如车2进6，则炮八平九，车2平3，车八进二，车3退1，变化复杂，形成另一路变化。

8. 炮八平九　车2平8　　　　**9.** 车八进六　炮8平7
10. 车二平一　炮5平6　　　**11.** 车八平七　象7进5

红方如兵五进一，士6进5，马七进五，从中路展开攻势，也是一种变化。

12. 兵七进一　士6进5　　　**13.** 马七进六　卒7进1
14. 兵七平六　卒7进1

红方平兵华而不实，不如兵三进一，前车平7，马六进五，马3进5，炮五进四。红方多兵，较为好走。

15. 马六进八　马3退1　　　**16.** 兵六平五　炮6进1

进炮打车是一步失误之着，使局势发生混乱，应卒5进1，马八进六，炮6退1，黑方占优。

17. 车七退二　卒7平8（图64）
18. 前兵进一　马7进5

图64，红方不如后中兵进一，拦阻黑方河口车的通道，卒5进1，兵五进一，车8平5，马八进六，马1进2，车七平八，比较紧凑有力。如红方改走兵九进一，卒5进1，兵九进一，炮6退2，兵九进一，后车进3，红方无便宜可占。现在黑方乘机用马吃去过河兵是佳着，由此夺得了主动。

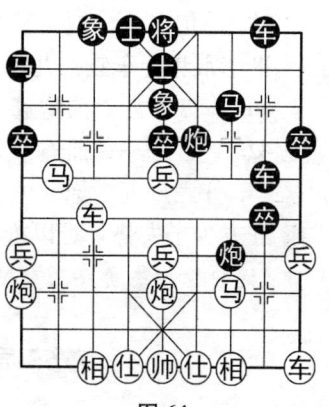

图64

19. 炮五进四　车8平2　　　**20.** 相三进五　车2退1

退车捉中炮，准备弃卒逐中炮，减轻中路的压力，是平稳之着。

21. 炮五平一　炮6退1

红方不如炮五平七。

22. 炮一平九　卒8进1　　　23. 马三退五　马1进3

红方退中马过于迟缓,由此陷入困境。应车七平三,较为适合防守。

24. 前炮退一　马3进5　　　25. 马五进七　马5进7
26. 相五进三　车8进3　　　27. 相七进五　炮6平9
28. 车一平二　炮7平9

红方应车一平三,不让黑卒向九宫迫近。

29. 车七平四　车2进4

红方应仕六进五加强防守。

30. 车四平七　后炮进3　　　31. 车七进四　卒8进1
32. 车二平三　卒8进1　　　33. 后炮退一　后炮退4
34. 车七退四　前炮退1　　　35. 车七退一　后炮平7
36. 车三平一　卒8平7　　　37. 仕四进五　车2进1
38. 前炮退一　炮7平9　　　39. 车一平四　卒7平6

平卒乘势捉车威胁九宫,巧妙之着,为取势创造了条件。

40. 车四平三　前炮进3　　　41. 仕五退四　前炮退2
42. 兵五进一　前炮平8　　　43. 后炮平四　车2平6
44. 仕六进五　炮9进5

红方少子失势,难以抵挡,黑胜。

(选自徐俊杰负李来群的对局)

第65局　七路马对列炮

1. 炮二平五　马8进7　　　2. 兵三进一　炮2平5
3. 马八进七　马2进3　　　4. 车九平八　卒3进1
5. 马二进三　车9平8　　　6. 炮八进四　炮8进4
7. 炮八平七　炮8平7　　　8. 仕四进五　士4进5
9. 相三进一　车8进8　　　10. 车一平二　车8平8
11. 马三退二　车1平2　　　12. 马二进四　炮7平8
13. 车八进九　马3退2　　　14. 马七退九　马2进1

15. 炮七平八　炮5平3
16. 兵五进一　炮7进1
17. 马九进八　卒3进1

进卒过急，应象3进5，则炮八进一，马1退2，炮五平七，炮3进4，相七进五，马7退9，黑方好走。

18. 炮五平七　炮3进4
19. 炮七进二　马3平1
20. 兵一进一　象3进5
21. 炮八进一　马7退9
22. 炮七退二　马1退2
23. 马八进六　炮1平3
24. 炮七平五　马2进4
25. 炮八退五　马9进7

应炮3退6。以下红方如仕五退四，马9进7，炮八平六，马4进2，伏下马2进3的争先手段，比较好走。

26. 炮八平六　马4进2
27. 马四进五　马2进3
28. 兵五进一　卒5进1
29. 炮五进三　马7进5
30. 马五进四　炮7平6
31. 炮六平五　马5退3
32. 前炮退二　炮3平4

不如后马进4比较积极。以下红方如马四进二，马4退6，双方形成复杂局势。虽然形势不太乐观，但是足可与红方周旋。

33. 马四进二　炮6退7（图65）

图65，退炮造成失象的不利形势。不如将5平4，后炮平六，炮6退5，马二进三，炮6平4，黑方形势虽然很难达到理想的境地，但还可应对下去。

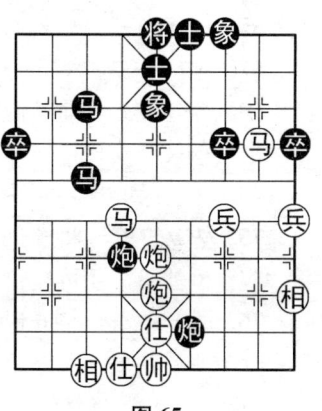

图 65

34. 后炮进五　将5平4
35. 前炮退二　卒1进1
36. 前炮平九　后马进5
37. 马六进八　炮6进3
38. 马八进七　马5退3
39. 炮九平四　后马进5
40. 炮四退三　马4退5
41. 炮四平六　炮4平3
42. 相七进九　士5进6

不如马3进2有利攻守。以下红方如炮六退一，马2进3，相九进七，炮 3 平 2，尚可对抗一阵。

43. 马二进三　炮 3 平 6　　44. 炮五平六　将 4 平 5
45. 前炮平五　将 5 平 4　　46. 炮五平六　将 4 平 5
47. 前炮平四　将 5 进 1　　48. 炮四平五　将 5 平 4
49. 相九进七　卒 7 进 1　　50. 马三退二　卒 7 进 1

应走将 4 退 1。

51. 马二进四　将 4 退 1　　52. 相一进三　象 7 进 9
53. 炮六退一　士 6 进 5　　54. 马四退五　马 3 进 5
55. 马五进三　前马退 7　　56. 仕五进六　士 5 进 4
57. 仕六退五　士 4 退 5　　58. 仕五进六　士 5 进 4
59. 仕六退五　士 4 退 5　　60. 仕五进六　士 5 进 4
61. 炮六进六　炮 6 进 4　　62. 马三进五　将 4 进 1
63. 炮六退二　炮 6 平 5　　64. 炮五平六　将 4 平 5
65. 马五进三　马 5 退 7　　66. 后炮平三　炮 5 退 3
67. 炮三平二　将 5 平 4　　68. 炮二平六　将 4 平 5
69. 后炮平二　前马退 5　　70. 仕六退五　炮 5 平 6
71. 炮六平五　将 5 平 4　　72. 炮二进五　将 4 退 1
73. 马三退五　将 4 平 5　　74. 马五退七　将 5 平 6
75. 马七进五　将 6 进 1

应将 6 平 5，还可支持一阵。

76. 马五进六　将 6 退 1　　77. 炮二平七

红方平炮胜。

（选自李来群胜赵汝权的对局）

第 66 局　七路马对列炮

1. 炮二平五　马 8 进 7　　2. 马二进三　车 9 平 8
3. 车一平二　炮 8 进 4　　4. 兵三进一　炮 2 平 5
5. 马八进七　马 2 进 3　　6. 车九平八　卒 3 进 1
7. 炮八进四　炮 8 平 7

红方如马三进四,车1进1,炮八进四,车1平4,炮八平七,象3进1,红方对此形势不满意。

8. 炮八平七　象3进1

上象先避一手,反而使红方先手兑车,有些吃亏。应车8进9,马三退二,再走象3进1。

9. 车二进九　马7退8　　10. 车八进八　车1平2

不如先走士4进5,车八平七,车1平3,车七进一,象1退3,黑方左马可以进9路从边线跃出。虽少一着棋,但形势还可对抗。

11. 车八平七　车2进2

红方不如车八进一简明有力。以下黑方马3退2,炮五进四,士4进5,炮五退一,红方白得一卒,比较满意。

12. 兵五进一　士4进5　　13. 马七进五　马8进9

14. 仕四进五　炮7平8

平炮准备退炮打死车,但红方上马拦炮之后,黑方毫无所得。应炮5平6,车七平九,车2退2,车九平七,车2进2,双方不变可成和局。

15. 马三进二　炮8平6　　16. 车七平六　炮6退5

17. 车六退五　炮6进5　　18. 车六退一　车2进4

19. 兵三进一　炮6平3　　20. 炮七退三　车2平3

21. 马二进四　卒5进1

红方马结连环,又有三路兵渡河,形势明显占优。

22. 马四进五　象7进5

红方如马五进三,力求保留较多变化,黑方可炮5进1,兵五进一,炮5进4,相七进五,卒7进1,形成车双马对车双马。红方虽然多中兵,但不易取得胜势。

23. 马五进三　卒7进1　　24. 马三进五　车3平5

25. 马五进七　象1退3　　26. 兵五进一　马3退2

退马是最佳应着,否则车六进六,黑方难以支持。

27. 兵五平四　马9退7

红方唯恐失兵后难以取胜,所以平兵先避一步。也可车六进六,马2进1,马七进五,车5退2,马五退四,下一步有车六退五的凶悍之着。黑方如应以马9进7,则车六退三,黑方难以应付。

28. 车六进六　马2进1

红方应直接走车六进四控制黑方双马的活动。

29. 马七进八　卒3进1
30. 车六退二　卒1进1
31. 车六平三　马1进2（图66）

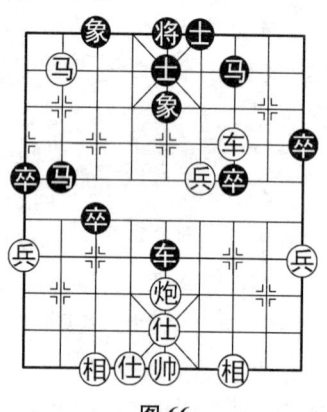

图66

图66,红方应车六平九,车5平2,马八退六,将5平4,车九平六,车2平5,马六进七,将4平5,马七退八,红方得取一象之后,颇有攻势,黑方仍难招架。此刻黑方跃1路马意在求和,如马7进9,车三平九,车5平2,马八退六,将5平4,炮五平六,卒3平4,马六进七,将4平5,车九进一,红方得子胜定。

32. 车三进二　马2进4　　**33.** 车三平四　马4进5

红方平车佳着。如兵四进一,马4进5,相七进五,车5平2,马八退七,车2退3,马七退五,车2平6,红方要想取胜,将会费尽周折。

34. 相七进五　车5平1　　**35.** 马八退七　卒1进1
36. 相五进七　车1平9　　**37.** 车四退二　车9平6
38. 相七退五　卒9进1　　**39.** 马七退五　车6退1
40. 马五退七　士5进4　　**41.** 马七进八　士6进5
42. 马八进七　将5平4　　**43.** 马七退六　卒9进1
44. 车四平一　士5退6　　**45.** 车一进三　士4退5
46. 兵四平五　士5进4

红方如马六进五,车6退1,马五退三,车6退3,马三进四,将4平5,马四退二,将5进1,红方难以取胜。

47. 兵五进一	卒1平2	48. 车一退二	卒9平8
49. 车一退四	士6进5		

在顽强的抵抗中，形成车3卒士象全对车马兵的残局。由于三个卒的位置较差，需要车的保护，削弱了防守能力，红方借机扩大了攻势。

50. 马六进八	卒8平9	51. 车一平七	将4平5
52. 马八进九	将5平4	53. 马九退七	卒7进1
54. 兵五平六	卒7平8	55. 车七进二	车6进1
56. 车七平二	卒2进1	57. 马七退八	象5退7
58. 车二平六	卒2平3	59. 兵六进一	士5进4

如车6平4，兵六进一，将4平5，车六平七，车4退5，车七进四，士5退4，车七退六，黑方仍然难守和。

60. 车六进二	将4平5	61. 马八进七	将5平6
62. 车六进二	将6进1	63. 车六平七	车6退4
64. 车七平三	车6平3	65. 车三退一	将6退1
66. 车三平五	车3进1	67. 车五进一	将6进1
68. 马七退五	车3平5	69. 车五平四	将6平5
70. 马五进三	将5平4	71. 车四退六	车5平3
72. 马三退五	车3平5	73. 车四进五	将4进1
74. 马五进四	车5退3	75. 车四退二	

红方车马攻击有力，黑方无法防守，红胜。

（选自胡荣华胜柳大华的对局）

第67局　七路马对列炮

1. 炮八平五	马2进3	2. 马八进七	车1平2
3. 兵七进一	炮2平1	4. 马二进三	炮8平5
5. 车一平二	马8进7	6. 马七进六	车9进1

红方如兵三进一，车9进1，炮二平一，车9平6，车二进六，车6进5，马三进二，车6平8，双方的争夺较为紧张。

7. 炮二平一　　车 9 平 6

不如卒 7 进 1 稳当。

8. 车二进四　　车 6 进 7　　　　9. 仕六进五　　车 2 进 8

双车进取下二路，虽然威力较大，但由于其他子力不能接应，一时难以发挥作用。

10. 炮五平七　　卒 5 进 1　　　11. 相七进五　　马 3 进 5

如卒 5 进 1，红方可兵五进一，马 3 进 5，兵五进一，炮 5 进 2，马六进七，炮 5 平 7，马七进九，象 3 进 1，车二平五，红方多兵占优。

12. 马六进七　　卒 5 进 1　　　13. 马七进五　　象 3 进 5

14. 车二平五　　象 5 进 7

红马换去中炮之后，取得多双兵的局势，但由于黑方子力比较活跃，所以对比之下黑方较为好走。现在黑方上象准备发动中路攻势，过于急躁，应卒 7 进 1，先活跃子力，有利于双马的出击。

15. 炮一进四　　车 2 退 5

退车保马是正确的应法。如炮 1 平 5，车五进二，马 7 进 5，炮一平五，士 6 进 5，兵三进一，红方多兵占优势。

16. 炮七退一　　车 6 退 2　　　17. 炮一平五　　马 7 进 5

18. 兵七进一　　车 6 平 7

平车败着。应炮 1 平 5，车五平七，马 5 进 6，仍有一定的对抗机会。

19. 兵七平八　　车 2 平 3（图 67）

20. 相五进七　　车 3 平 4

图 67，红方上相打车是夺势的关键之着，以下可以强迫黑方兑车，红方可以稳占多兵之势，并有望取得胜势。

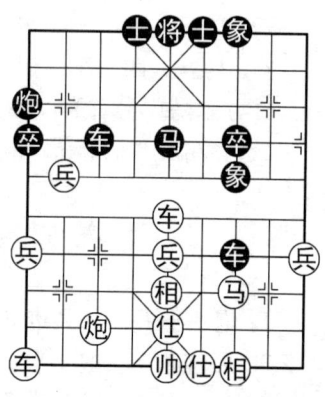

图 67

21. 车九平六　　车 4 进 6

22. 仕五退六　　车 7 进 1　　　23. 车五进二　　炮 1 平 5

24. 相七退五　　象 7 退 9　　　25. 兵八进一　　士 4 进 5

26. 仕六进五　车7退1　　　27. 炮七进二　车7退2
28. 炮七进六　车7平9　　　29. 炮七平九　车9进2
30. 兵八进一　炮5进4

红方利用黑车吃兵的机会，乘机发动炮兵攻势，弈来紧凑有力。

31. 兵八进一　炮5平4　　　32. 车五平六　士5进6
33. 车六进二

红方车炮兵快速展开攻势，黑方无法防守，红方胜。

（选自柳大华胜邹立武的对局）

第68局　七路马对列炮

1. 炮二平五　马8进7　　　2. 马二进三　车9平8
3. 车一平二　炮2平5　　　4. 兵三进一　马2进3
5. 炮八平六　车1平2

红方平仕角炮是新创之着。以往多走马八进七，车1平2，车九平八，车2进5，形成对峙之势。

6. 马八进七　炮8进2

红方上马是平稳的走法。如炮六进五，炮5进4，马三进五，炮8平4，车二进九，马7退8，马五进六，士4进5，马六进七，车2进2，黑方追回一子，并多一中卒，红方不占便宜。

7. 兵七进一，车2进4

如车2进6，炮六进五，炮8平1，车九平八，车2进3，车二进九，马7退8，马七退八，黑方双马受制约，红方占优。

8. 车九平八　车2平4　　　9. 仕六进五　卒7进1
10. 车二进四　卒3进1

兑卒反而导致被动，应炮8平9。以下红方如车二进五，马7退8，车八进八，马8进7，形势比较和缓。

11. 车八进八　卒3进1　　　12. 兵三进一　车4平7
13. 车二平七　马3进2　　　14. 车七进五　士6进5

15. 马七进六（图68）　马2进4

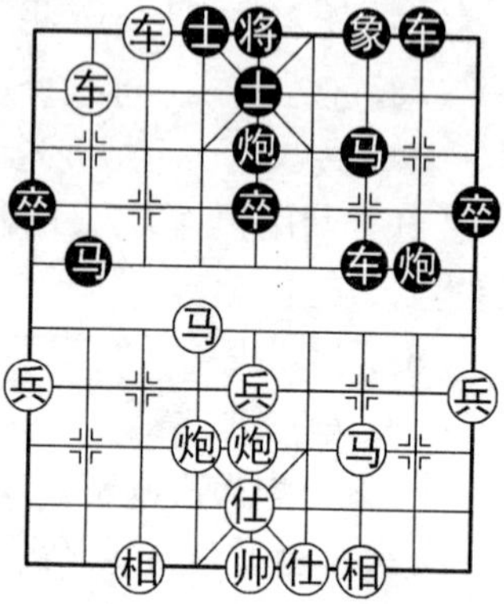

图68，红方进马企图弃子破士叫杀，是一步迅速抢攻的好着，否则黑方有退炮打车，然后再平7路的反击手段，红方将不得安宁。

16. 炮六进七　士5退4
17. 车八平六　将5平6
18. 车七平六　炮5退2
19. 马三进四　马4退3

红方进马河口是有力之着。如后车退四，车7进3，后车平四，炮8平6，炮五平四，车7平6，车四退二，车8进4，黑方尚可应付下去。此刻黑方退马无可奈何。如马4进5，马四进五，马5进3，帅五平六，马7进5，后车平五，车7平4，车六退四，马5退7，车六进二，象7进5，车五退一，红方胜定。

图68

20. 炮五平四　车7平6　　21. 马四进二　车6平8
22. 后车平三　前车退2

如前车平7保马，炮四进五，再车三平五，红胜。

23. 炮四退一　前车进6　　24. 炮四进五　前车退6
25. 炮四平七　象7进5　　26. 车六退一　炮5进1
27. 炮七进二　后车平7　　28. 车三平五

黑方如马7退5吃车，车六进一，红胜。

（选自赵国荣胜柳大华的对局）

第69局　七路马对列炮

1. 炮八平五　马2进3　　2. 马八进七　车1平2
3. 兵七进一　炮8平5　　4. 马二进三　马8进7
5. 车一平二　炮2平1　　6. 炮二平一　卒7进1
7. 马七进六　车9进1

红方可走车二进四比较平稳有力。

8. 车二进四　车2进4　　　9. 炮一退一　车9平2

红方退炮准备平七路威胁对方，灵活有力。

10. 炮一平七　士4进5　　　11. 车九进二　前车进4
12. 炮七进五　前车平4　　　13. 仕四进五　马3退1

不如马3退2，以下象3进5后可走马2进4。

14. 炮五平六　炮5平3　　　15. 相三进五　车2平2
16. 兵三进一　象3进5　　　17. 兵三进一　象5进7
18. 马三进四　炮3退1　　　19. 车二进二　卒1进1
20. 车二平三　象7进5　　　21. 马四进六　车2进1
22. 前马退四　卒1进1　　　23. 车九平七　卒1平2
24. 兵七进一　车2退1　　　25. 马四进六　马7进5
26. 车三平五　炮1平3　　　27. 帅五平四　前炮进2
28. 相七进九　卒9进1

挺边卒略为缓慢，不如前炮进2，车五平一，卒2进1。以后可以卒2进1冲击。

29. 车七进一　后炮退1　　　30. 兵五进一　后炮平4
31. 车五平六　马1退3
32. 车七进二　马3进4（图69）
33. 车七平九　车4退1

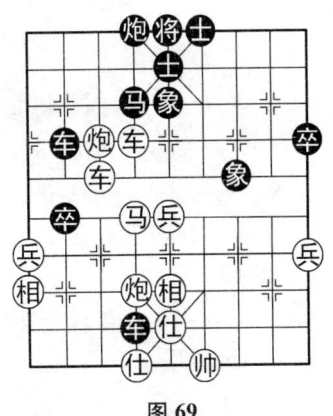

图69

图69，黑方运子困陷双车，本以为红方难以对付，不料红方巧妙平车九路，黑方反而骑虎难下。此刻黑方只好车4退1，以车换炮，化解困势。如炮4进3，炮六进四，车4退3，车九进四，象5退3，炮六平八，马4进2，车九平七，红方得象，残局占优。

34. 仕五进六　炮4进3

红方上仕吃车稳健。如车六进一，士5进4，仕五进六，炮4进5，车九进四，将5进1，炮七退五，炮4进4，红方双兵还没过河，一时难以构成威胁。

35. 兵五进一　炮4平8

应炮4平6，帅四平五，士5退4，局势比较平稳。

36. 兵五平四　炮8进1　　　37. 仕六退五　士5退4

红方退仕反而失去攻击机会。应炮七平五，将5平4，车九进四，象5退3，兵四平三，红方占优。

38. 车九进二　士6进5　　　39. 车九平七　炮8退2
40. 兵四平三　象5进7　　　41. 车七进一　象7退5
42. 炮七平五　马4进5　　　43. 炮五平七　炮8平6

红方如车七退五，炮8平6，帅四平五，车2平4，车七平五，车4进2，车五进二，车4退2，红方车炮被牵制，和局已定。

44. 帅四平五　马5退3　　　45. 马六进七　车2平1
46. 马七进五　车1退1　　　47. 马五退六　车1进4

双方无法发动攻势，和势已成。

（选自李来群和胡荣华的对局）

第70局　七路马对列炮

1. 炮八平五　马2进3　　　2. 马八进七　车1平2
3. 车九平八　炮2进4　　　4. 兵七进一　炮8平5
5. 马二进三　马8进7　　　6. 车一平二　卒7进1
7. 马七进六　车9进1

起横车比较适宜，不受对方进炮的封制，可以见机发动攻势。

8. 炮二进四　车9平6

平车6路是一步攻守相宜的走法。如车9平4，炮二平三，车4进4，炮三进三，再炮三平一，红方弃子有攻势。

9. 炮二平三　象7进9　　　10. 车八进二　车6进2
11. 炮三平二　炮2平7

平炮打兵比较实惠。如车6进2，车八平六，变化下去红方先手。

12. 车八平七　车2进4

如炮7平1，兵七进一，卒3进1，车七进三，炮1进3，双方仍然形成对攻之势。

13. 马六进七　车6进1　　**14.** 炮二进一　象9退7
15. 仕四进五　卒7进1　　**16.** 炮二平五　象7进5
17. 兵五进一　士6进5

应士4进5，局势较为稳固。

18. 车七进一　马7进8　　**19.** 兵五进一　卒5进1
20. 兵七进一　车2退1

如车2平3吃兵，马七进五，车3进2，马五退四，黑方左路空虚，容易发生危险，所以没有这样走。

21. 马三进五　卒5进1　　**22.** 马五进三　车6平7
23. 车七平四　车2进2　　**24.** 相三进一　车2平3
25. 马七退五　车3进4　　**26.** 车四平三　马8进7
27. 车二进九　车7退4　　**28.** 马五进四　士5进6
29. 车二平三　将5进1　　**30.** 车三退一　将5退1
31. 车三进一　将5进1　　**32.** 车三退一　将5退1
33. 炮五平四　马7进8

进马踏炮反而导致失子，应士4进5，仍是各有千秋之势。

34. 炮四平二　车3退2　　**35.** 炮二进七　车3平7
36. 车三进一　将5进1
37. 车三退一　将5退1
38. 车三进一　将5进1
39. 车三退一　将5退1（图70）
40. 车三平二　象5进7

图70，红方平车捉马有惊无险，从而得子形成胜势。如黑方不上7路象，车7进2，仕五退四，车7平6，帅五进一，马8退6，马三进二，士4进5，炮二平一，将5平4，车二进

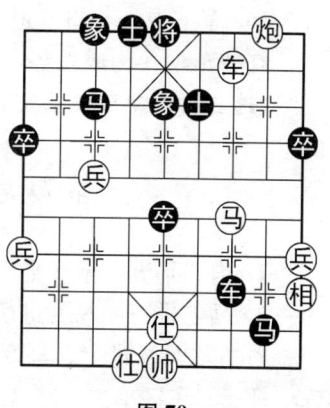

图70

一，将4进1，车二平七，红方胜定。

41. 车二退七　卒5平6　　**42.** 车二进一　车7退1
43. 兵七进一　马3退2

退马底路失去防守作用。应马3退5，便于伺机反扑，较有周旋的余地。

44. 兵七平六　卒6平7

红方抓紧时机，冲兵助战，策划车炮兵的联合攻势。

45. 兵六进一　马2进1　　**46.** 炮二平六　马1进3
47. 车二进七　将5进1　　**48.** 车二退一　将5退1
49. 车二进一　将5进1　　**50.** 车二退三　马3进2
51. 车二进二　将5退1　　**52.** 车二进一　将5进1
53. 车二退一　将5退1　　**54.** 车二进一　将5进1
55. 车二退一　将5退1　　**56.** 兵六进一　将5平6
57. 车二进一　将6进1　　**58.** 车二退一　将6退1
59. 仕五进四　车7平9　　**60.** 车二进一　将6进1
61. 车二退一　将6退1　　**62.** 车二进一　车9平6
63. 仕六进五　卒7进1　　**64.** 车二进二　将6进1
65. 炮六平三　象7退9

应马2退3捉兵。红方如车二退一，将6退1，炮三平七，马2退4，车二平六，车6平1，黑方还可支持下去。

66. 车二退一　将6退1　　**67.** 炮三平七

红方车炮兵构成杀势，黑方已无法化解，红胜。

（选自柳大华胜王嘉良的对局）

第71局　七路马对列炮

1. 炮八平五　炮8平5　　**2.** 兵七进一　炮2平3
3. 马二进三　马8进7

红方如马八进七，马8进7，马二进一，马2进1，车九平八，车9平8，车一平二，卒3进1，兵七进一，车8进4，兵七平八，车1平2，兵八进一，车8平3，黑方先行捉马，比较好走。

4. 车一平二　卒3进1　　　5. 炮二进四　卒7进1
6. 马八进九　卒3进1　　　7. 车九平八　马2进1
8. 车二进四　车9平8　　　9. 车二平七　车8进3
10. 车七进三　车8进3　　11. 车八进八　士4进5

上士防守稳健。如车8平7，车八平三，虽然是对抢攻势，但黑方右车仍没出动，红方占先。

12. 马九进七　炮5平6

平炮保持复杂变化。如车8平7，马七进八，车7进1，车七平九，车1进2，马八进九，车7退2，马九进七，将5平4，车八退五，车7平4，仕四进五，红方较为好走。

13. 车八平六　象7进5　　14. 车七退三　炮6退1
15. 车六退六　车1进1　　16. 车七平四　车1平4
17. 车六进三　炮6平9　　18. 炮五平七　车4平2
19. 车四进二　车2进6

红方如车六平八兑车较为工稳。此时进车卒林抢夺攻势，局势比较紧张。

20. 炮七平五　车8平7
21. 车四平三　车7进1
22. 车三进一　炮9进5（图71）
23. 炮五进四　车2退4

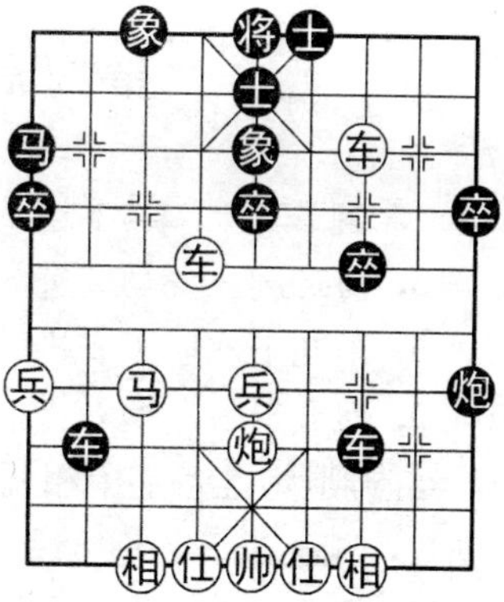

图71，红方经过计算之后，决定打中卒抢先发起攻势，是一步争先的好着。此刻黑方不敢打马，因红方有车六进三的攻势，黑方无法化解，红方形成胜势。

24. 车三退一　炮9平3
25. 车六进三　车2平5

图71

如车7平6，仕六进五，车6退1，帅五平六，黑方仍然要以车换炮，局势反而处于下风。

26. 车三平五　车7进2　　27. 仕六进五　车7平8
28. 车五平一　卒1进1

红方应车五平九吃卒较占优势。

29. 相七进五　车8退4　　30. 车一平八　炮3退2
31. 车八进一　车8退2　　32. 车六平八　车8平1
33. 后车退一　车1平2

红方因为少相，不宜打持久战，所以主动兑车，减少变化，谋求和势。

34. 车八退二　炮3平5　　35. 相五退三　卒7进1
36. 兵五进一　炮5平7　　37. 相三进五　卒7平6
38. 兵五进一　马1进2　　39. 兵五平四　炮7平8
40. 车八平二　炮8平9　　41. 车二退二　卒6进1
42. 车二平八　卒6平5　　43. 相五退三　卒5平4
44. 兵四进一　马2退3　　45. 车八退一　马3进4
46. 车八平六　马4退6　　47. 车六进一

双方均无实力取势，握手言和。

（选自李国勋和李来群的对局）

第72局　七路马对列炮

1. 炮二平五　马8进7　　2. 兵三进一　炮2平5
3. 马二进三　马2进3　　4. 马八进七　车1平2
5. 车九平八　车2进5　　6. 车一平二　车9平8
7. 炮五退一　炮8进4

红方退炮准备上中相调整阵势，是平稳之着。如炮五平六，炮8进4，相七进五，炮8平3，车二进九，马7退8，黑方满意。

8. 相七进五　炮8平7（图72）　　9. 车二进九　马7退8

图72，红方如兵七进一，车8进9，马三退二，车2退1，红方不占好处。

10. 炮五平七　卒5进1

红方不如兵七进一，车 2 平 3，炮五平三，车 3 进 2，炮三进二，红方虽然失去一兵，但子力位置较好，并不吃亏。此刻黑方乘势冲中卒，从中路打开攻势，着法紧凑，已控制局势。

11. 兵七进一　车 2 进 1
12. 兵七进一　卒 3 进 1
13. 仕四进五　马 3 进 2

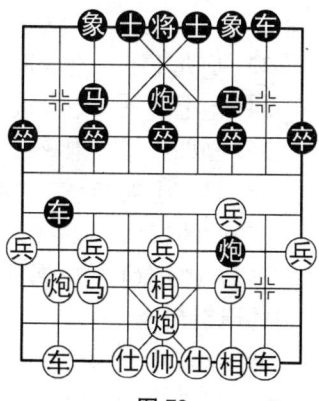

图 72

红方如力求夺子而马七进六，卒 3 进 1，马六进四，马 3 进 4，炮七进八，士 4 进 5，马四退三，卒 3 进 1，黑方并不难走。

14. 炮七退一　马 2 进 3　　**15.** 炮八平九　车 2 进 3
16. 马七退八　象 3 进 1

上边象力求平稳，也可马 3 进 1，炮七进九，士 4 进 5，马八进九，卒 1 进 1，黑方多卒略优。

17. 炮九进四　马 3 进 2　　**18.** 炮七进二　马 2 退 1
19. 炮七平九　马 8 进 7　　**20.** 马八进六　士 4 进 5

应炮 5 平 2，准备封制红马的出路。

21. 马六进八　炮 5 平 2　　**22.** 马八进九　炮 2 进 7
23. 相五退七　马 1 进 3　　**24.** 前炮平八　炮 2 退 4

可改走卒 3 进 1 弃象争先。以下如炮九进五，卒 3 平 2，黑方仍占主动。

25. 相三进五　象 1 退 3　　**26.** 炮八平九　象 3 进 5

不如马 7 进 5，以下红方如马九进八，马 5 退 3，攻守较为灵活。

27. 马九进八　将 5 平 4　　**28.** 马八进九　炮 7 平 8
29. 前炮平六　炮 8 退 5　　**30.** 马九退八　将 4 平 5
31. 炮九进三　炮 2 退 1

如卒 3 进 1，马八退七，卒 5 进 1，兵五进一，炮 2 平 5，红方好走。

32. 炮九平七　马3退4　　33. 马三进四　马4进6
34. 炮七进三　炮8进3　　35. 炮七退七　炮8退3
36. 马四进三　炮8平7　　37. 炮六退三　炮2进2
38. 马三退四　马7进8

红方可炮六平四兑子，炮2平6，马三退五，红方多兵占优。黑方进马8路失策，应炮7平6，以防备红方炮七进七的攻击，有较多的周旋余地。

39. 兵三进一　马8进9　　40. 兵三进一　马9进7
41. 马四进二　象5进7　　42. 兵三进一　马7退6
43. 兵五进一　炮7平9

红方进中兵阻马捉炮巧妙，由此得子占优。

44. 兵三进一　士5进6　　45. 马二进三　将5进1

如炮9进1，马八进六，将5进1，兵三平四，将5进1，马三退四，将5平4，炮七平六，前马进4，仕五进六，红胜。

46. 马三进一　卒5进1　　47. 马八进七　卒5进1
48. 马七退六　将5进1　　49. 炮六平四　炮2平6
50. 马一退二　士6退5　　51. 马六退七　卒5进1
52. 相七进五　士5进4　　53. 马七进五　炮6平5
54. 兵三平四　马6退5　　55. 马五进七

红方马炮兵攻击有力，取得胜局。

（选自徐天红胜李来群的对局）

第73局　七路马对列炮

1. 炮二平五　马8进7　　2. 马二进三　车9平8
3. 车一平二　炮8进4　　4. 兵三进一　炮2平5
5. 马八进七　马2进3　　6. 车九平八　卒3进1
7. 马三进四　车1进1

以往多走炮8进1，马四进五，马3进5，车二进二，车8进

7，炮五进四，马7进5，炮八平二，红方多一中兵，比较好走。

8. 炮八进六　卒1进1

红方进炮压车稳健。如炮八进四，车1平4，炮八平七，象3进1，车二进二，车4进2，炮七平八，炮8平3，车二平四，炮3平9，双方对攻，形势比较复杂。此刻黑方卒1进1，也可改走炮8进1，炮五退一，黑方再走卒1进1，比较有利。

9. 炮五平四　炮8平3

炮打兵先得实利，积极。

10. 车二进九　马7退8　　11. 相七进五　马8进9

12. 兵三进一　卒7进1

红方弃三路兵，企图抢先发动攻势，在对攻中寻求机会。如兵一进一，卒1进1，红方将会陷入被动之中。

13. 炮四平三　卒7进1　　14. 相五进三　卒1进1

先送7路卒减慢红方的攻击速度，再而进边卒展开对攻，是很好的反击手段。

15. 炮三进七　士6进5　　16. 相三退五　卒1进1

如卒1平2，车八进四，马3进1，车八平九，车1平2，车九进二，红方占优。

17. 炮三平一　炮3平2（图73）

应炮3平9，仍是复杂的对攻之势。

18. 车八进一　车1平2

图73，红方如炮八退二，马9退7捉炮，炮一平二，车1进2，红方攻势全部化解，黑方多卒占先。面临严峻的形势，红方进车弃炮抢攻是极佳的好着。

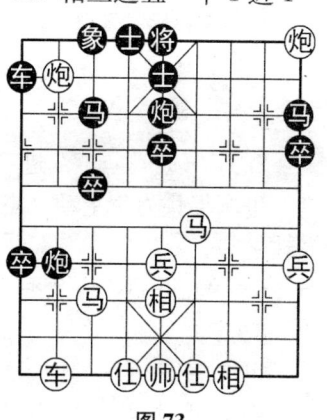

图73

19. 车八平二　炮2平9　　20. 车二进八　士5退6

21. 车二退一　士6进5　　22. 马四进二　车2进6

不如马9进7，马二进三，士5进6，车二平八，炮9退6，车八平一，炮9平6，马三进四，将5平6，车一退二。红方虽然占优势，但黑方仍有谋求和局的机会。

23. 马二进三　马9退7　　　24. 车二平三　士5进6
25. 车三进一　将5进1　　　26. 车三退一　将5退1
27. 炮一退六　车2平3　　　28. 马三退四　车3平4

红方得还一子，并保持车马炮的攻势，取胜之势已不可动摇。

29. 仕四进五　车4退5　　　30. 炮一平二　马3进4
31. 炮二进六　炮5进4　　　32. 马四进二　炮5平9
33. 车三进一　将5进1　　　34. 炮二退一　炮9进3
35. 相三进一　将5平4　　　36. 车三平五　车4平2
37. 车五退一　将4进1　　　38. 车五退二　将4退1
39. 车五平六

红方车马炮攻杀有力，黑方无力抵挡，红胜。

（选自刘殿中胜赵国荣的对局）

第74局　七路马对列炮

1. 炮二平五　马8进7　　　2. 马二进三　车9平8
3. 兵七进一　卒7进1　　　4. 马八进七　炮8平9
5. 车一进一　车8进5

进车捉兵力争主动，目的是迫使红方上边相，再补中炮，形成对攻之势。

6. 兵五进一　炮2平5　　　7. 车一平四　马2进3
8. 车九平八　车1平2

可考虑先上士，比较灵活机动。

9. 炮八进四　炮5进3

也可士4进5，兵三进一，车8退1，局势平稳。

10. 仕六进五　象7进5　　　11. 车四进五　士6进5
12. 车四平三　马7退6

可考虑车8退3，以下红方如兵三进一，炮9退2，兵三进一，炮9平7,车三平四,炮7进4,黑方形势不弱。现在退马6路暂时比较稳健,但反击机会较少。

13. 车三平一　炮9平7　　　　**14.** 车一平三　车8进1

如车8进2,马三进五,卒5进1,炮八退二,红方好走。

15. 马七进五　炮5进2

如卒5进1,炮五平七,车8平7,相七进五,红方占优。

16. 相七进五　车8进1

进车牵制双马佳着。以下红方如马五进四,车8平7,马四进三,马6进7,车三进一,车7退1。红方要想取胜,已是极为困难。

17. 兵三进一　卒5进1　　　　**18.** 马五进四　车8平7
19. 马四进三　马6进7　　　　**20.** 车三进一　卒7进1
21. 车三退一　车7退1　　　　**22.** 炮八进一　士5退6

红方进炮华而不实,反使黑马乘机转移。应车三平七,车2进2,车七平一,争取形成车炮双兵对车马双卒的残局。由于红方可控制黑马,胜机会多一些。

23. 兵一进一　马3退5　　　　**24.** 兵一进一　车7平1
25. 车三平七　卒5进1

冲中卒过河,以求迫兑红方七路兵,机智,如卒7平6,红方将有更多机会。

26. 车七平六　车1退2

退车好着。不怕红方明帅,因有马5进3化解。

27. 兵一进一　马5进7

进马过急,为谋和增加了困难。应卒7平6联卒,以下红兵如平二路,马5退7,和局已定。

28. 兵一进一　马7进6

红方如车六平三,马7进9,车三平一,卒5平4,直接形成正和之势。但应走车八平六,可得子取势。

29. 车六进二　卒5平4　　　　**30.** 兵一平二　卒4平3
31. 兵二进一　士6进5　　　　**32.** 车八进六　马6退7

退马失算。应马6进5,下一步可车1平4强占将门,红方无法谋胜。

33. 兵二平三　车1平6
34. 炮八进一　卒3平4
35. 相五进三　卒1进1
36. 相三退五　卒1进1
37. 车八平三　车6平7
38. 车三平九　车7平2
39. 车九平二　前车平8
40. 车二平六　车8平2 (图74)

图74,黑方车平2路导致速败。如车8平6,后车退二,黑方还可多支持一阵。

41. 炮八平五　士4进5

如象3进1,炮五平四,红方仍是胜局。

42. 兵三平四　象3进1
43. 前车平五　马7退5
44. 车六平二

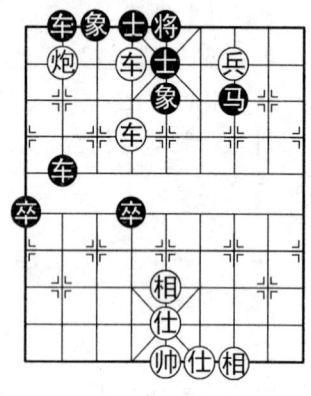

图 74

红方车兵攻杀单士,大胆弃车绝杀,红胜。

(选自胡荣华胜李来群的对局)

第75局　七路马对列炮

1. 炮二平五　马8进7
2. 马二进三　车9平8
3. 兵七进一　卒7进1
4. 马八进七　炮8平9

不上右马而先平左炮,准备发挥8路车的控制作用。

5. 炮八平九　车8进5
6. 兵五进一　炮2平5
7. 车九平八　马2进3
8. 车八进五　车1平2
9. 车八平三　马7进8
10. 马七进五　车2平6
11. 车一进一　卒5进1
12. 车一平四　卒5进1
13. 兵三进一　车8进1

黑方不如卒5进1吃马,炮五进五,象3进5,车三平四,马

8退7,马三进二,马7进6,车四进四,卒3进1,兵七进一,马3进5,黑方比较好走。

14. 炮五进二　士4进5　　15. 炮九平五　车2平5
16. 马三进五　车8平5　　17. 前炮进一　马8进7
18. 车四进五　炮5进1

进中炮老练,不但可以防止红车吃卒压马,又可上中象加强防守。

19. 仕六进五　炮9进4　　20. 车四进二　马7进5

红方进车伏下中炮打士的攻击手段,好着。

21. 相七进五　车5平2

及时平车,不但化解了红炮打士的凶着,又加强了反击力,一举两得。

22. 车三平四　将5平4　　23. 后车退二　车2进3
24. 仕五退六　车2平4　　25. 帅五进一　炮9退2
26. 后车平八　车4退1　　27. 帅五退一　车4进1
28. 帅五进一　车4退5　　29. 炮五退二　卒3进1
30. 兵七进一　炮9平3　　31. 帅五平四　炮5退1
32. 炮五平三　象7进9　　33. 炮三平六　车4平8

不如车4平5提中相较为主动。

34. 车八进三　车8平4　　35. 帅四进一　车8退1
36. 帅四退一　车8进1　　37. 帅四进一　车8退2
38. 炮六进一　车8平5　　39. 炮六退四　车5平8
40. 相五进七　炮3平5

红方进相决心拼一死活。如炮六进四,车8平5,双方不变形成和局。

41. 车八平七　后炮平6　　42. 车七进一　车8平6
43. 帅四平五　车6平5　　44. 帅五平四　炮5平6
45. 车四退一　士5进6　　46. 仕四进五　车5进2

红方送仕正确。如车七平四,炮6进5,黑方胜势。

47. 车七平四　车5进1

进车捉炮老练，为牵制红方主力起了重要的作用。

48. 炮六进一　炮6平2	49. 车四进二　将4进1
50. 车四退一　将4退1	51. 车四退三　炮2退2
52. 相三进五　车5平6	53. 炮六平四　将4平5
54. 兵九进一　炮2平1	55. 车四进二　卒9进1
56. 车四平七　卒9进1	

红方不如车四平一吃象，较为有利。以下黑方如卒9进1，车一退三，炮1平6，车一退三，象3进5，基本形成和势。

57. 车七进二　将5进1	58. 车七退一　将5退1
59. 车七退一　炮1进3	60. 车七平一　卒9平8
61. 车一平二　卒8平7	62. 相五进三　炮1平7
63. 车二平五　将5平4	64. 车五平六　将4平5
65. 车六平五　将5平4	66. 车五平九　炮7平6
67. 车九退一　炮6进3	68. 车九平六　将4平5
69. 车六平五　将5平4	
70. 车五退五　车6平8	
71. 车五进三　车8平6	
72. 车五退三（图75）　炮6平8	

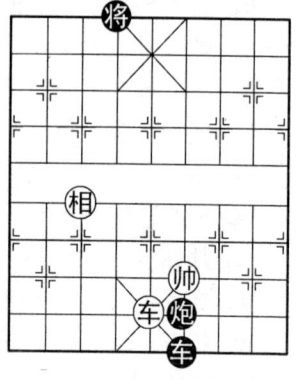

图75

图75，双方形成了车相守中对车炮的残局，由于红方帅的位置较差，黑方可利用这一弱点展开攻击并取胜，但由于黑方平炮8路，使红车多了一步活动的余地，未能取胜。应炮6平7打将，车五平四，车6平7，车四平六，将4平5，车六平五，将5平4，车五平四，炮7退3，车四平二，车7平5，黑方可成胜局。

73. 车五平四　车6平8	74. 车四平三　炮8退2
75. 帅四退一　车8平5	76. 车三进二　炮8退2
77. 车三退一　车5退6	78. 车三平四　将4平5
79. 帅四退一　炮8进2	80. 车四进二

黑方无法取胜,双方握手言和。

(选自李艾东和黄勇的对局)

第76局 七路马对列炮

1. 炮二平五　马8进7　　　2. 马二进三　车9平8
3. 车一平二　炮8进4　　　4. 兵三进一　炮2平5
5. 马八进七　马2进3　　　6. 车九平八　卒3进1
7. 马三进四　车1平2　　　8. 炮八进六　炮8退1

红方如炮八进四,(又如兵三进一,炮8进1,马四进五,马3进5,车二进二,车8进7,炮五进四,马7进5,炮八平二,车2进9,马七退八,炮5进4,红方不占多大便宜)炮8平3,车二进九,马7退8,形成另一种变化。

9. 马四进三　炮8进2(图76)

图76,黑方退炮打四路马又进炮打七路马,企图使八路车失根,以利于控制局势。红方马四进三吃卒先得实利,由此红方多一兵,在对峙中仍有先行之利。

10. 马三进五　象3进5

红方如炮五退一,炮8平5,炮五平八,车2进1,车二进九,马7退8,相三进五,形成另一种变化,红方并不吃亏。

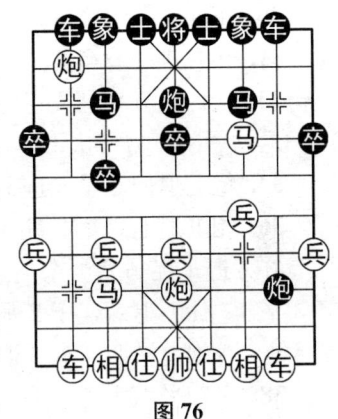

图76

11. 马七退五　马3进4

红方如炮五退一,炮8平5,炮五平二,红方不占便宜。

12. 马五进三　炮8平5

平炮兑炮过于稳健,不如炮8退1。以下伏有炮8平7的手段,黑方比较便宜。

13. 车二进九　马7退8　　14. 相七进五　马8进7

15. 车八进七　马 7 进 6　　　　**16.** 车八平六　马 4 进 5

红方平车捉马以求转换子力明智，否则黑方有马 6 进 5 多卒的优势。

17. 马三进五　士 4 进 5　　　　**18.** 车六退四　马 6 进 5
19. 炮八平九　马 5 退 6

红方如车六平五，车 2 进 1，车五进三，车 2 进 5，形成和势。

20. 车六进二　马 6 进 7　　　　**21.** 仕四进五　马 7 退 5
22. 车六退一　卒 5 进 1　　　　**23.** 车六进二　马 5 进 3
24. 车六平一　马 3 进 1

进马边路正确，为 2 路车抢占兵线开出通道。如卒 5 进 1，车一平九，卒 5 进 1，炮九进一，形成对杀之势。

25. 车一平四　车 2 进 6　　　　**26.** 兵一进一　马 1 进 3
27. 帅五平四　车 2 平 9　　　　**28.** 炮九平七　马 3 退 4
29. 车四平九　卒 3 进 1　　　　**30.** 车九平四　卒 3 进 1
31. 兵九进一　卒 5 进 1　　　　**32.** 仕五进六　卒 3 进 1
33. 仕六进五　马 4 退 6

退马紧凑有力，伏下车 9 进 3 威胁红相的手段。

34. 炮七退四　马 6 进 7　　　　**35.** 帅四平五　车 9 平 2
36. 相五退七　车 2 进 3　　　　**37.** 车四退四　卒 3 平 4

红方退车捉马无可奈何。如相三进五，卒 3 进 1，车四退四，卒 3 平 4，仕五退六，车 2 进 3，仕六退五，马 7 进 9，车四平一，卒 5 进 1，炮七平四，车 3 退 2，仍是黑方占优。

38. 车四平六　车 2 平 3　　　　**39.** 仕五退六　马 7 进 9
40. 炮七退二　马 9 退 8

如马 9 进 7，车六平三，马 7 退 9，车三平一，车 3 退 1，仍是黑方胜势。

41. 车六平二　马 8 退 6　　　　**42.** 兵九进一　卒 5 进 1
43. 炮七平四　马 6 进 4　　　　**44.** 炮四平六　马 4 退 5
45. 车二平四　卒 5 平 4　　　　**46.** 炮六退一　车 3 退 1
47. 炮六平五　马 5 进 3　　　　**48.** 兵九平八　车 3 进 1

49. 车四平九　马3进4　　　50. 炮五平六　马4退6
51. 车九进七　象5退3　　　52. 车九退六　卒4进1
53. 炮六平五　马6进5　　　54. 帅五进一　车3平4

黑方车卒已成必胜车相的残局，红方认负。

（选自赵庆阁负许波的对局）

第77局　七路马对列炮

1. 炮二平五　马8进7　　　2. 马二进三　车9平8
3. 车一平二　炮8进4　　　4. 兵三进一　炮2平5
5. 马八进七　马2进3　　　6. 车九平八　卒3进1

红方出左车稳健。如兵七进一，车1平2，车九平八，车2进4，炮八平九，车2平8，车八进六，炮8平7，变化激烈复杂。

7. 炮八进四　炮8平7　　　8. 炮八平七　象3进1
9. 车二进九　马7退8　　　10. 车八进八　士4进5
11. 仕四进五　车1平2　　　12. 车八平七　车2进2

红方平车捉马谋求变化。如车八进一兑车，马3退2，黑方可运马从4路或边线跃出，并不吃亏。

13. 兵五进一　卒9进1　　　14. 马七进五　炮5平6
15. 车七平六　车2进1

红方平六路车之后，七路炮被捉，形势反倒不好。应车七平九，车2退2，车九平七，车2进2，双方不变可成和局。

16. 车六退二　炮6进1

红方可兵五进一，车2平3，马五进四，炮7平1，兵五平六。黑方多一子，红有过河兵助战，红方还可勉强对抗。

17. 炮七平五　马3进5　　　18. 车六平八　炮6平2
19. 兵五进一　马5退3　　　20. 马五进四　炮7平1
21. 马三进四　炮1退2

红方如兵五平六，炮2平5，兵六进一，炮5进1，兵六进一，马3进4，兵六进一，马4进3，马四进二，马8进9，黑方占优。

22. 后马退六	炮2进1		23. 兵七进一	炮2平5
24. 兵七进一	象1进3		25. 马六进七	马3进5
26. 马七退六	炮1平6		27. 马六进五	马8进7

黑方利用多子的优势，采取兑子战术，在简化局势中获得取胜的条件。

28. 炮五平三	象7进9		29. 炮三进四	马5进3
30. 相三进五	马3进2		31. 马五退六	卒1进1
32. 炮三平二	马7进5		33. 炮二进三	象9退7
34. 炮二退八	炮6退2		35. 马六进五	卒1进1
36. 马五进三	马5进4		37. 马三退一	马4进6
38. 马一退二	炮6平5			

不如马2退4，然后将卒运到中路，伺机破相攻击，胜来简捷有力。

39. 帅五平四	炮5进4		40. 马二进四	炮5平9
41. 兵三进一	炮9退4		42. 仕五进四	炮9平6
43. 仕六进五	马6退8		44. 帅四平五	马8进9
45. 炮二平四	将5平4		46. 兵三进一	卒1进1
47. 兵三平四	马9进8			

兑炮虽然可以取胜，但不如炮6平2或炮6平9锋利。

48. 兵四进一	马8退6		49. 兵四进一	马6退8
50. 帅五平四	马8退9		51. 马四进六	马2退3

应马2进3攻击。

52. 相五进七	卒1平2		53. 相七进五	马9退8
54. 马六退四	卒2平3		55. 帅四平五	马8进6
56. 兵四平三	象7进9		57. 兵三平二	马3退5
58. 马四进六	卒3平4		59. 相五退七	马6进8
60. 相七进九	马8进9		61. 帅五平六	马9进7
62. 马六进四	马5进3		63. 兵二平三	士5进4
64. 兵三平四	士6进5		65. 兵四平三	马3退5
66. 兵三平二	马5退3		67. 兵二平三	马3进2

68. 马四退五　马2进1　　69. 兵三平四　马1进3
70. 帅六进一　马7退5

如马7进5，兵四平三，马5退3，兵三平四，马3进1，兵四平三，马1退2，兵三平四，黑方仍难入局。

71. 兵四平三　马3退4　　72. 帅六退一　马5进3
73. 帅六进一　马4退3　　74. 帅六退一　后马进5
75. 马五退三　马3退2　　76. 马三进四　象9进7
77. 兵三平四　士5进6　　78. 兵四平三　士4退5
79. 兵三平四　马5进3

由于久攻不下，黑方产生急躁情绪，此刻踏相给红方造成求和的机会。

80. 马四退六　卒4平5　　81. 仕五进六　卒5平4
82. 仕六退五　士5退6　　83. 兵四平三　士6退5
84. 兵三平四　将4进1　　85. 马六进七　将4进1
86. 马七退六　卒4平5　　87. 仕五进六　将4平5
88. 兵四平三　将5平6

如马3进4，马六进四，将5平6，马四退五，形成双马对马兵单仕相的残局，黑方有胜机。

89. 仕六退五　马2退4　　90. 相九进七　马4退3
91. 兵三平二　卒5平4　　92. 相七退九　马3进2
93. 相九进七　马2进3　　94. 帅六进一　马3退1
95. 相七退九　马1退2　　96. 相九进七　马2进3
97. 帅六退一　马3退1　　98. 相七退九　马1进2
99. 帅六平五　卒4平3　　100. 帅五平六　卒3平2

红方出帅失去谋和的良机。应仕五退六，卒3平2，兵二平三，卒2平1，兵三平二，卒1进1。红方回底仕，还有一定的守和机会。

101. 帅六平五　卒2平1　　102. 帅五平六　卒1进1
103. 仕五退四　马2退4　　104. 仕四进五　卒1平2
105. 兵二平三　卒2平3　　106. 兵三平二　卒3进1

107. 兵二平三　马4进2　　108. 仕五进六　卒3平4
109. 帅六平五　马2退3　　110. 仕四退五　马3退4
111. 兵三平二　马4进5
112. 兵二平一　象7退9
113. 兵一平二　马5退7
114. 仕五进四（图77）　马7进6

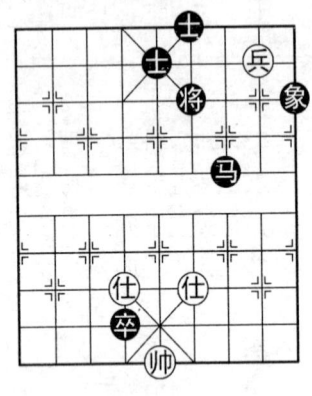

图77

图77，红方已难守和。但红方的六路仕如在底线，就有守和的希望。演变一例如下：马7进8，帅五平四，马8进7，帅四进一，马7退9，帅四退一，马9退7，帅四平五，黑方难以取胜。

115. 仕六退五　将6平5　　116. 兵二平一　马6退8

红方如帅五平四，马6退8，仕五退六，马8进7，帅四进一，将5平6，兵二平三，马7退9，仕六进五，马9进8，仕五退六，马8退7，帅四退一，马7进5，黑方得仕胜定。

117. 帅五平四　马8进7　　118. 帅四进一　马7退9
119. 仕五退六　将5平6　　120. 兵一平二　马9进8

以下红方如兵二平一，马8退7，帅四退一，马7进5，黑方得仕，红方败局已定。

（选自于幼华负喻之青的对局）

第78局　七路马对列炮

1. 炮二平五　马8进7　　2. 马二进三　车9平8
3. 兵七进一　炮8平9　　4. 马八进七　炮2平5
5. 兵三进一　车1进1　　6. 车九平八　马2进3
7. 车一进一　车8进4　　8. 车一平四　卒7进1
9. 车四进三　车1平4　　10. 炮八进三　车8进2

进车是必然之着。如卒7进1，车四平三，红方好走。

11. 兵七进一　卒3进1　　　12. 炮八平三　士6进5

上士先等一着。红方以下如炮三进四，车8退6，炮三退一，士5进6，红方丢子。

13. 马七进六　马3进4　　　14. 车四进四　卒3进1
15. 车四平三　车8退4　　　16. 马六退四　马4进2
17. 车八进一　车4进4

进车骑河控制局势，是一步创新之着。如马2进3，车八平七，马3退4，马四进二，马7进6，车三进一，士5退6，车三平一，车4平7，车七进三，红方占优势。

18. 炮三平八（图78）　炮5平2

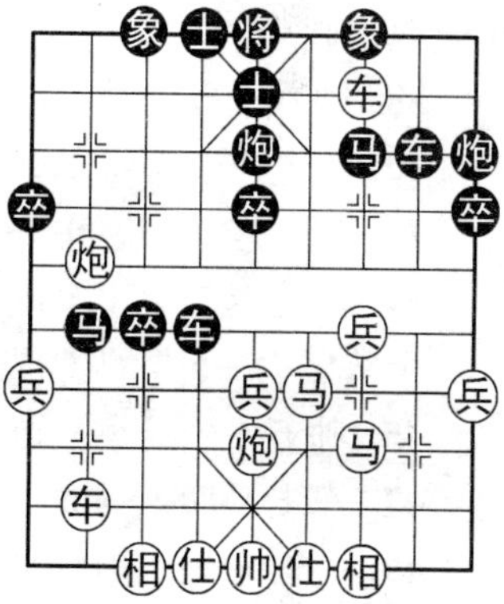

图78，红方平炮八路为马四进三创下条件，是一步寻求攻势的好着，如车三进一，士5退6，炮三平八，炮5平2，黑方还可对付。此刻黑方平2路炮无可奈何。如车4平7，车三进一，士5退6，炮五进四，士4进5，炮八进四，象3进1，炮八平四，红方双炮迫攻，促使黑方以车换炮，红方占优。

图78

19. 车三进一　士5退6　　　20. 兵五进一　车4退1

红方冲中兵过急。不如马四进三，象3进5，前马进二，象5退7，马二进三，红方明显占优。

21. 兵五进一　车4平2　　　22. 马四进三　象3进5
23. 兵五进一　车2平7

红方冲中兵作用不大，应兵五平六。

24. 车八平四　车7平5　　　25. 兵五进一　车8进5
26. 仕六进五　炮9平5　　　27. 炮五平二　车5平6
28. 仕五进四　马2进3　　　29. 车四平七　炮2退1

退炮缓着，应车6平5，帅五平六，车5平4，帅六平五，炮2退1，车三退一，炮2平5，车三平五，士6进5，车七进一，马7

进 5，可打将抽吃红车，黑方胜定。

30. 马三进四	炮 2 平 5	31. 帅五平六	后炮平 4
32. 仕四进五	马 3 退 4	33. 马四退六	车 6 进 2
34. 车三退二	车 6 平 4	35. 仕五进六	马 4 退 6

退马老练。如车 4 进 1，帅六平五，炮 4 平 5，帅五平四，车 4 平 6，车七平四，后炮平 6，车三平五，士 6 进 5，黑方胜势，但走法比较麻烦。

| 36. 炮二进七 | 将 5 进 1 | 37. 车三平四 | 车 4 平 6 |

应车 4 平 5，仕六退五，马 6 退 4，然后抽吃红方右车，可以迅速取得胜局。

38. 帅六平五	马 6 进 5	39. 车四平五	将 5 进 1
40. 车七进三	将 5 平 6	41. 车七进三	将 6 退 1
42. 仕六退五	炮 4 平 5	43. 相七进五	马 5 退 4
44. 车七退二	车 6 进 1		

乘势破去一仕，为残局的取势创下了有利条件。

45. 帅五平六	车 6 退 3	46. 仕五进四	马 4 进 5
47. 车七平四	马 5 退 6	48. 炮二退八	马 6 进 7
49. 炮二平一	炮 5 平 1	50. 炮一进五	炮 1 平 5
51. 炮一平三	马 7 退 5	52. 仕四退五	马 5 进 3
53. 兵一进一	马 3 进 2	54. 帅六平五	炮 1 平 5
55. 炮三平四	马 2 退 4	56. 帅五平四	炮 5 进 2

又吃去一仕，胜利已有希望。

57. 兵三进一	炮 5 平 2	58. 炮四退五	炮 2 退 2
59. 兵一进一	马 4 退 5	60. 兵一平二	卒 1 进 1
61. 炮四进三	炮 2 平 6	62. 帅四平五	将 6 平 5
63. 炮四平一	马 5 进 7	64. 炮一退三	将 5 平 4
65. 兵二进一	卒 1 进 1	66. 兵二平三	炮 6 进 2
67. 相五进三	炮 6 平 7	68. 相三进五	马 7 退 9

红方失兵，更无法支持，只好认负。

（选自张平负廖二平的对局）

第79局 七路马对列炮

1. 炮二平五　马8进7　　　2. 兵七进一　车9平8
3. 马二进三　炮2平5　　　4. 马八进七　卒7进1
5. 车九平八　马2进3　　　6. 炮八平九　象3进1

红方平边炮活通主力，是好的应法。如车一进一，车1平2，炮八进四，士4进5，红方不占好处。此刻黑方上边象是灵活的应着，如车1进1，车八进五，象7进9，车一平二，炮8进2，车八进一，炮8退1，车二进四，炮8平7，车二平四，红方占优。

7. 车一进一　士4进5　　　8. 车一平四　车1平4
9. 车四进五　炮8进6

红方如车四进三比较稳健。

10. 车四平三　车8进2

红方应先走兵三进一，卒7进1，车四平三，卒7进1，车三退三，马7进6，车三进一，各有千秋。

11. 车三退一　车4进8

红方退车吃卒使黑方有了反击机会，不如车八进一占据要道加强控制。

12. 车三进一　炮8平7

红方重复动车，造成失先，应仕六进五，马7进8，炮五平四，改变一下阵势，对攻守较有好处。

13. 兵三进一　炮5平4

可改走车8进7，炮九退一，车8平7，炮九平三，车7退1，马三进四，车7平6，黑方占优势。

14. 车三平四　车8进7　　　15. 仕四进五　马7进8

进马急躁，不如车8平7吃相叫将，车四退六，车7平6，帅五平四，车4退4，黑方主动。

16. 车四退六　炮4平7　　　17. 马七进八　象7进5

上中象巩固阵地是正确的应法。如炮7进5，炮九平三，马8

进9,车四进一,红方占有优势。

18. 炮五平六　车8退3　　　19. 相三进五　象1退3
20. 马八进九　马8进7　　　21. 兵三进一　马3进1

红方进兵过早,反被对方利用,不如马九进七,炮7平3,炮九平八,炮3平2,炮八平七,下一步有炮七进一牵制之着,红方较为有利。

22. 兵三进一　后炮退2

红方如炮九进四,马7进5,马三进四,前炮进1,车四平三,马5进7,车三进一,车8进3,仕五退四,炮7进6,黑方胜势。

23. 车八进六　前炮平8　　　24. 车四进三　马1进2

红方如炮九进四,马7进5,车四进二,炮7进7,黑方攻击较快,形成胜势。

25. 车八退二　车8退2　　　26. 兵七进一　炮8退2

退炮失去反击机会。应马7进9,车四退二,炮7进7,炮六平三,炮8平5,红方难以化解困境。

27. 车四进一　炮8进1　　　28. 车四平二　车8进1
29. 车八平二　炮8平5　　　30. 炮九平五　马7进5
31. 马三进四　马5进7　　　32. 帅五平四　车4平3
33. 兵七平八　车3进1
34. 马四进六　马7退6
35. 车二平六　马6进5
36. 马六进八　炮7进1
37. 兵三进一 (图79)　炮7平9

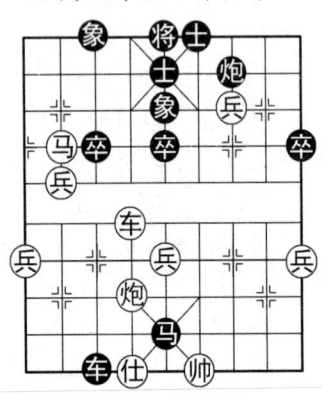

图79,黑方如车3平4叫将,帅四进一,马5进3,炮六退一,马3退2,炮六进一,车4退1,帅四进一,炮7平9,兵三进一,士5进6,双方仍有复杂的变化。

图79

38. 兵三进一　士5进4　　　39. 炮六平五　马5退3
40. 车六进三　车3平4

如马 3 进 4，车六退六，红方仍是胜局。

41. 车六退七　马 3 进 4　　42. 炮五进四　将 5 平 4
43. 兵五进一　马 4 退 3　　44. 炮五平六　马 3 退 1
45. 兵八平九　炮 9 进 5

应兵八平七。

46. 兵五进一　炮 9 平 3　　47. 炮六退三　马 1 进 3
48. 炮六退一　马 3 进 4　　49. 帅四平五　马 4 退 5
50. 帅五进一　马 5 进 7　　51. 兵五平六　将 4 平 5
52. 炮六平三　士 6 进 5　　53. 兵三平四　士 5 进 6
54. 兵六进一　卒 9 进 1　　55. 兵六进一　马 7 退 9
56. 炮三平五　象 5 进 7　　57. 兵六进一　马 9 退 7
58. 帅五平六　炮 3 平 4　　59. 兵六平五　将 5 平 4
60. 马八进九

经过局势的反复变化，红方终于运用马炮兵取得胜局。

（选自宋国强胜金松的对局）

第80局　七路马对列炮

1. 炮二平五　马 8 进 7　　2. 马二进三　车 9 平 8
3. 车一平二　卒 7 进 1　　4. 炮八平六　炮 8 进 4
5. 马八进七　炮 2 平 5　　6. 仕六进五　马 2 进 3
7. 车九平八　车 1 平 2

兑车可以减少红方的攻击，虽然步数上不占便宜，但封制着红方的右车，着法迟缓一些不太影响局势。如卒 3 进 1，车八进四，车 1 平 2，车八平四，红方先手。

8. 车八进九　马 3 退 2　　9. 兵七进一　马 2 进 3
10. 马七进六　车 8 进 5

进车之后处于险地，容易被对方利用。可象 3 进 1，等待一下为好。

11. 马六进七　马 7 进 6

12. 炮六进一（图80） 炮5平7

图80，由于黑方左路车炮无根，红方针对这个弱点升左炮牵制，使黑方左右为难。经过认真考虑，黑方决定平开中炮，化解目前的危机。这样中路空虚，容易被红方攻击，但黑方已顾不了这么多的事情了。

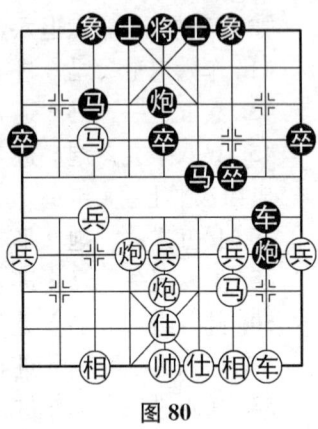

图80

13. 兵五进一　炮8进2
14. 兵五进一　马6进7
15. 兵五进一　士4进5

红方连冲中兵，凶悍有力，积极主动。

16. 兵五平四　炮7平5

如象7进5，兵四进一，炮7进1，兵四平五，红方占优。

17. 兵七进一　卒7进1　　**18.** 马七退五　炮5进5
19. 相三进五　车8退1　　**20.** 马五退三　马7进9
21. 车二平三　车8平3　　**22.** 前马进二　车3平7
23. 马三进四　炮8进1

进炮是无可奈何之举。如车7进5，相五退三，红方双马炮兵攻势凶猛，黑方不好对付。

24. 相五进三　炮8退3　　**25.** 相七进五　马3进2

红方上相控制黑马活动，着法细致有力。

26. 炮六退一　马2进4　　**27.** 炮六平一　炮8平6
28. 炮一平三　炮6平7　　**29.** 车三平二　车7平2
30. 车二进三　车2进2　　**31.** 马二进三　将5平4
32. 车二进二　炮7退5　　**33.** 炮三进六　马4进6
34. 车二平六　将4平5　　**35.** 车六退二

由于黑方在封制红车时，被红方细致的反击所化解，终于形成败势，红胜。

（选自许银川胜柳大华的对局）

第 81 局　七路马对列炮

1. 炮二平五　马 8 进 7　　　　**2.** 马二进三　车 9 平 8
3. 车一平二　炮 2 平 5　　　　**4.** 车二进六　炮 8 平 9
5. 车二进三　马 7 退 8

红方兑车力求保持平稳攻势，如车二平三，车 8 进 2，以下黑方可走炮 9 退 1，局势比较复杂，红方容易遭受反击。

6. 马八进七　马 2 进 3　　　　**7.** 车九平八　车 1 进 1
如车 1 平 2 则形成另一路变化。

8. 炮八进六　卒 3 进 1
如卒 7 进 1，兵七进一，马 8 进 7，马七进六，红方仍有先手。

9. 兵三进一　士 6 进 5

上士等待变化，是可行的走法。如炮 9 平 7，马三进四，炮 7 进 3，马四进五，马 3 进 5，炮五进四，士 6 进 5，车八进六，红方明显占优。

10. 炮五退一　炮 5 平 7　　　　**11.** 炮五平二　炮 7 进 3

红方平二路炮伏下马三进二打死马的手段，但比较勉强，不容易产生效果，不如兵七进一，卒 3 进 1，炮五平七，象 7 进 5，炮七进三，卒 1 进 1，相七进五，红方优势。

12. 马三进二　马 8 进 7
13. 相七进五　炮 7 退 1
14. 马二进四　卒 1 进 1
15. 车八进一　马 3 进 1（图 81）

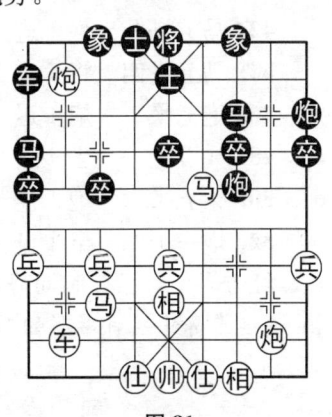

图 81

图 81，红方进车等待机会，是一步机智的走法。此刻黑方进边马，形成了被攻之势，主要的根源是黑方急于解开右车的受压之势。其实不必急于解围，应马 3 进 4，以下再走车 1 进 1，仍然有持久的争夺，黑方足可

对抗。

16. 炮八退二　车1平2　　17. 炮二进五　卒5进1

红方进炮暗中有捉边马的妙手,是一步很有威力的好着。

18. 车八平六　车2进1　　19. 车六进五　马7退6
20. 车六平三　车2平8　　21. 炮八退二　马1退2
22. 炮八平二　炮7平8　　23. 车三进三　象3进5
24. 前炮平五　车8平6　　25. 马四进二　车6平8
26. 车三退四　炮9退1　　27. 车三平四　马6进7
28. 车四进二　马2进3　　29. 马二退四　炮8平7
30. 车四平三　车8平7

红方平车吃马比较平稳,也可炮二平八,马3退2,马四进三;炮9平7,炮八进三,车8进1,车四进一,以下可走炮八平七的攻杀之着,黑方无法化解,红胜。

31. 马四进三　炮9进5

红方白吃一子,已成胜局。

32. 马三退一　炮7退3　　33. 兵七进一　卒3进1
34. 相五进七　马3退4　　35. 炮五平八　士5进6
36. 炮二退三　马4进3　　37. 炮二平七　马3退2
38. 相七退五　马2进4　　39. 炮八平六　马4进2
40. 马一退二　炮7平1　　41. 马二进三　炮9平1
42. 马七进九　炮1进5　　43. 马三退五　马2进4
44. 马五进四　将5进1　　45. 兵五进一　马4进2
46. 炮七平一　炮1退　　　47. 炮六平五　将5平4
48. 兵五进一　士4进5　　49. 马四退二　马2进4
50. 兵五平六　炮1平5　　51. 仕四进五　马4进6
52. 炮一平四　卒1进1　　53. 炮五退一

红方多子,已控制局势,黑方已难抵挡,红胜。

(选自陈中胜肖革联的对局)

第82局　七路马对列炮

1. 炮二平五　马8进7　　　2. 马二进三　车9平8
3. 车一平二　炮2平5　　　4. 马八进七　马2进3
5. 车九平八　炮8进4　　　6. 炮八平九　卒3进1

红方如兵三进一，卒3进1，马三进四，炮8进1，马四进五，炮8平3，车二进九，马7退8，马五进七，车1进2，炮八进五，红方好走。

7. 兵三进一　车1进1

红方根据形势的变化，可改走车八进四，伺机兑兵活动马路，比较有利于形势的展开。

8. 车八进四　炮8平3　　　9. 车二进九　马7退8
10. 仕六进五　车1平4　　11. 马三进四　士6进5
12. 炮五平三　炮3进3

乘机炮打底相，伏下了一定的反击机会，好着。

13. 相三进五　卒3进1（图82）
14. 相五进七　马3进4

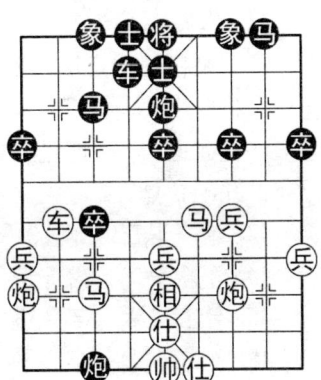

图82

图82，黑方借助底炮的威力，强行进卒捉车，争夺主动。红方只好用相吃卒，是无可奈何的应着。如车八退四捉炮，炮3平6打仕，仕五退四，卒3进1，黑方弃子捉马有攻势，可以满意。

15. 马四进六　车4进3

乘机跃马兑子，可使黑车占据河口，已取得主动。

16. 炮九进四　车4平1　　17. 炮九平三　炮5平9
18. 相七退五　炮3平1　　19. 兵九进一　车1平3
20. 车八平七　炮9平2　　21. 车七平八　炮2平3

22. 车八退二　象7进5

由于黑方运子得体，已有力地控制了局势。

23. 车八平九　炮3平1　　　　**24.** 车九平八　马8进9
25. 前炮进一　后炮平7　　　　**26.** 炮三进五　卒9进1
27. 车八平九　马9进8　　　　**28.** 炮三进一　马8进6

因为多得一相，在子力上有一定的胜机，所以不怕兑子。现边马跃出，更增加了攻击力。

29. 车九退二　车3进3　　　　**30.** 相五退三　马6进4
31. 车九平六　车3退1　　　　**32.** 兵九进一　马4进3

红方如车六进二，马4退3，兵九进一，车3平5，红方中兵被歼，局势仍然不好。

33. 车六进一　马3退2　　　　**34.** 兵九平八　车3平5
35. 炮三平一　卒5进1　　　　**36.** 兵三进一　卒5进1
37. 兵三进一　卒5平4　　　　**38.** 车六平八　卒4平3
39. 车八进一　车5平7　　　　**40.** 兵三平四　卒3进1
41. 炮一进一　车7平4

平车是稳健的走法。如车7进3，车八平二，将5平6，车二进七，将6进1，炮一平六，士5退4，兵四进一，将6平5，车二退一，将5退1，兵四进一，车7退9，兵八进一，黑方反而被动防守，并不合算。

42. 炮一退三　车4平6　　　　**43.** 兵四平五　车6平7
44. 车八平二　象5退7　　　　**45.** 帅五平六　车7平4
46. 仕五进六　卒3进1　　　　**47.** 炮一进三　士5退6
48. 车二进七　卒3平4

红方被迫对抢攻势，但子力攻杀较慢，形势非常危险。

49. 炮一平三　士6进5　　　　**50.** 炮三退八　士5退6
51. 仕四进五　卒4平5　　　　**52.** 帅六平五　车4平7
53. 车二退八　卒5进1　　　　**54.** 帅五进一　车7平5
55. 相三进五　车5退3　　　　**56.** 车二进一　车5平7
57. 炮三平四　马2退4　　　　**58.** 兵八平七　马4进3

59. 帅五退一　车7进6　　60. 炮四退一　车7退1
61. 炮四进六　车7平5　　62. 帅五平四　马3进4
63. 炮四平五　车5退1

吃相并兑车，入局干净利落。

64. 车二进四　马4退2

红方如车二平五，马4退5，帅四进一，马5退7，帅四平五，马7退8，捉死红兵，黑方胜定。至此，红方认负，黑胜。

（选自黄宝宗负赵庆阁的对局）

第83局　七路马对列炮

1. 炮二平五　马8进7　　2. 马二进三　车9平8
3. 车一平二　炮8进4　　4. 兵三进一　炮2平5
5. 马八进七　马2进3　　6. 兵七进一　车1平2
7. 车九平八　车2进4　　8. 炮八平九　车2平8
9. 车八进六　炮8平7

如炮5平6，兵五进一，以下可走车八退三牵制车炮，红方先手。

10. 车二平一　炮5平6　　11. 兵五进一　象7进5
12. 马七进五　士6进5　　13. 车八平七　炮7平6

红方可改走兵五进一打通兵线要道，有利于左车进行攻守。

14. 车七平六（图83）　前炮退3

图83，黑方退炮打车平稳。如后炮进1，车六退五，马3进4，车六进三，黑方反击过急，形势反而不好。

15. 车六退五　卒7进1
16. 兵五进一　卒5进1

红方强攻中路，已是无可奈何，黑方中路相当厚实，红方难占便宜。

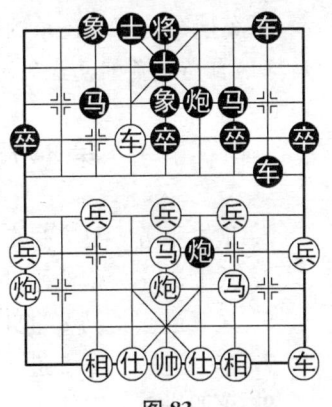

图83

17. 兵七进一　卒 5 进 1　　　18. 炮五进二　卒 7 进 1
19. 马五进三　前车平 7

红方如兵七进一，马 3 进 5，兵七平六，马 5 进 6，炮五平三，前炮进 6，黑方有攻势，比较好走。

20. 相三进五　前炮平 5　　　21. 马三进四　马 7 进 6
22. 车一平三　车 8 进 5

应车 8 进 6，再车 8 平 6 吃马，红方很难应付。

23. 仕六进五　炮 6 进 3　　　24. 兵七进一　车 8 进 1

红方应车六进二抢占要道，准备平四路捉炮。由于黑方双车位置欠佳，后果如何，一时难料。

25. 兵七进一　炮 5 进 4　　　26. 帅五平六　马 6 进 4
27. 车六进一　炮 5 平 1　　　28. 相七进九　车 8 平 2
29. 车三平二　车 2 进 3

红方如帅六平五，车 2 进 3，然后再马 4 进 2，黑方可以控制形势，红方仍不利。

30. 帅六进一　马 4 退 5

及时退马，可以防守中路，保住局势的安全。

31. 兵七进一　炮 6 进 3　　　32. 仕五进四　炮 6 平 8
33. 车二平三　车 7 平 2　　　34. 车六进七　士 5 退 4
35. 马三进四　后车进 4　　　36. 帅六进一　后车平 7

平车挡车是解杀还杀的佳着，由此形成巧妙杀势，黑胜。

（选自尚威负邹立武的对局）

第 84 局　七路马对列炮

1. 炮二平五　马 8 进 7　　　2. 马二进三　车 9 平 8
3. 兵七进一　炮 8 平 9　　　4. 马八进七　炮 2 平 5
5. 兵三进一　马 2 进 3　　　6. 车九平八　车 1 进 1
7. 车一进一　车 8 进 4　　　8. 车一平四　卒 7 进 1
9. 车四进三　车 1 平 4　　　10. 炮八进三　车 8 进 2

11. 兵七进一　卒 3 进 1　　12. 炮八平三　士 6 进 5
13. 马七进六　卒 3 进 1　　14. 马六进七　车 4 进 2
15. 车八进六　马 7 进 8

如卒 3 进 1，车四平六，红方将取得较大的先手。

16. 车四进一　炮 9 进 4

中炮打兵佳着，有力地控制了局势。如炮 9 平 5，仕四进五，红方好走。

17. 炮三进一　炮 5 进 4

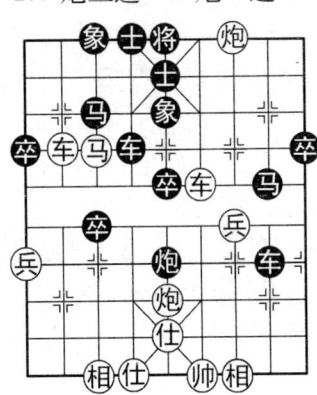

图 84

18. 马三进五　炮 9 平 5
19. 仕四进五　卒 5 进 1
20. 帅五平四　象 7 进 5
21. 炮三进三（图 84）　炮 5 平 6

图 84，红方进炮要杀凶悍，但黑方找到了平炮解杀的佳着，使红方无计可施。如车 4 平 6 兑车，车四进一，马 8 退 6，马七退五，黑马受制。

22. 炮三平一　卒 5 进 1　　23. 车八退一　马 8 进 9

进边马紧凑有力，如马 8 进 6，车四平二兑车，伏下抽子的先手，黑方反而麻烦。

24. 车八退二　马 9 进 8

乘机进马叫将，使红帅不敢走帅四进一，因黑方有车 8 平 7 的攻击手段。

25. 帅四平五　炮 6 平 5

红方难以化解黑方中炮的攻势，全局受到牵制已无力作战，只好认负。

（选自万春林负卜凤波的对局）

第 85 局　七路马对列炮

1. 炮二平五　马 8 进 7　　2. 马二进三　车 9 平 8
3. 车一平二　炮 8 进 4　　4. 兵三进一　炮 2 平 5

5. 马三进四　马2进3　　　6. 马四进六　车1平2

红方如兵三进一，车1平2，车二进三，车8进6，马四退二，车2进7，兵三进一，马7退8，马八进九，炮5进4，仕四进五，车2退2，双方各有千秋。

7. 马八进七　车2进2

如马3退1，车九进一，车2进4，车九平六，士6进5，兵七进一，卒3进1，马六进四，炮5平6，车六进四，红方占优。

8. 炮八进四　车8进4

红方如车九平八，卒3进1，马六进七，车2平3，红方不占主动。此刻黑方如炮8进1打马，车九平八，士4进5，马七退五，卒3进1，马六进七，车2平3，马五进三，红方好走。

9. 兵三进一　卒7进1　　　10. 车九平八　卒3进1
11. 炮八平七　车2进7　　　12. 马七退八　马3退1
13. 马八进七　炮8进2　　　14. 马六进四　车8进1

红方跃马捉车主动有力，可以夺取攻势。如仕四进五，卒7进1，各有顾忌。

15. 炮五平三　马7退9　　　16. 相七进五　士4进5
17. 马四进三　将5平4　　　18. 炮三退一　炮5平6
19. 炮三平六　炮6退1　　　20. 兵七进一　车8退4

红方进兵出马抢攻，势力显见增强，由此大占优势。此时黑方如卒3进1，马七进六，将4平5，马六进五，象3进5，炮六进七，红方占优。

21. 马七进六　将4平5　　　22. 马六进五　象3进5
23. 炮六平三　士5进6　　　24. 兵七进一　卒9进1
25. 兵七平六　卒1进1　　　26. 兵六进一　马1退3
27. 炮七进二　将5进1　　　28. 炮七退四　马3进2
29. 兵六进一　马2进4　　　30. 炮七进一　炮8退2
31. 炮七平五　炮8退4　（图85）
32. 车二进七　车8进1

图85，红方进车砍炮是凶悍有力的夺先手段。黑方失子之后，

已无法防守。

33. 兵六平五　将5退1

如将5平4，炮三平六，马4进2，马五退七，将4退1，炮五平六，将4平5，马七进六，红胜。

34. 马五退三　士6进5
35. 兵五进一　将5进1
36. 马三进五

红方马炮构成杀势，红胜。

（选自李家华胜梁文斌的对局）

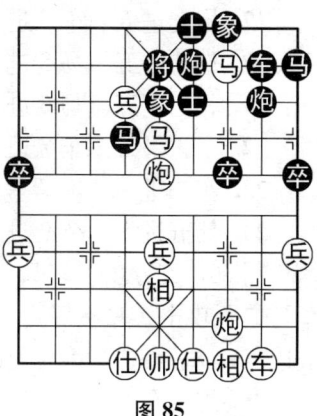

图 85

第86局　七路马对列炮

1. 炮二平五　马8进7　　**2.** 马二进三　车9平8
3. 兵三进一　炮8平9　　**4.** 马八进七　炮2平5
5. 车九平八　马2进3　　**6.** 兵七进一　车1进1
7. 车一进一　车1平6

红方如马七进六，车8进4，马六进七，卒7进1，炮八平七，炮5退1，黑方可以满意。

8. 马七进六　车8进4

红方不如车八进一含蓄有力，以后可以阻止黑方进河口车兑卒争先。

9. 马六进七　卒7进1　　**10.** 炮八平七　炮5退1
11. 兵三进一　车8平7　　**12.** 车八进七　车6进1
13. 马七退八　炮5平7

双方抢夺先手，互不相让。黑方平炮取得一定的机会，布局取得了成效。

14. 马八进九　马7进8

红方如相三进一，马7进8，马三进二，炮7进1，黑方占优。

15. 马九进七　炮9平3　　**16.** 车八平七　车6平3

17. 炮七进五　　车 7 进 3　　　　18. 炮五进四　　炮 7 进 8
19. 仕四进五　　马 8 进 6　　　　20. 炮五退二　　将 5 进 1
21. 相七进五　　马 6 进 8
22. 车一平二　　车 7 退 1
23. 车二进一　　炮 7 平 9
24. 仕五进六　　卒 9 进 1（图 86）

图 86，红方虽然多兵，但被黑方车马炮所攻击，并不好走。此时黑方进边卒，防止红方平炮兑炮谋取和势。

25. 炮七平八　　车 7 进 3

红方应炮七平三，阻止黑方的攻势。黑方有三种应法：①车 7 进 3，

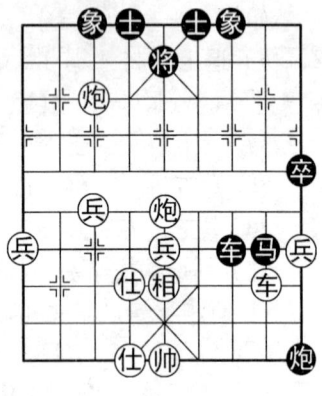

图 86

师五进一，车 7 退 1，师五退一，马 8 退 6，相五进三，红方反夺主动。②车 7 平 5 吃兵，炮三退六，车 5 平 6，兵九进一，马 8 退 7，炮五平三，车 6 平 7，后炮平五，象 7 进 5，炮三平五，迫使黑方兑子，红方局势比较乐观。③象 3 进 1，兵九进一，将 5 平 4，炮五平三，车 7 平 5，后炮进五，红方车双炮有一定的攻守力量，并可进兵助战，仍可对抗。

26. 帅五进一　　车 7 退 1　　　　27. 帅五退一　　马 8 退 6
28. 炮八平四　　车 7 退 2

红方不能走车二平四，马 6 进 8，车四平二，马 8 退 6。红车不可长捉黑马，黑方有攻势占优。

29. 兵七进一　　车 7 平 5　　　　30. 炮五平七　　车 5 退 4
31. 炮四退一　　车 5 进 1　　　　32. 炮四进一　　马 6 进 5
33. 仕六进五　　马 5 进 7　　　　34. 帅五平六　　马 7 退 6
35. 车二进一　　马 6 退 7

红方应车二平四，车 5 进 3，炮四平七，黑方取胜还有一定困难。

36. 车二进五　　将 5 退 1　　　　37. 炮七进五　　士 4 进 5
38. 炮四平九　　车 5 平 1　　　　39. 炮九平八　　车 1 平 2
40. 炮八平九　　象 7 进 5　　　　41. 炮七退一　　车 2 进 6

42. 帅六进一　马 7 进 5　　43. 车二退六　炮 9 退 1
44. 仕五退四　车 2 平 6　　45. 炮九进二　将 5 平 4
46. 车二平五　马 5 进 6　　47. 兵七平六　马 6 进 8

应炮 9 退 1，仕六退五，炮 9 平 5，仕五退四，炮 5 平 1，黑方得子胜定。

48. 仕六退五　车 6 平 3　　49. 炮七进一　将 4 进 1
50. 车五平八　马 8 退 7

红方如车五平二，车 3 退 5，帅六退一，车 3 平 4，帅六平五，车 4 平 3，车三平六，士 5 进 4，车六平八，士 4 退 5，车八平六，士 5 进 4，车六平八，士 4 退 5，红方必须变着，但已成败局。

51. 帅六进一　马 7 退 5

红方如改走仕五进六，马 7 进 6，仕六退五，马 6 退 5，帅六进一，马 5 退 3，黑方抽车胜定。

52. 帅六平五　车 3 退 9

红方已无法支持，黑方获胜。

（选自蔡福如负吴贵临的对局）

第 87 局　七路马对列炮

1. 炮二平五　马 8 进 7　　2. 马二进三　车 9 平 8
3. 车一平二　炮 8 进 4　　4. 兵三进一　炮 2 平 5
5. 马八进七　马 2 进 3　　6. 兵七进一　车 1 平 2
7. 车九平八　车 2 进 4　　8. 炮八平九　车 2 平 8
9. 车八进六　炮 5 平 6　　10. 兵五进一　士 6 进 5
11. 马七进五　炮 8 平 7

不如卒 7 进 1。举一变如下：红方如兵五进一，则卒 7 进 1，马五进六，卒 7 进 1，马三退一，车 8 平 5，马六进七，象 7 进 5，马七进九，炮 8 退 5，车八平九，马 7 进 8，车二平一，炮 6 平 9。黑方弃子有先手，仍可对抗。

12. 车二平一　卒 7 进 1

13. 兵五进一（图87）　卒7进1

图87，红方冲中兵从中路突破，黑方没有什么好的应着，只好冲7路卒展开对攻。

14. 车八平七　卒7平6

如象7进5，兵五进一，后车进3，炮九平七，红方仍有攻势。

15. 车七进一　象7进5
16. 车七进一　炮6退1
17. 车七退一　卒6进1

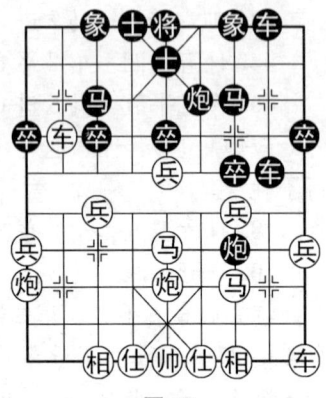

图87

也可卒6平5，炮五进二，前车平5，炮九平五，炮6进5，仕四进五，炮7平5，马三进五，马7进6，黑方先手。

18. 马五进六　炮6进1	19. 车七进一　前车平5
20. 兵七进一　车8进5	21. 仕四进五　炮6退1
22. 车七退一　炮6进1	23. 车七进一　炮6退1
24. 车七退一　炮6进1	25. 车七进一　车8平3
26. 马六进五　象3进5	27. 炮九进四　车3平2
28. 兵七平六　车5进1	29. 车一平二　炮7平1
30. 车二进八　车2平1	31. 炮九平八　车1平2
32. 炮八进二　卒6平7	33. 炮八平五　卒7进1
34. 兵六进一　炮6退2	35. 前炮退二　士4进5
36. 车二平五	

以下黑方如马7退5，车七平五，将5平4，车五进一，将4进1，兵六进一，将4进1，车五平六，红方胜。

（选自赵国荣胜孟立国的对局）

第88局　七路马对列炮

| 1. 炮二平五　马8进7 | 2. 马二进三　车9平8 |
| 3. 车一平二　炮2平5 | 4. 马八进七　炮8进4 |

5. 兵三进一　马 2 进 3　　　　6. 兵七进一　车 1 平 2
7. 车九平八　车 2 进 6

如车 2 进 4，炮八平九，车 2 平 8，局势平稳。

8. 马七进六　炮 8 平 7

可车 2 退 1，马六进四，马 3 退 5，各有千秋。

9. 马六进四　车 8 进 9　　　10. 马三退二　卒 7 进 1

进 7 卒弃子抢攻是一种复杂的变化，不一定有把握。

11. 马四进三　炮 5 进 4　　　12. 仕四进五　卒 7 进 1
13. 马三退四　卒 7 平 6
14. 马二进三　炮 5 退 2（图 88）
15. 车八进一　炮 7 退 2

图 88，红方升左车是积极反击的好着，以下准备车八平六再马四进二弃炮抢攻，可以取得强大攻势。

16. 马三进四　车 2 平 6
17. 后马进六　车 6 退 2
18. 马六进七　士 6 进 5
19. 炮五进二　炮 7 进 4
20. 车八退一　炮 7 退 2

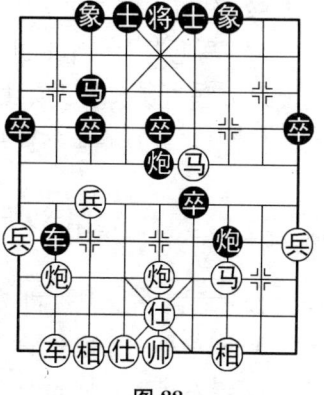

图 88

21. 炮八平五　炮 7 平 5

22. 车八进三　车 6 退 1

如将 5 平 6，前炮平四，交换子力后红方多子占优。

23. 前炮平二　车 6 进 3　　　24. 马七退五　象 7 进 5
25. 马五进三　车 6 平 7

红方依仗多子化解了黑方车炮的攻势，已成多子占优之势。

26. 相三进一　前炮平 3　　　27. 兵一进一　车 7 平 8
28. 炮二平四　车 8 平 6　　　29. 炮四平三　炮 5 进 1
30. 炮三退四　卒 3 进 1　　　31. 兵七进一　炮 5 平 3
32. 仕五进四　后炮进 4　　　33. 仕六进五　前炮退 5
34. 车八进三　前炮平 5　　　35. 车八平五　车 6 退 4
36. 马三退一　车 6 进 4　　　37. 马一退二　车 6 退 1

38. 马二进三	车6进1	39. 马三进一	炮3退3
40. 炮三平四	车6平8	41. 马一退三	士5进6
42. 马三退四	车8平7	43. 马四进六	炮3平5
44. 车五平九	前炮退2	45. 马六进八	前炮平8
46. 马八进七	将5平6	47. 炮五进六	炮8进5
48. 相一退三	车7进3	49. 车八平二	士4进5
50. 车二退三	炮8平9	51. 车二平一	炮9平6

兑炮后已无法防守，败局已定。

52. 仕五退四	车7退6	53. 车一平六	车7平3
54. 马七退六	车3进6	55. 帅五进一	

红方兵力强大，已成胜定之势。

（选自张影富胜李来群的对局）

第89局　七路马对列炮

1. 炮二平五	马8进7	2. 马二进三	车9平8
3. 车一平二	炮2平5	4. 车二进六	马2进3
5. 马八进七	炮8平9		

红方如车二平三，马3退5，以下伏有炮9退1打车的着法，红方不占便宜。

6. 车二进三	马7退8	7. 兵七进一	车1平2
8. 车九平八	车2进6	9. 炮八平九	车2平3

如车2进3，马七退八，卒7进1，马八进七，红方先手。

10. 车八进二	卒7进1	11. 炮五平四	马8进7
12. 相三进五	车3平4	13. 仕四进五	卒5进1

进中卒准备从中路突击，正确。如马7进6，车八进三，卒3进1，车八平七，马3进4，车七进四，红方车马炮有威胁，黑方并不合适。

14. 车八进四	马7进5	15. 车八平七	炮5平7
16. 车七平八	炮7进1	17. 车八退四	士6进5

18. 炮四进一　车4退4　　　　**19.** 炮四退一　卒5进1

应炮9平5，控制红方车路，并伏下卒5进1后再车4进4抢占兵线的走法，黑方较为有利。

20. 兵五进一　马5进6　　　　**21.** 车八进四　车4平8

红方及时进车增强右路防守，正确。如马三退一，车4进4，车八进四，马3进5，车八退一，炮9进4，兵五进一，炮9退2，黑方占优。

22. 马三退一　炮9进4

炮打边兵力求一拼，创造机会。如马3进5，车八退三，红方阵形稳固，并伏下兵五进一捉马的夺先之着，黑方不占好处。

23. 车八平四　车8进7　　　　**24.** 炮四退二　马3进4

25. 车四退一　炮9退2

红方如兵五进一，马6进4，仕五进六，马4退5，车四退一，马5进4，黑方有先弃后取的攻击手段，红方不占好处。

26. 车四平三　马4进3　　　　**27.** 炮九平八　炮7平6

平炮暗中保相正确。如炮九进四，马3进5，相七进五，马6进5，炮九平五，象3进5，仕五进四，车8平6，帅五进一，马5退6，车三平四，车6退2，黑方占优。此时黑方平6路炮无奈，只好弃象展开对杀。如车8退4，车三退一，车8平7，兵三进一，红方多兵占优。

28. 车三进四　炮6退3
29. 马一退三　车8退6
30. 炮八进三　马6进5
31. 相七进五　马3进5
32. 炮八平五　象3进5
33. 马七进五　炮9进2（图89）

图89，红方进中马失算，导致局势落入下风，应车三平四，将5平6，炮五退三，一车换双子，形成双炮双马对车炮之势。红方子力位置好，且

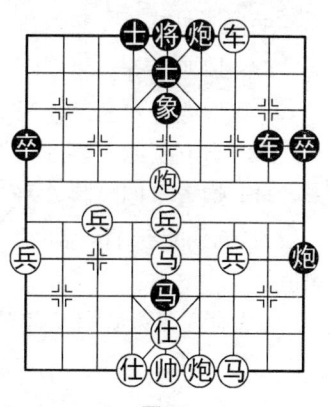

图89

多兵，占优势。此时黑方乘机进边炮打中马，使红方的攻势受阻，黑方有一定的进取机会。

34. 兵三进一　马5进3

红方如马三进四，炮9进3，炮四进九，车8进6，士五退四，车8退9，帅五进一，车8平7，帅五进一，车7平6，黑方占优势。

35. 马五退六　炮9平5

平炮打将巧妙，迫使红方吃炮弃车，黑方已有胜利之希望。

36. 炮五退二　象5退7　　**37.** 马三进四　炮6进9
38. 仕五退四　车8平6　　**39.** 仕六进五　车6进3
40. 帅五平六　卒9进1　　**41.** 兵三进一　卒9进1
42. 兵七进一　卒9平8　　**43.** 兵五进一　卒8平7
44. 兵五平四　象7进5　　**45.** 炮五进三　车6平1

黑方得势之后，利用车马牵制红方马炮，并疾进9路卒过河助战，又运车吃兵除去后患，走法老练实惠，为取胜创造了条件。

46. 帅六平五　卒7平6　　**47.** 兵七进一　卒1进1
48. 兵三进一　车1平7　　**49.** 马四退二　车7退3

红方如兵四进一，卒6进1，马四退二，车7平8，黑方得子胜定。

50. 炮五平四　卒6平5　　**51.** 马二进四　卒5平4
52. 马四进二　车7进3　　**53.** 马二进三　车7平4
54. 炮四平五　将5平6　　**55.** 炮五平四　将6平5
56. 炮四平六　卒4平3　　**57.** 炮六平五　将5平6
58. 炮五平四　将6平5　　**59.** 炮四平五　将5平6
60. 炮五平四　将6平5

红方不能长打，必须变着，但形势已难防守，只好认负，黑胜。

（选自周俊来负赵庆阁的对局）

第90局 七路马对列炮

1. 炮二平五　马8进7　　　2. 马二进三　车9平8
3. 车一平二　炮8进4　　　4. 兵三进一　炮2平5
5. 马八进七　车1进1　　　6. 车九平八　车1平8
7. 马三进四　前车平6

由于黑方过早平8路车，右马尚未出动，产生了不利的形势。此时如卒3进1，马四进五，马7进5，炮五进四，士6进5，炮八进六，红方占优。

8. 马四进六　车6进3
9. 炮八进五　炮5退1
10. 马六进八　车6平4
11. 兵七进一　炮5平2（图90）

图90，黑方平炮牵制红方车马炮的攻势，但红方伏下兵七进一的妙着，使黑车不能离开4路要道，仍然难得便宜，不如马2进1防守。

12. 兵七进一　车4退2
13. 炮八进二　炮2进8

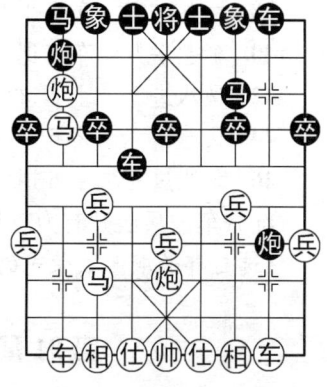

图 90

14. 炮八退九　车8进4　　15. 兵三进一　卒7进1

红方一车换取马炮之后，子力位置好，形势很乐观。现在又冲兵阻车路，先手由此扩大。

16. 兵七进一　士6进5　　17. 马八进七　将5平6
18. 炮五平四　卒7进1　　19. 炮八进一　车4退1

退车捉马机智。如车4进6，马七进六，红方胜势。

20. 兵七进一　卒7进1　　21. 车二进二　车8平2

红方升右车稳健。如急于马七进六，车8平4，红方反而不好。

22. 炮八平三　马7进8　　23. 马七进六　车2平5

改走车2平4，炮三平四，将6平5，前炮平六，前车进1，炮六进六，车4退4，车二平六，士5进4，炮四平八，红方胜势。

24. 炮三平六　车5进2　　　25. 相三进五　车4平3
26. 兵七进一　车5退1　　　27. 炮六平四　将6平5
28. 马六退七　马8退7　　　29. 炮四平二　炮8进2

红方以多子之势强行兑炮，由此胜局已定。

30. 车二退一　车5平6　　　31. 车二进六　马7退6
32. 炮四进七　将5平6　　　33. 仕六进五　象3进5
34. 车二退一　卒5进1　　　35. 车二平一　车6进1
36. 车一平七　卒7进1　　　37. 兵一进一　卒5进1
38. 兵九进一　车6平9　　　39. 马七进八　车9退1
40. 车七平九　车9退1　　　41. 车九平五　车9退1
42. 马八进六　士5进6　　　43. 车五平四　车9退3
44. 兵七平六　将6平5　　　45. 车四平八　车9进2
46. 车八进三　士6退5　　　47. 马六进七

红方车马兵展开有力攻势，黑方难以抵抗，红胜。

（选自郭长顺胜戴荣光的对局）

第91局　七路马对列炮

1. 炮二平五　马8进7　　　2. 马二进三　车9平8
3. 兵三进一　炮8平9　　　4. 马八进七　炮2平5
5. 车九平八　马2进3　　　6. 兵七进一　车1进1
7. 车一进一　车1平4

也可炮八平九，成另一路流行变化。

8. 车一平四　车4进5　　　9. 炮八进六　车4平3

红方进炮攻击，不易达到预想的目的，不如炮八平九，车4平3，车八进二，以后可走炮九退一反击，较为紧凑有力。

10. 车八进二　车3退1　　　11. 车四进三　车3平6
12. 马三进四　车8进4

13. 马四进三　炮 9 进 4（图 91）

图 91，黑方炮打边兵，力图反击，但右路的防守比较空虚，容易被红方攻击，不如卒 3 进 1 较为稳健。

14. 马三进五　象 7 进 5
15. 车八进五　车 8 退 3

退车防守无可奈何。如马 3 退 5，车八平六，车 8 平 2，炮八平六，黑方子力受制，不好应付。

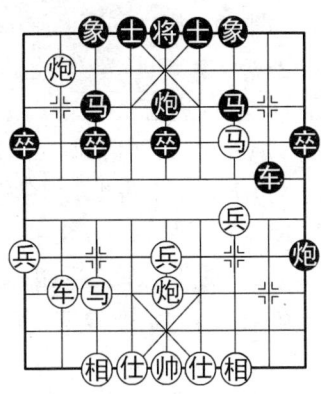

图 91

16. 兵三进一　车 8 平 4
17. 兵三进一　马 7 退 8
18. 兵三平四　马 8 进 7
19. 兵四平三　马 7 退 8
20. 兵九进一　卒 3 进 1

红方不让对方有反击机会，并保持攻击。如车八平七，车 4 平 2，车七退一，士 6 进 5，红方虽仍有先手，但不满意。

21. 马七进八　卒 3 进 1
22. 马八进七　车 4 进 1
23. 兵三平四　士 6 进 5
24. 兵四平五　象 5 退 7
25. 兵五平四　将 5 平 6
26. 马七退五　车 4 平 7
27. 兵四平三　车 7 平 9
28. 炮五平七　车 9 平 5
29. 马五退七

黑方必失一子，已无力抵抗，红胜。

（选自朱永康胜李家华的对局）

第 92 局　七路马对列炮

1. 炮二平五　马 8 进 7
2. 马二进三　车 9 平 8
3. 车一平二　炮 8 进 4
4. 兵三进一　炮 2 平 5
5. 马八进七　马 2 进 3
6. 兵七进一　车 1 平 2
7. 车九平八　车 2 进 4
8. 炮八平九　车 2 平 8
9. 车八进六　炮 8 平 7
10. 车二平一　炮 5 平 6
11. 车八平七　象 7 进 5
12. 兵七进一　士 6 进 5

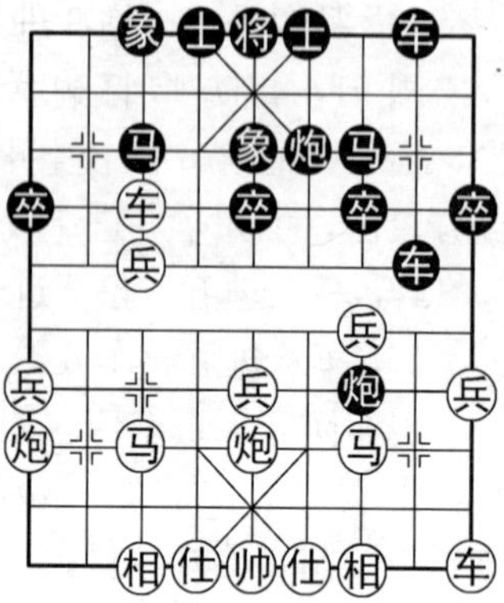

图92，黑方如车8平3吃兵，车七退一，象5进3，马七进六，车8进4，马六进五，马3进5，炮五进四，炮6平3，炮五退二，炮3进7，仕六进五，卒7进1，相三进五，炮3平1，兵三进一，车8平7，车一平二，马7进8，车二进四，象3退1，双方对攻，局势复杂多变，后果难料。

13. 马七进六　卒7进1
14. 马六进五　马3进5
15. 炮五进四　后车进3
16. 兵三进一　前车平7
17. 相三进五　马7进6

图92

不如炮6进5，炮五退二，车8平3，兵七进一，炮6平1，相七进九，黑方还可对付。

18. 炮五退一　车8平3
19. 兵七进一　车7退1
20. 车一平二　车7平3
21. 车二进五　马6退8
22. 兵五进一　将5平6

不如车3平5。下一步红方如车二退二，炮7退6，红方虽然占优势，但黑方足可防守，一时尚难预卜。

23. 车二退二　车3平7
24. 仕四进五　将6平5
25. 兵九进一　炮6进4
26. 车二进一　炮7退1
27. 车二退一　炮7进1
28. 车二进二　炮6退1
29. 兵九进一　卒1进1

红方进兵使黑方退炮打兵之计落空，然后用车借逐炮之机控制将门，扩大了攻势。

30. 车二平四　炮6平8
31. 帅五平四　车7退3
32. 车四进一　马8退9
33. 炮九平七　炮8进2

红方平炮是紧要的夺先手段，以下可走车四进一或马三进五，由此取得胜势。

34. 车四进一　马9进7
35. 车四平五　车7平6

36. 帅四平五　车6进2　　　　37. 车五平七　将5平6
38. 炮七进七　将6进1　　　　39. 车七退一　马7进8
40. 炮五平八　车6进1　　　　41. 车七退一　马8进9
42. 炮八进三　士5进4　　　　43. 车七进三　将6进1
44. 车七平三

红方攻杀凶猛，终于取得胜利。

（选自王德发胜孟立国的对局）

第93局　七路马对列炮

1. 炮二平五　马8进7　　　　2. 马二进三　车9平8
3. 车一平二　炮2平5　　　　4. 车二进六　炮8平9
5. 车二平三　车8进2

红方平车压马，容易遭受反击，是一种变化复杂的攻法。

6. 炮八进二　车1进1

如马2进3，炮八平三，车1进1，马八进七，卒3进1，车九进一，车1平6，车九平六，红方占先。

7. 马八进七　卒3进1

红方如炮八平七，卒3进1，炮七进五，士4进5，炮七退三，车1平3，炮七平八，车3平2，炮八进三，车2退1，马八进九，炮9退1，黑方好走。

8. 车九进一　车1平6　　　　9. 车九平六　炮9退1
10. 车三退一　车6进6

红方退三路车，反而使黑方有了反击之机会。可炮八平三，炮9平7，车三平一，车8平4，车一退一，车8平7，炮三进四，车6平7，马三退一，象3进1，红方并不难走。

11. 车三平七　象3进1　　　　12. 车七平六　士6进5
13. 马三退一　马2进3　　　　14. 前车进一　车6退2
15. 炮八退三　马7进6　　　　16. 前车平七　马6进4
17. 车七进一　马4进5　（图93）

18. 相三进五　炮 5 进 4

图 93，双方争抢攻势，互不相让，出现了紧张场面。第 17 回合，黑方左马不惜长途奔跑而兑中炮，伏下夺先的手段，是巧妙的走法。以下红方如炮八进八贪攻，则要遭受黑方的暗算：象 1 退 3，车七进二，车 6 进 4，帅五进一，车 8 进 6，帅五进一，车 8 退 1，帅五退一，将 5 平 6，红方没有杀着，黑胜。

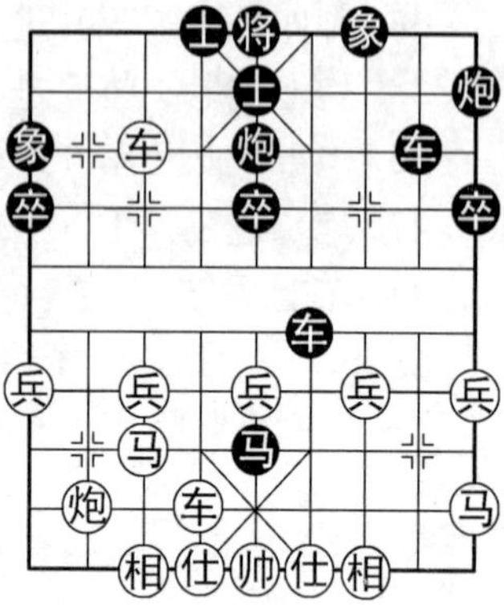

图 93

19. 马七进五　车 8 平 3　　　**20.** 车六进五　炮 9 进 5
21. 马一进三　炮 9 进 3　　　**22.** 相五退三　卒 9 进 1
23. 兵三进一　车 6 进 2　　　**24.** 炮八平五　车 3 平 6
25. 炮五进五　后车平 5

平中车是一步好着，伏下车 6 退 4 捉炮的手段，并可牵制红方子力。

26. 车六平九　车 6 退 4　　　**27.** 炮五平八　象 1 退 3
28. 仕六进五　车 5 进 3　　　**29.** 车九退一　车 6 平 2

红方马炮车受制被封，持久下去很是不利，于是赶紧退车弃炮谋和，明智。

30. 车九平一　炮 9 平 8　　　**31.** 马三退二　车 5 进 1

黑方无法取胜，以和局告终。

（选自蒋全胜和殷广顺的对局）

第 94 局　七路马对列炮

1. 炮二平五　马 8 进 7　　　**2.** 兵三进一　车 9 平 8
3. 马二进三　炮 2 平 5　　　**4.** 车一平二　马 2 进 3
5. 马八进七　车 1 平 2

红方如车二进六，车 1 平 2，马八进七，车 2 进 6，车九平八，卒 3 进 1，马三进四，红方先手。

6. 车九平八　车 2 进 5

可炮 8 进 4 或卒 3 进 1，制约对方子力。

7. 炮五退一　炮 8 进 4

如车 2 平 7，炮五平三，车 7 平 2，车二进四，车 2 进 1，马三进四，红方好走。

8. 相七进五　炮 8 平 7

可考虑改走炮 8 平 3，车二进九，马 7 退 8，炮五平七，车 2 进 1，黑方可以对抗。

9. 兵七进一　车 8 进 9

兑车过急，应车 2 退 1 保持局势平稳。

10. 马七进八　车 8 退 2

退车贪攻得不偿失。应车 8 退 5，虽落后手，但仍可对付。

11. 炮五平七（图 94）　炮 7 进 3

12. 帅五进一　炮 7 平 9

图 94，黑方运炮打相力求进取，但构不成威胁。红方车马炮集结左路，将发起强大的攻势，黑方将会危机四起，难以收拾。

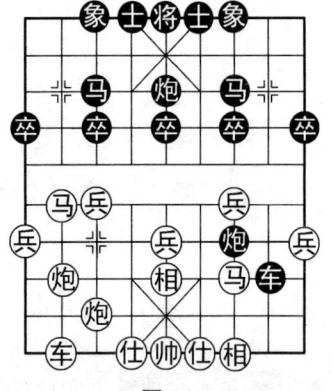

图 94

13. 马八进七　炮 5 平 6

14. 炮八平七　象 7 进 5

15. 车八进八　士 6 进 5

16. 车八平六　卒 7 进 1

红方重兵抢先攻击，其势已难阻挡。如炮 6 退 1，车六退四，马 3 退 1，马七进八，红方优势。

17. 马三进四　车 8 退 4

18. 马七进五　卒 7 进 1

红方运马踏象夺取攻势，好着。以下如炮 6 退 1，车六退四，卒 7 进 1，相五进三，象 3 进 5，前炮进五，红方胜势。

19. 相五进三　马 7 进 8

20. 前炮进五　马 8 进 6

21. 前炮平四　士 5 进 6

如马6进7，炮四退五，将5平6，车六进一，将6进1，车六平七，士5进4，车七退一，将6进1，马五进六，红胜。

22. 炮七进八　士4进5　　　23. 帅五平六　将5平6
24. 车六进一　将6进1　　　25. 车六平一　车8进5
26. 帅六进一　马6退7　　　27. 炮七退一　士5进4
28. 车一退一　马7退8　　　29. 马五进六

以下如将6平5，炮七平二，红胜。

（选自徐天红胜赵国荣的对局）

第95局　七路马对列炮

1. 炮二平五　马8进7　　　2. 马二进三　车9平8
3. 车一平二　炮2平5　　　4. 车二进六　马2进3
5. 马八进七　炮8平9

红方如车二平三，车1平2，马八进七，马7退5，车九平八，车2进6，车三平二，车2平3，马七退五，车3平2，兵三进一，马5进7，双方各有千秋。

6. 车二进三　马7退8　　　7. 车九平八　车1进1
8. 炮八进六　卒3进1　　　9. 兵三进一　卒1进1
10. 炮五退一　炮9平7

红方不如马三进四比较有力。

11. 马三进四　卒7进1　　　12. 相三进五　卒7进1
13. 相五进三　炮7平8

平炮要杀好着，由此取得主动。

14. 炮五平三　炮5平7　　　15. 炮三平二　马8进9
16. 相三退五　卒1进1　　　17. 炮二平九　炮8进7
18. 相五退三　马3进1　　　19. 兵九进一　车1平2
20. 炮九进五　车2平6　　　21. 车八进四　车6进3
22. 马七退五　卒9进1　　　23. 相七进五　炮8退8

退炮正确。如急于马9进8，马五进三，红方占优。

第一章 中炮七路马对半途列炮

24. 马五退七　炮8平6

红方如马五进三，炮7进4，车八平六，炮8平7，炮九退一，卒3进1，兵七进一，马9进7，马四进六，车6进4，黑方有攻势。

25. 马四退三　车6平7
26. 马三进四　车7平6
27. 马四退三　马9进8
28. 仕四进五　炮6平7

红方如炮九退一，卒3进1，车八平七，车6进4，相三进一，马8进7，相一进三，车6平7，黑方胜势。

29. 炮九退一　卒3进1
30. 车八平七　马8进7

如后炮进6，炮九平二，车6平8，车七平三，红方得还一子，又有多兵之势，较为好走。

31. 马三退二　车6进4
32. 马二进一　马7进8
33. 仕五进四（图95）　前炮平5

图95，黑方平中炮铸成大错，形势从此逆转。应马8进6，准备进炮打相要杀，红方无法解围，黑方胜定。

34. 仕六进五　炮5进4
35. 帅五平六　马8退6
36. 仕五进四　车6进1
37. 帅六进一　车6平3

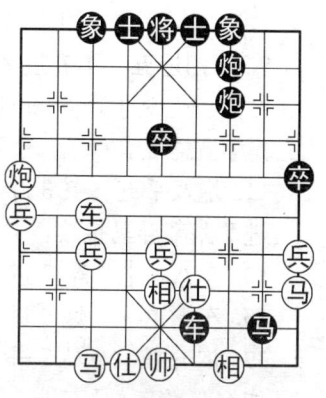

图95

38. 车七进五　象7进5

上象造成败势。应炮7平4，炮九进四，炮4进1，马一进三，卒5进1，马三进四，卒5进1，车七退五，士4进5，车七平五，炮5平4，帅六平五，车3退3，黑方还可对付。

39. 车七平六　将5进1
40. 马一进三　车3退1
41. 帅六退一　炮5平9
42. 相三进一　车3退2
43. 马三进二　车3平6
44. 炮九平一　炮7平9
45. 车六退三　将5退1
46. 车六进三　将5进1
47. 仕四退五　后炮进2
48. 马二进一　象5退7

49. 车六退一　将5进1　　50. 马一进三　将5平6
51. 马三退二　将6平5　　52. 炮一平二　士6进5
53. 车六退三

红方车马炮攻杀凶猛，黑方防不胜防，红胜。

（选自徐天红胜赵庆阁的对局）

第96局　七路马对列炮

1. 炮二平五　马8进7　　2. 马二进三　车9平8
3. 兵七进一　炮8平9　　4. 马八进七　炮2平5
5. 车九平八　马2进3　　6. 兵三进一　车1进1
7. 车一进一　车1平4　　8. 车一平四　车4进3
9. 车四进五　车8进2　　10. 炮八进五　卒7进1

红方进炮兑子，企图对黑方右路展开攻击，并加大中炮的威力，是争先之着。

11. 炮八平五　象3进5　　12. 车八进七　卒7进1

进7路卒弃马抢攻，并没有什么把握。

13. 车八平七　卒7进1　　14. 马三退五　士6进5
15. 车七退一　炮9进4　　16. 兵七进一　车4进3
17. 炮五平一　马7进8

如炮9平5，马五进三，车4平7，马七进五，车7进2，车四平三，红方占优。

18. 车四进二　车8平6　　19. 车四退一　士5进6

兑去一车之后，黑方车马炮卒构成强大攻势。红方如应对有误，即可形成土崩瓦解之势。

20. 相七进五　车4进1　　21. 车七平八　马8进6

平车打开要道是防守中的紧要之着。

22. 相五进三　车4退1　　23. 相三进五　车4退6
24. 兵五进一　炮9平8

进中兵阻挡黑马是防守的有力之着。

25. 相五退三　车4进6　　**26.** 马七进八　卒5进1

如炮8进3，马五进六，马6进5，相三退五，车4平5，仕六进五，车5平9，车八平五，红方占优势。

27. 马五进六（图96）　炮8平4

图96，黑方平炮打马，不幸中了红方先弃后取的妙计，由此陷入困境。不如卒5进1，保存8路炮的攻击力，仍可与红方相抗衡。

28. 车八平六　卒5进1

29. 仕六进五　车4平7

不如车4平8灵活。

30. 马八退六　士6退5

不如车7进2或卒9进1。

31. 车六平一　卒5进1

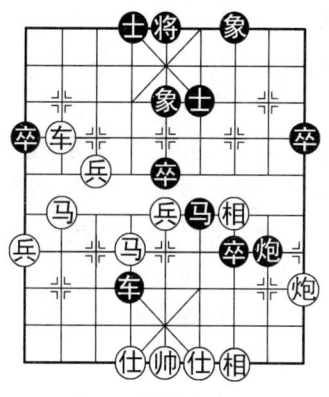

图96

32. 马六进五　象5进3

33. 车一平二　象7进9

红方平车之后，车马炮已构成攻势，黑方车马双卒互相拥塞无法防守，已成败局。

34. 车二进三　士5退6　　**35.** 马五进六　将5进1

36. 车二退一　将5进1　　**37.** 车二退一　将5退1

38. 马六退四　将5平6　　**39.** 炮一进三　象9进7

40. 炮一平七

红方车马炮如入无人之境，红胜。

（选自胡荣华胜孙志伟的对局）

第97局　七路马对列炮

1. 炮二平五　马8进7　　**2.** 马二进三　车9平8

3. 兵七进一　炮8平9　　**4.** 马八进七　车8进5

5. 相七进九　炮2平5　　**6.** 兵三进一　车8平7

红方如仕六进五，以后出动左车，也是一种变化。

7. 车一进二　车1进1　　　**8.** 炮八退一　车7退1
9. 车一平二　炮9进4

红方平车失先，不如炮八平三，车7平8，马三进四，车8平6，炮三进六，车6进1，炮五进四，士4进5，仕六进五，红方占先。

10. 车九平八　炮9平7　　**11.** 相三进一　车1平4
12. 仕四进五　马2进3　　**13.** 炮八平七　车4进7
14. 炮七退一　卒5进1

针对红方运子缓慢，黑方迅速调动子力，抢先发动攻势，形势主动。

15. 马七进八　马7进5　　**16.** 马八进七　车4退5
17. 车八进八　炮7平1　　**18.** 车八退五　炮1退1
19. 车八平九　卒5进1　　**20.** 车九进一　卒5进1
21. 马三进五　炮5进4

红方吃卒正确。改走炮五进四，马3进5，兵七进一，卒5进1，黑方有较强的攻势，红方不好对付。

22. 车九退一　炮5退2　　**23.** 马七退八　马3退5
24. 车九平四　后马进7　　**25.** 兵七进一　车4进2
26. 炮七进九　士4进5　　**27.** 马八进七　象7进5
28. 马七进五　将5平4　　**29.** 帅五平四　炮5退2
30. 炮五进五　车7平3　　**31.** 炮七平九　车4退3
32. 车四平八　车4平5

经过激烈的争夺，形势趋于简单化，黑方多子，较为好走。

33. 车八进六　将4进1　　**34.** 车八退一　将4退1
35. 车二平八　车5平1　　**36.** 前车进一　将4进1
37. 后车进六　将4进1　　**38.** 后车退二　车3平4
39. 帅四平五　将4平5　　**40.** 前车平七　车4平3
41. 车七平五（图97）　马5进6

图97，红方双车炮竭力攻击，但黑方依仗多子之势，尽力防守，使红方无法成势。此时黑方进马不够细致，应卒1进1等待

变化。

42. 车八平四　马6退8

如马6进8，红方有炮九平四打士的手段，黑方有所顾忌。

43. 车四平三　车3平4
44. 车五平七　卒1进1
45. 相九退七　卒1进1
46. 相七进五　卒1进1
47. 车三退二　车4退1
48. 相一退三　卒1平2
49. 车三平八　马7进5

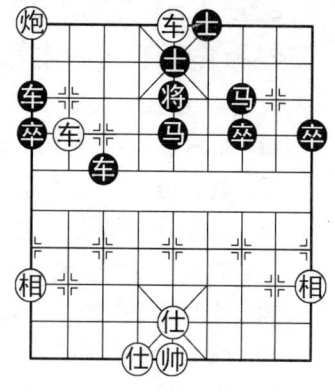

图 97

跃马弃卒可惜，可卒2平3保住小卒，互缠下去有一定的好处。

50. 车八退一　马8进6　　51. 车八平三　车4进3
52. 车三进一　车1进2　　53. 炮九平四　士5退6

双车马不断前进，已形成反击之势。红方赶紧弃炮打士，创造杀机，是机智的走法。

54. 车七平四　车1平7　　55. 车四退五　马5进6

红方及时兑车，力求保持不败，明智。

56. 车三进一　马6进8　　57. 车三退三　卒9进1
58. 车三平二　卒9进1　　59. 仕五进六　马8退7
60. 仕六退五　车4平7　　61. 相三进一　马7进6
62. 车二平四　卒9进1　　63. 相五退三

由于黑方无法挡老将，胜来非常困难，最后终于握手言和。读者朋友不妨研究一下，看是否有取势之道。

(选自吕钦和赵庆阁的对局)

第98局　七路马对列炮

1. 炮二平五　马8进7　　2. 马二进三　车9平8
3. 车一平二　炮8进4　　4. 兵三进一　炮2平5

5. 马八进七　马 2 进 3　　　6. 车九平八　卒 3 进 1
7. 炮八进四　炮 8 平 7　　　8. 炮八平七　象 3 进 1
9. 车二进九　马 7 退 8　　　10. 车八进四　车 1 平 2
11. 车八进五　马 3 退 2　　　12. 炮五进四　士 4 进 5
13. 炮五退一　炮 7 进 3

红方此时不能走相三进五，否则马 2 进 4，炮五平一，卒 7 进 1，虽然红方多兵，但黑方先过河一卒，红方三路受困，局势不利。

14. 仕四进五　炮 7 退 4　　　15. 马三进二　马 2 进 4
16. 炮七平一　马 8 进 7　　　17. 炮一平九　卒 7 进 1
18. 炮九平三　马 7 进 5　　　19. 兵五进一　炮 5 平 3
20. 相七进五　炮 7 退 2　　　21. 马二进三　炮 3 进 4
22. 兵一进一　卒 7 进 1　　　23. 马七进五　卒 7 进 1

红方为了争取主动，进马舍卒不吃，是一种强硬的下法。

24. 马五进三　马 4 进 3　　　25. 后马进四　马 3 进 5

红方如炮五平二，马 5 进 4，炮二平三，局面比较紧张。

26. 兵五进一　马 5 退 3　　　27. 兵九进一　马 3 进 2
28. 兵九进一　马 2 进 1　　　29. 马三退四　炮 3 平 2
30. 仕五进六　卒 3 进 1　　　31. 后马进六　卒 3 平 4
32. 兵九进一　象 1 进 3　　　33. 兵九平八　将 5 平 4

红方可马六进七，炮 2 退 5，兵九平八，这样会好一些。

34. 马六进七　将 4 进 1　　　35. 仕六进五　炮 2 进 1
36. 兵八进一　卒 7 进 1　　　37. 兵五平六　象 3 退 5
38. 兵八进一　卒 7 进 1　　　39. 帅五平四　卒 4 进 1
40. 兵八平七　将 4 退 1
41. 兵七平八　将 4 进 1（图 98）
42. 马七退九　马 1 进 3

图 98，红方退马准备平兵叫将后再进八路要杀，着法比较迟慢，不如马七进八。黑方如果炮打马兑了，红方攻守并不吃亏。如将 4 退 1，兵八平七，象 5 退 3，兵七进一，将 4 进 1，马八退九，炮 2 退 5，兵六进一，红方足可对抗。

43. 兵八平七	将 4 退 1		
44. 马九进八	士 5 进 6		
45. 马四退三	炮 2 进 2		
46. 马八退七	士 6 进 5		
47. 帅四平五	马 3 进 1		
48. 帅五平六	卒 4 平 3		
49. 兵七平六	将 4 平 5		
50. 马三退五	卒 3 进 1		
51. 马五退七	马 1 退 3		

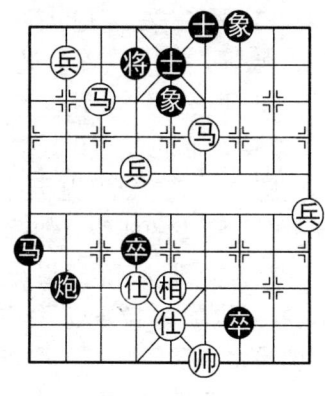

图 98

黑方多子，红方难以对抗，黑方胜定。

（选自胡荣华负卜凤波的对局）

第 99 局　七路马对列炮

1. 炮二平五	马 8 进 7	2. 马二进三	卒 7 进 1
3. 兵七进一	车 9 平 8	4. 马八进七	炮 8 平 9
5. 车一进一	车 8 进 5	6. 相七进九	炮 2 平 5
7. 车一平三	卒 7 进 1		

红方以往多走车九平八，马 2 进 3，车一平四，车 1 平 2，炮八进四，士 4 进 5，车四进五，马 7 进 8，车四平二，车 8 进 3，以下黑方有马踏边兵兑车之着，红方不占便宜。红方车一平三是创新之着，以下伏有兵三进一，车 8 平 7，相三进一，车 7 进 1，炮八进一，有打死车的好手。此时黑方兑 7 路卒，显露了 7 路的弱点，应改走车 8 退 1 为好。

8. 兵三进一	车 8 平 7	9. 车九进一	马 2 进 3
10. 马三退一	车 7 进 3		

红方兑车颇适宜，不但可以消除黑方在河口的干扰，又可乘势攻击黑方空虚的左路，对局势很有好处。

11. 车九平三	马 7 进 6	12. 车三进八	车 1 平 2

13. 马一进三　炮 9 平 7
14. 马三进四　车 2 进 6
15. 炮五平二　炮 5 平 6
16. 马七进六（图 99）　马 3 退 5

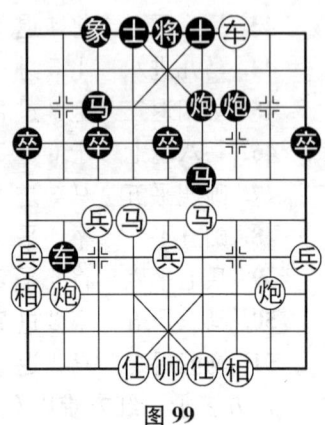

图 99

图 99，红方跃马兑子是好着，由此打开了黑方的防线。如改走马四进六，则象 3 进 5，车三退一，士 6 进 5，红方将增加取势难度。此时黑方退中马无可奈何，如车 2 进 1，炮二进七，马 6 进 4，车三退二，将 5 进 1，马四进六，红方胜势。

17. 车三退一　马 6 退 8　　18. 车三平二　车 2 平 5

如马 8 进 7，相三进五，马 7 进 8，炮八平二，以下红方有车二平四的攻势，黑方不好应付。

19. 相三进五　炮 7 进 3　　20. 马六退七　车 5 平 6

红方退马之后必得一子，黑方的反击之势由此化解。

21. 车二退二　车 6 进 3　　22. 帅五进一　车 6 退 4
23. 相五进三　马 5 进 6　　24. 炮二平五　士 4 进 5
25. 炮八进四　将 5 平 4　　26. 车二退三　车 6 进 3
27. 帅五退一　车 6 平 4　　28. 仕六进五　马 6 进 7
29. 车二平三　马 7 退 5　　30. 炮五平六　炮 6 平 5
31. 炮八进三　象 3 进 1　　32. 车三平六　炮 5 平 4
33. 车六进四　将 4 平 5　　34. 车六平八

红方多子，攻击强大，黑方无力抵抗，红胜。

（选自邓颂宏胜阁文清的对局）

第 100 局　七路马对列炮

1. 炮二平五　马 8 进 7　　2. 马二进三　车 9 平 8
3. 兵七进一　炮 8 平 9　　4. 马八进七　车 8 进 5

5. 兵五进一　炮2平5　　　**6.** 马七进五　马2进3

上马准备及时抢出右直车。如车1进2或卒7进1，形成不同的变化。

7. 炮八平七　车1平2　　　**8.** 兵七进一　卒7进1

如车2进6，兵七进一，马3退5，炮七退一，卒7进1，兵三进一，车8退1，炮七平五，马7进6，兵五进一，马6进5，马三进五，卒7进1，马五进七，红方优势。

9. 兵七进一　马3退5

如马3退1，兵三进一，车8退1，炮七退一，马7进6，黑方可以对抗。

10. 兵三进一　车8退1　　**11.** 兵五进一　卒5进1
12. 马五进七　炮5进5

红方送中兵，迫使黑方进中卒，然后再跃马河口，有利于展开攻击。此时黑方赶紧兑炮，及时调整阵形，并可防止红马的进袭。

13. 相七进五　卒7进1
14. 马七进八　车2进2
15. 炮七平八　车2平4
16. 车九平七　炮9退1（图100）
17. 车一进一　卒5进1

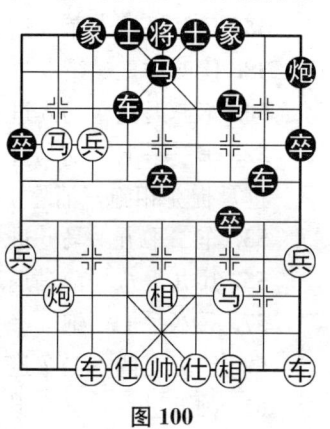

图100

图100，红方可马三进五。黑方如马7进5，马五进七，马5进3，炮八进三，红方有攻势。黑方进中卒控制红马的出路，是巩固防守的紧要之着。

18. 兵七进一　车4平3　　**19.** 车一平六　车8平2

及时平车提双，迫使红方交换子力，解除困境，促成平稳局势。

20. 马八进六　车3平4　　**21.** 车六进六　车2进3
22. 车七进三　马7进5　　**23.** 车七进三　后马进7
24. 车七进三　士6进5　　**25.** 车六退四　马5进7

26. 车七退四　象7进5　　27. 车七平五　后马进5
28. 车五平四　卒7进1

献卒意在谋子，老练。

29. 车六平三　炮9平7　　30. 相五进三　马7退6
31. 相三退五　马5进7　　32. 相五进三　马7进9
33. 车三平二　马9退8　　34. 车四进一　车2平7
35. 相三退五　卒1进1　　36. 车二进二　卒5进1
37. 车四平五　卒5进1

用卒换相有利于车炮展开攻击。

38. 相三进五　象5退7　　39. 车二平九　车7退1
40. 兵九进一　炮7平9　　41. 相五退三　将5平6

及时出将化解红方车五进二吃士的威胁。

42. 相三进一　车7进1　　43. 车九平二　车7平9
44. 车五平三　将6平5　　45. 兵九进一　车9退1
46. 兵九进一　车9退2　　47. 车二退一　车9平5
48. 仕四进五　卒9进1　　49. 兵九进一　炮9进2
50. 车三退四　马8进6　　51. 车二进一　炮9平3
52. 车三平七　前马进5

进马捉兑相仕，消除了红方的攻杀能力，机智有力。

53. 车二平五　马6进5　　54. 车七进一　卒9进1
55. 兵九平八　前马退7　　56. 帅五平四　卒9平8
57. 兵八平七　炮3平6　　58. 帅四平五　将5平6
59. 仕五退四　马7进6　　60. 帅五进一　马5进4
61. 帅五进一　马6退5

以下红方车七进三，炮6平5，车七平五，马4退6。弃炮抽车之后，黑胜。

（选自吕钦负许银川的对局）

第101局　七路马对列炮

1. 炮二平五　马8进7　　　**2.** 兵三进一　车9平8
3. 马二进三　炮8平9　　　**4.** 马八进七　炮2平5
5. 车九平八　马2进3　　　**6.** 兵七进一　车1进1
7. 炮八平九　车8进4

如车1平4，车八进六，车4进5，马七进八，车4平3，炮九平七，车8进4，炮五退一，卒7进1，兵七进一，双方对抢攻势，局势比较紧张。

8. 车一平二　车8进5　　　**9.** 马三退二　车1平8
10. 马二进三　车8进3　　**11.** 炮五退一　卒3进1

红方退中炮是一步良好的等着，有力地阻止了黑方兑7路卒争先的走法。

12. 兵七进一　车8平3　　**13.** 车八进二　马7退5
14. 相七进五　炮5平6　　**15.** 炮五平七　车3平4
16. 仕六进五　马3进2

红方上左仕，是必须的应着，因为黑方有炮6进5的侵扰之手段，必然要应付一下。

17. 车八退二　炮6平3

红方退车使黑方有炮6平3兑子的好着，局势有所透松，应马七进八。以下黑方如走车4进1，炮七进四，红方局势较为有利。

18. 马七进八　车4进1　　**19.** 炮七进四　炮3退1

红方进炮骑河，被迫之着。如求稳走炮七进三，炮3平2，红方不占好处。

20. 炮七平二　炮9平2　　**21.** 炮二退一　车4退2
22. 炮九平八　炮2进3　　**23.** 炮二平八　马2进4

进马力求变化，如马2退3，形成均势。

24. 车八平七　炮3进1
25. 兵五进一（图101）　马4退3

图 101，黑方退马打车，企图再走炮 3 平 5 打中兵。虽然得一中兵，但窝心马的弱点一直存在，由此酿成苦果。应车 4 平 3，车七进六，马 4 退 3，炮八进二，卒 5 进 1，兵五进一，马 3 进 5，形成无车局，黑方谋和的机会颇多。

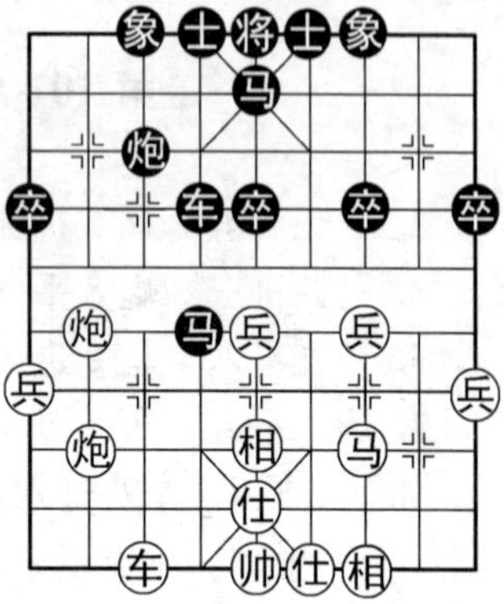

26. 前炮平七　炮 3 平 5

如兑炮，车七进四，红方兵种较优，仍然好走。

图 101

27. 马三进四　炮 5 进 3	**28.** 马四进三　象 7 进 5
29. 车七进三　马 5 进 7	**30.** 车七平五　炮 5 退 1
31. 兵三进一　炮 5 平 2	

平炮避开无可奈何。如象 5 进 7，炮七进五，仍是红方占优。

32. 马三进一　炮 2 退 3	**33.** 兵三进一　马 7 退 5
34. 炮七平二　象 5 退 7	**35.** 炮二进五　马 3 进 4
36. 炮八平六　马 4 退 6	**37.** 车五平四　车 4 进 1
38. 相五进七　象 3 进 5	**39.** 炮六平四

以下黑方如象 5 进 7，炮四进三，车 4 平 5，炮四进二，伏下炮四平五的着法，红胜。

（选自徐天红胜吴贵临的对局）

第 102 局　七路马对列炮

1. 炮二平五　马 8 进 7	**2.** 马二进三　车 9 平 8
3. 车一平二　炮 8 进 4	**4.** 兵三进一　炮 2 平 5
5. 兵七进一　车 1 进 1	**6.** 马八进七　车 1 平 8
7. 车九平八　炮 8 平 7	**8.** 车二平一　马 2 进 3
9. 仕四进五　前车进 3	**10.** 炮八进三　前车平 4

红方进炮骑河，阻挡黑方进卒兑兵争先，是近年来新创的一种

变化。

11. 相三进一　车4进2　　12. 炮八平四　士6进5
13. 炮四退二　车4进2　　14. 车八进六　车4平3
15. 炮四退一　卒5进1　　16. 马七进六　车3进1

吃相为以后的对攻创下有利条件。

17. 马六进四　马7进5　　18. 兵五进一　车3退4
19. 马四退五　车3进1　　20. 兵五进一　车3平5
21. 炮四进七　车5进1　　22. 炮四平二　象7进9
23. 车八退三　车5平7

红方走法不够紧凑，现在弃马已是无奈之举。如马三退四，炮7平3，车八退六，车5平2，车八平七，炮5进2，马四进五，车2平5，帅五平四，炮3平6，黑胜。

24. 车八平四（图102）车7平8

图102，在紧张的对攻中，黑方应抓紧机会走炮5进2打中兵。以下红方如帅五平四，士5进6，车一平二，炮5平2，车二进八，马5进4，车四平五，马3进5，炮二平一，炮7平6，黑方优势。

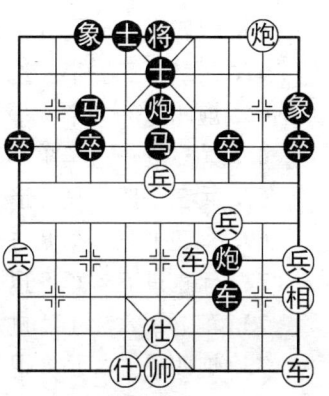

图 102

25. 炮二平一　车8退1
26. 兵九进一　炮5进2
27. 帅五平四　士5进6
28. 车一平三　炮5平2　　29. 车三进三　炮2进5
30. 帅四进一　车8退2　　31. 帅四进一　马5进4
32. 车四平五　马3进5　　33. 车三平二　车8平9

如车8退2兑车，车五平二，炮2退5，红帅不安于位，仍然不利。

34. 车二进六　将5进1　　35. 车二退一　将5退1
36. 车二进一　将5进1　　37. 车二退一　将5退1
38. 车二进一　将5进1　　39. 车二退一　将5退1

40. 车二平八	车9退1	41. 帅四退一	车9进1
42. 帅四进一	炮2退2	43. 炮一退三	车9平8
44. 车八退六	车8退1	45. 帅四退一	车8平2
46. 炮一平五	卒3进1		

兑子之后，局势趋于平稳，双方要经过细致的争夺才能决出胜负。

47. 兵一进一	车2退4	48. 炮五平四	士4进5
49. 炮四退四	车2平6	50. 车五进一	马4进3
51. 兵一进一	车6进3	52. 兵一进一	卒3进1
53. 兵一平二	卒3平4	54. 车五进二	马3退5
55. 帅四退一	车6平7	56. 帅四平五	马5进6
57. 帅五平四	马6退8	58. 帅四平五	车7进3
59. 炮四退二	马8进9	60. 车五平四	车7退4
61. 兵二平三	卒4进1	62. 车四平九	马9退7
63. 炮四进一	卒4平5	64. 车九平四	车7平1
65. 兵三进一	车1平5	66. 兵三进一	车5平8
67. 兵三平四	马7退6	68. 仕五进四	马6退7
69. 车四平三	车8进3	70. 炮四退一	卒5进1
71. 仕六进五	车8退2	72. 车三平七	士5退4
73. 车七平六	士4进5	74. 帅五平六	马7退8
75. 炮四平五	马8退6	76. 炮五进二	将5平6

双方无法攻下对方城池，终于形成和局。

（选自侯昭忠和胡荣华的对局）

第103局　七路马对列炮

1. 炮二平五	马8进7	2. 马二进三	车9平8
3. 车一平二	炮8进4	4. 兵三进一	炮2平5
5. 马八进七	马2进3	6. 车九平八	卒3进1
7. 炮八进四	炮8平7	8. 车二进九	马7退8

红方兑车过急。应炮八平七，象3进1，车二进九，马7退8，相三进一，士4进5，双方比较平稳。

9. 炮八平七　炮7进3

红方平炮弃相，企图展开对攻，想在步数上抢先占便宜。从以后的形势上看，此时红方还应相三进一，黑方无便宜可占。

10. 仕四进五　炮5平8　　　　**11.** 车八进四　炮7平9

先平炮正确。如象7进5，兵三进一，炮7退5，车八平二，马8进6，马三进四，红方占优。

12. 马三进二　象3进5　　　　**13.** 车八平四　车1进1

14. 帅五平四　马8进7

进马是好着。如士4进5，车四进四，马8进9，兵五进一，车被封制，红方占优。

15. 炮五平三　车1平8　　　　**16.** 炮三进四　士6进5

17. 兵五进一　马7退6　　　　**18.** 兵三进一　象5进7

红方弃兵误算。应帅四平五，炮8平7，炮三平二，卒5进1，车四进二，卒5进1，兵三进一。黑方子力被牵制，红方大占优势。

19. 马七进五　马6进5　　　　**20.** 马五退三　马5进7

21. 炮七平三　炮8平6　　　　**22.** 帅四平五　车8进2

23. 兵九进一　炮6平8　　　　**24.** 仕五进六　象7进5

25. 兵一进一　卒1进1

26. 兵九进一　马3进4

27. 兵五进一　卒5进1

28. 车四平六　马4退3

29. 兵七进一　马3进5

30. 兵九平八　卒3进1

31. 车六平七　象5进3（图103）

图103，黑方象5进3巧妙，夺得了较大的攻守空间。此时不但可以冲中卒，还可切断红方车七进二提马

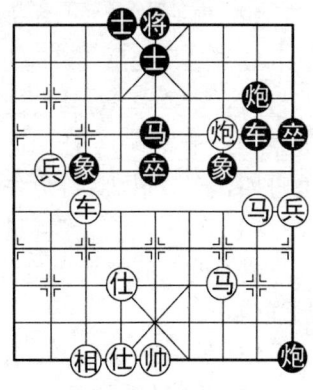

图103

的先手，可谓一举两得，为夺势创造了条件。

32. 相七进五　炮8平5　　33. 车七平九　卒5进1
34. 车九进二　马5进6　　35. 炮三平八　炮5平2
36. 马三进四　卒5平6　　37. 马二进四　卒6进1
38. 车九进一　卒6进1　　39. 马四退三　炮2平5
40. 马三进五　将5平6　　41. 车九退一　车8进6
42. 帅五进一　卒6平5

黑方车炮卒两路攻击，终于取得了胜利。

（选自李洪滨负李林的对局）

第104局　七路马对列炮

1. 炮二平五　马8进7　　2. 马二进三　车9平8
3. 兵七进一　炮2平5　　4. 马八进七　马2进3
5. 车九平八　炮8平9　　6. 兵三进一　车1进1
7. 炮八平九　车1平4　　8. 车八进六　车4进5
9. 马七进八　车4平2

如车4平1，炮九平七，车1平3，炮五退一，车8进8，双方形成复杂的变化。

10. 炮九平七　车8进4　　11. 炮七进四　象3进1
12. 炮七平三　士6进5　　13. 兵七进一　车8平3

红方送兵之后，及时开出右车，是一步弃子抢先的好着。如马八进七，车2退3，马七进五，车2进5，马五进三，将5平6，炮五平四，车2平6，仕四进五，炮9退1，马三进四，车6退1，仕五进四，车8退3，红方失子。

14. 车一平二　车3进1

进车吃马容易发生危险，不如炮9平8，车二进四，象7进9，加强防守。

15. 炮三进三　车2退1　　16. 车八退二　车3平2
17. 兵三进一（图104）　马3进4

图 104，黑方如车 2 平 7 捉马，车二进二，炮 9 进 4，兵三进一，炮 9 平 7，相三进一，车 7 退 1，兵三进一，车 7 退 2，炮三平一，将 5 平 6，车二进七，将 6 进 1，车二退四，红方得还失子，又有一定的攻势，比较便宜。

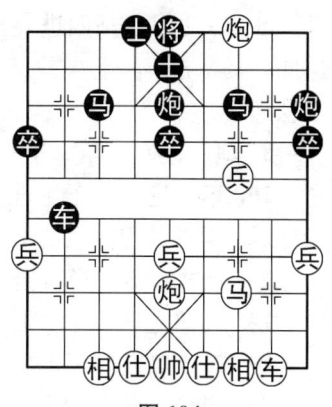

图 104

18. 兵三进一　车 2 平 7
19. 车二进二　炮 9 进 4
20. 兵三进一　车 7 退 3

红方尽快吃马，减少麻烦。如相三进一，车 7 进 1，仕六进五，卒 9 进 1，红方右马受制，攻势不能顺利展开，反而不好。

21. 车二进七　炮 9 进 3

进炮使局势落入下风。应炮 9 平 7，炮三退六，士 5 退 6，炮三平四，车 7 进 5，还可进行对抗。

22. 炮五平八　车 7 进 5

如炮 5 平 2，相七进五，马 4 进 3，马三进四，然后再马四进五，黑方仍难应付。

23. 炮八进七　象 1 退 3   24. 炮三平六　士 5 退 6
25. 炮六平四　象 3 进 1   26. 炮四退二　将 5 进 1
27. 车二退一

以下红方有炮四平九的攻势，胜局已定。

（选自言穆江胜傅光明的对局）

第 105 局　七路马对列炮

1. 炮二平五　马 8 进 7   2. 马二进三　车 9 平 8
3. 车一平二　炮 8 进 4   4. 兵三进一　炮 2 平 5
5. 马八进七　卒 3 进 1   6. 车九平八　马 2 进 3
7. 马三进四　车 1 进 1

如炮8进1，马四进五，马3进5，车二进二，车8进7，炮五进四，马7进5，炮八平二，黑方虽然失一卒，但子力活跃，各有千秋。

8. 炮八进四　车1平4　　9. 炮八平七　象3进1
10. 车二进二　车4进2　　11. 炮七平八　车4进2
12. 车二平四　炮8平3
13. 仕六进五　卒3进1
14. 马四进三　象1退3（图105）

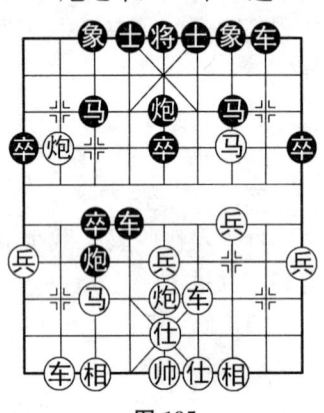

图105

图105，黑方如车4平7，车四进五，车8进2，相三进一，车7退1，马三进五，象7进5，车四平五，士6进5，炮八进二，车8进2，车八进七，红方占优。

15. 炮八平七　象3进1

如炮3退3，马三进五，炮3进4，马五进三，将5进1，车四进七，红方弃子有攻势，黑方难以防守。

16. 马三进五　象7进5　　17. 车四进五　车4退3
18. 炮七退三　卒3进1　　19. 马七退六　马7进8
20. 车八进七　士6进5　　21. 炮五进四　车8进3
22. 炮五退二　马8退6　　23. 炮五进一　马6进7

红方如车四平一，马6进5，兵五进一，车8平3，各有千秋。

24. 车四退三　马7进8　　25. 马六进五　卒3平4
26. 兵五进一　象1退3　　27. 马五退三　马8进9
28. 车四退三　马9退8　　29. 车四平二　马8退7
30. 车二进五　马7进8　　31. 马三进二　马8退6
32. 车八退一　马6进5　　33. 马二进四　车4进3
34. 马四进三　将5平6　　35. 兵五进一　车4平6
36. 车八平七　车4退3　　37. 马三退二　车6平8

红方退马老练。如车七进一，车6平7，马三进一，车7平9，马一退三，车9平7，形成车马互捉之势，和局。

38. 马二退三　象5进7　　39. 兵五平四　车8平7
40. 相三进五　象7退9　　41. 兵九进一　车7平6
42. 兵四平五　象9进7　　43. 车七平一　马3进2
44. 车一进三　将6进1　　45. 马三进一　车6平7
46. 车一退三　将6退1　　47. 车一平九　马2进3
48. 兵九进一　车7平3　　49. 马一退三

黑方已无力应战，红方胜局已定。

（选自刘殿中胜陈孝坤的对局）

第106局　七路马对列炮

1. 炮二平五　马8进7　　2. 马二进三　车9平8
3. 车一平二　炮2平5　　4. 马八进七　马2进3
5. 车二进六　炮8平9　　6. 车二进三　马7退8

红方兑车保持主动。如车二平三压马，黑方的反击能力较强。

7. 车九平八　车1进1　　8. 炮八进六　卒1进1

红方升炮拦阻1路车是保持先手的走法。

9. 兵七进一　卒1进1　　10. 马七进六　卒1进1

进1路边卒，企图开出右车助战，红方跃马加速攻击，不理睬边卒，老练。

11. 兵三进一　车1进3　　12. 炮八退三　车1进1

不如炮5退1较有反弹力。

13. 马六进五　车1平3　　14. 马五退四　车3退1
15. 马四进三　炮9平7　　16. 后马进四　马8进9
17. 马三退五　士6进5

红方退中马可以有效地控制局势，佳着。

18. 仕四进五　车3进2　　19. 马四进六　车3退2
20. 马六进五　象7进5　　21. 兵三进一　炮7进7
22. 炮八进二　车3进2　　23. 车八进四　车3平5

24. 兵三平四　炮7退6　　25. 车八平二　炮7平5
26. 车二进三　车5平2　　27. 炮八平五　象3进5
28. 车二平一　车2平8　　29. 车一进二　士5退6
30. 炮五进四　马3进5　　31. 车一退三　马5退7
32. 车一平三　车8退4
33. 马五进六　将5进1
34. 兵四进一（图106）　将5平4

图106，双方虽然兵力相等，但是黑方车马受制，老将不安于位，已成败势。

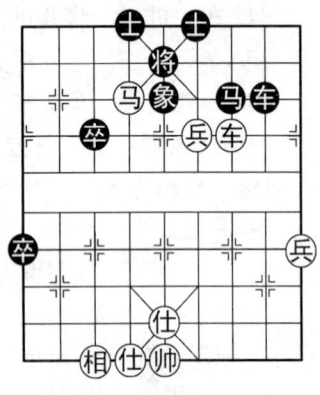

图 106

35. 马六退五　士4进5
36. 马五进七　将4退1
37. 马七进五　马7退8
38. 兵四进一　将4进1

黑方不敢吃兵，因红方有车三平六，将4平5，马五进七的杀势。

39. 车三平六　士5进4　　40. 马五进四　将4退1
41. 车六进一　将4平5　　42. 车六平五　将5平6

以下红方仕五退四要杀，黑方无法化解，红胜。

（选自宇兵胜赵庆阁的对局）

第107局　七路马对列炮

1. 炮八平五　马2进3　　2. 马八进七　车1平2
3. 车九平八　炮8平5　　4. 马二进三　马8进7
5. 车一平二　炮2进4　　6. 兵三进一　炮2平5

红方进三路兵之后，被黑方平炮打兵形成子力交换，不但简化了局势，还失去一兵，红方不占便宜，不如兵七进一较为有利。

7. 马三进五　车2进9　　8. 马七退八　炮5进4
9. 仕四进五　车9平8　　10. 炮二进四　卒3进1

11. 马八进七　炮5退1　　　12. 马七进五　炮5进2
13. 相七进五　卒5进1　　　14. 马五退三　马7进5

在多一卒的情况下，要想继续扩大战果，也并非易事，而且红方车马炮兵种较好，这就要看黑方如何发挥功力，而红方要进行妥善的防守。在这种角逐中，必须有准确的判断能力，才有夺取主动的希望。

15. 马三进四　马5退6　　　16. 马四退六　马6进4
17. 车二进五　象3进5

红方不如马六进四，如双方不变可以作和。黑方如求变，红马白吃一卒，比较便宜。

18. 马六进四　车8进2
19. 马四进三　士4进5
20. 马三退二（图107）　卒5进1

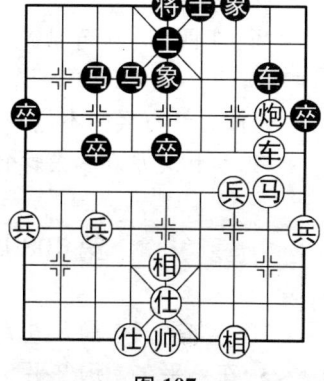

图107

图107，黑方苦心经营的一点优势，被卒5进1这着断送。应马3进2抢夺红兵。

21. 兵三进一　马4进5
22. 马二进四　卒5平4
23. 仕五进四　马3进2
24. 兵三进一　车8平6
25. 炮二平九　马2进3　　　26. 仕六进五　象5进7

由于黑方过于强硬，形势已对红方有利。此时上象7路挡车是一步好着，否则更为不利。红方如车二平三吃象，马5进6，以后再车6平2，有一些攻势，还可对抗下去。

27. 炮九平四　车6平2　　　28. 车二退二　马3退5

失算，又落入下风，应马3进1。

29. 炮四平五　象7退5　　　30. 车二平五　车2进1

进车欠细致。应卒9进1，比较容易求和。

31. 兵三平四　卒9进1　　　32. 炮五退二　卒4平5

红方通过兑子谋取了黑方的过河卒，谋得取胜的希望。

33. 车五进一　马5退4　　　　34. 兵四平五　车2进6
35. 仕五退六　车2退3　　　　36. 兵九进一　车2平9
37. 兵九进一　车9平4　　　　38. 兵五平六　车4退2
39. 车五平四　马4退3

可考虑走马4退2，较易谋求和势。

40. 兵六平七　马3进4　　　　41. 兵七平六　马4退3
42. 兵六平七　马3进4　　　　43. 马四进六　马4退2
44. 马六进七　将5平4　　　　45. 兵七平六　卒3进1

红方平兵失去胜机。应兵七进一，车4进5，帅五进一，马2进3，车四平八，象5退3，车八进五，象7退5，兵九进一，至此红方取得胜势。

46. 车四平七　车4平1　　　　47. 车七平八　车1退3
48. 车八进三　象5退3

至此，红方兵力不足，难于进取，和局。

（选自柳大华和李来群的对局）

第108局　七路马对列炮

1. 炮二平五　马8进7　　　　2. 马二进三　车9平8
3. 车一平二　炮2平5　　　　4. 车二进六　马2进3
5. 马八进七　炮8平9

红方如车二平三，车1平2，马八进七，马3退5，车九平八，炮8退1，形成对攻，变化比较激烈。

6. 车二进三　马7退8　　　　7. 车九平八　车1进1
8. 兵三进一　卒3进1　　　　9. 炮八进四　车1平4

平车正着。如马8进7，炮八平七，象3进1，炮八平三，红方占优。

10. 仕六进五　车4进2

如车4进4，兵七进一，车4平7，兵七进一，车7进2，兵七进一，红方有攻势，比较有利。

11. 马三进四　士6进5　　12. 车八进四　炮9进4
13. 兵七进一　马3进4　　14. 马四进六　车4进1
15. 炮八进三　卒7进1　　16. 炮八平九　炮5平7
17. 炮五进四　将5平6

如象7进5，车八进四，黑方反而难以应付。

18. 相七进五，卒7进1（图108）
19. 车八进四　卒3进1

图108，红方车双炮对黑方较有威胁，此时进车下二路正确。如兵七进一，车4平3，马七进六，卒7进1，成对攻之势，红方不占好处。

20. 车八平五　炮7进7

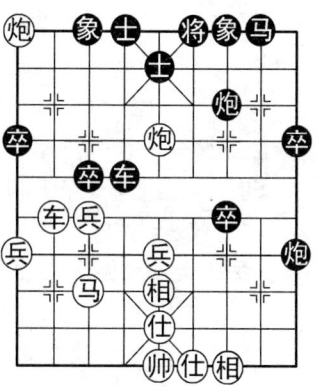

图 108

炮打相准备先弃后取，展开全面的争夺战。如卒3进1，车五平二，卒3进1，车二进一，红方明显占优。

21. 相五退三　马8进7　　22. 车五平七　马7进5
23. 车七进一　将6进1　　24. 车七退五　卒7平6

应车4平3兑车，减少变化，仍可对抗。

25. 车七进二　马5进7　　26. 车七平四　将6平5
27. 车四退二　马7进8　　28. 车四平三　车4平3
29. 车三进四　将5进1　　30. 车三退六　车3进2
31. 兵五进一　将5平4

红方冲中兵好着。如车三平二，炮9平5，马七进五，车3平5，红方一时无取胜的机会。

32. 车三平六　车3平4

平车兑车无可奈何。如将4平5，兵五进一，红方可以速胜。

33. 车六进一　炮9平4　　34. 炮九平三　炮4平3
35. 炮三平四　士4进5　　36. 炮四退八　炮3退6
37. 兵五进一　炮3平5　　38. 兵五平六　士5进6
39. 帅五平六　炮5平4　　40. 马七进八　马8退6

41. 仕五进六　将4平5　　42. 兵六进一　炮4进7
43. 炮四平五　将5退1　　44. 马八进九　马6进4
45. 兵六平五　将5平4　　46. 兵五进一　马4退5
47. 相三进五　马5退3　　48. 兵五平四　炮4退4
49. 兵四平五　卒9进1

红方平兵控制老将，并使黑炮马无好位可占。如改走马3进4，炮五平六，炮4进5，帅六进一，仍是红胜。

50. 兵九进一　卒9进1　　51. 兵九进一

黑方已无法应付，红胜。

（选自孟昭中胜柳大华的对局）

第109局　七路马对列炮

1. 炮二平五　马8进7　　2. 马二进三　炮2平5
3. 马八进七　车9平8　　4. 兵三进一　马2进3
5. 车九平八　车1平2　　6. 炮八进四　卒3进1
7. 炮八平七　炮8进4　　8. 车一进一　炮8进2

进炮压车积极。如象3进1，车八进九，马3退2，车一平八，红方先手。

9. 车八进九　马3退2　　10. 马三进四　士4进5
11. 炮五平三　马7退9
12. 相七进五　炮5平4
13. 马四进五　象3进5（图109）

图109，红方马踏中卒过急，不如兵一进一，使红车先有出路，才能拓展攻势。

14. 炮七平三　马2进4
15. 马五退四　炮4进6
16. 车一进一　炮8退1
17. 前炮进二　马4进3

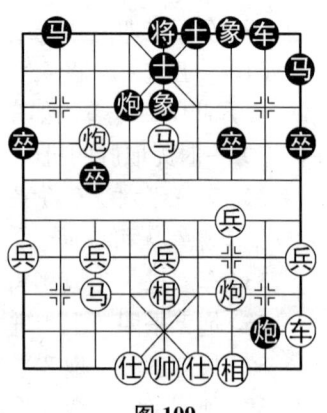

图109

红方不如兵一进一，打开车路。

18. 兵一进一　炮4平2　　　**19.** 兵一进一　马3进5
20. 车一退一　炮8进1

红方应兵三进一，卒3进1，兵五进一，卒3进1，兵五进一，卒3进1，兵一平二。黑方无计可施，红方占优。

21. 车一进二　炮2退2　　　**22.** 仕六进五　卒3进1

及时送卒，积极对攻，为以后进马创造条件。

23. 相五进七　马5进7　　　**24.** 车一进一　马7退9
25. 相七退五　车8进7　　　**26.** 前炮平四　后马进8
27. 车一平三　炮8平7

红方平车造成失子。应车一退一，再设法车一平三，局势尚无大碍。

28. 炮三进七　炮7退8　　　**29.** 车三进五　炮2退5
30. 马四进六　炮2平6　　　**31.** 马六进五　车8退3
32. 兵五进一　车8进2　　　**33.** 马五退六　车8平4
34. 兵五进一　马8退6　　　**35.** 马六退八　车4平6
36. 兵五进一　马9进8　　　**37.** 车三退五　马6进5
38. 车三平五　马5退3

退马兑马夺得胜局。红方只好仕五进六，马3进2，车五平八，车6平3。黑方多子，胜局已定。

（选自邓颂宏负杨汉民的对局）

第110局　七路马对列炮

1. 炮八平五　马2进3　　　**2.** 马八进七　车1平2
3. 马二进三　炮8平5　　　**4.** 车一平二　马8进7
5. 兵三进一　炮2平1　　　**6.** 车九进一　车2进5
7. 相三进一　卒3进1

如车9平8，炮二进四，车2平4，车九平八，卒3进1，车八进五，士6进5，车八平七，车4退3，以下黑方可以退炮逐车，仍然可以对抗。

8. 车九平六　车9进1　　　**9.** 车六进五　马3进2

红方如兵七进一，车2退1，车六进五，卒3进1，车六平七，车2退2，车七退二，炮1退1，红方不占便宜。

10. 兵七进一　卒3进1　　　**11.** 马七进八　马2退4

红方如车六平七，卒3进1，车七退三，车2平7，黑方反而好走。

12. 马八进七　炮1进4

如车9平3，则马七进九，象3进1，炮二进五，红方先手。

13. 炮二进六　炮5平3　　　**14.** 相七进九　炮1平3

15. 炮五平七　前炮平2　　　**16.** 马三进四　卒3进1

17. 炮七平三　炮2平5

18. 马四进六　炮3平5

19. 马六退五　炮5进4

20. 兵三进一　(图110)　卒7进1

图110，双方抢夺攻势，各攻一面，形成混战之势。此刻黑方进卒弃马，急躁，不如象7进5，和对方周旋。

21. 炮三进五　马4进5

22. 车二进四　卒5进1

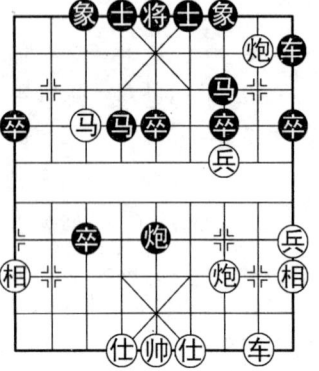

图 110

23. 马七进六　士4进5　　　**24.** 帅五进一　卒7进1

红方上老帅避开攻击，老练。

25. 车二进二　马5退3

退马效力不大，不如炮5平7兑炮，较为稳健。

26. 相九进七　马3退4　　　**27.** 相一进三　卒5进1

28. 炮三退二　将5平4　　　**29.** 炮三平六　将4平5

30. 炮六平三　将5平4　　　**31.** 炮三平六　将4平5

32. 炮六平八　车9进1　　　**33.** 炮八进二　马4进5

34. 炮二退一　车9退1　　　**35.** 车二平五　将5平4

36. 马六进八	将4平5		37. 马八退七	车9平7
38. 炮二退一	车7进4		39. 炮二进三	车7进3
40. 帅五进一	车7退1		41. 帅五退一	车7进1
42. 帅五进一	车7退7		43. 炮八进一	车7退6
44. 帅五退一	车7进1		45. 帅五进一	象3进5
46. 车五进一	马5退4		47. 车五退三	卒3平4
48. 炮八退一	车7退6		49. 车五退二	炮5退2
50. 车五平九	士5退4		51. 炮八进二	士4进5
52. 车九进三	卒4平5		53. 帅五平六	卒5平4
54. 帅六平五	士5进6		55. 炮八平四	将5进1
56. 车九退一	将5退1		57. 炮四退一	象7进9
58. 炮四平一				

黑方少子，终于无力抵挡红方的攻势，而败下阵来。

(选自柳大华胜李来群的对局)

第111局　七路马对列炮

1. 炮二平五	马8进7		2. 马二进三	车9平8
3. 兵七进一	炮8平9		4. 马八进七	车8进5
5. 兵五进一	炮2平5		6. 马七进五	马2进3
7. 炮八平七	象3进1		8. 车九平八	卒7进1

红方如兵五进一，炮5进2，炮五进三，卒5进1，炮七平五，马7进5，红方毫无便宜可占，黑方反而多卒好走。

9. 兵三进一	车8退1		10. 兵三进一	车8平7
11. 炮七退一	马7进6			

红方退炮好着，针对黑方7路车马的弱点，调炮三路给以打击，可以扩大先手。

12. 炮七平三	马6进7		13. 车一平二	炮9平7

可车1进1，车二进三，炮9平7，以后可走车1平4或车1平6，还可夺取主动。

14. 车二进三　士4进5
15. 仕四进五　车1平4
16. 车八进三（图111）　炮7进1

图111，红方升车好着，逐渐加强对黑方车马炮的围攻，黑方已感到被困缚之痛苦，如何解除这种劣势，是当前的紧要任务。

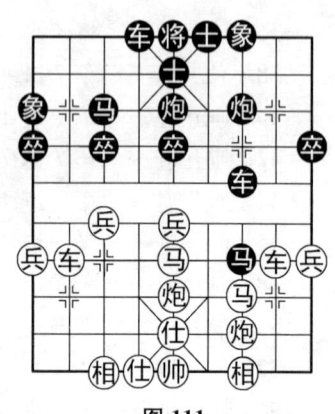

图111

17. 炮五平六　车4进2

不如车4进5，先看住中兵，等待机会。

18. 相三进五　炮5平7
19. 车二进三　象7进5
20. 相五进三　前炮进2

红方上相捉马正确。如马五进三，前炮进2，相五进三，马7退5，车八平五，车7平5，黑方反而未受损失。此刻黑方如不走前炮进2，而马7退5，马三进四，黑方失子。

21. 马五进三　炮7进3	22. 车八平三　炮7进2
23. 车三进二　象5进7	24. 车二退四　炮7退1
25. 车二进一　炮7进1	26. 车二平三　炮7平9
27. 炮三进四　车4平7	28. 炮六平二　车7退2
29. 炮二平七　车7进2	

经过子力交换之后，红方车炮占据了有利地位，而黑方子力分散，处于防守的困境中。此时如炮9平8，炮三进二，士5退4，兵五进一，黑方难以应付。

30. 炮七进四　炮9平2	31. 炮七平八　马3进4
32. 兵七进一　马4进6	33. 兵七进一　炮2退2
34. 兵七平六　卒5进1	35. 炮三进一　士5退4

红方进炮稳健有力。如兵五进一，炮2平5，帅五平四，马6退8，车三进一，马8进9，红方要想取胜，还有一定的难度。

| 36. 兵五进一　炮2进4 | 37. 兵五平四　车7进3 |
| 38. 炮八平七　车3平8 | 39. 车三平五　士6进5 |

40. 炮三平五　将5平6　　　41. 车五平四　车8进7
42. 仕五退四　车8退4　　　43. 炮七退五
黑方难以抵抗，红胜。
（选自胡荣华胜吕钦的对局）

第112局　七路马对列炮

1. 炮二平五　马8进7　　　2. 马二进三　车9平8
3. 车一平二　炮8进4　　　4. 兵三进一　炮2平5
5. 马八进七　马2进3　　　6. 马三进四　车1平2
7. 马四进六　马3退1

可车2进2保马等应法，马3退1比较消极，容易遭受攻击。

8. 车九进一　车2平4　　　9. 车九平六　士6进5
10. 兵七进一　炮5平4

在被动的形势中，平炮打车是为了逐走河口马，不让红方有马七进八打车的手段。

11. 马六退八　车2平6　　　12. 车二进二　象7进5
13. 马八进七　马1进3　　　14. 后马进六　车6进1
15. 车六平三　炮4进2　　　16. 车三进二　炮8退3
17. 车二平四　车6进2　　　18. 炮八平四　车8平6
19. 马六退四　炮4平6　　　20. 炮四进三　车6平4
21. 车三平二　马7退9　　　22. 炮五平七　马3退1
23. 兵五进一　车6进1　　　24. 马四退六　车6平7
25. 相七进五　车7退1　　　26. 车二平八　车7平4
27. 仕六进五　炮8退2　　　28. 车八平四　炮8平6

黑方虽然交换了子力，但由于双马的位置极差，无法进行攻守，形势颇为不利。黑方尽力通过子力兑换来改变局势，但能否实现，还要看双方的战术运用。

29. 炮七退二　马9退7　　　30. 车四平二　炮8平4
31. 仕五进六　车4平2　　　32. 车二平六　马7进6

33. 车六进五	马1进2	**34.** 仕四进五	车2进5
35. 车六平八	士5进4	**36.** 仕五退六	车2退2
37. 仕六退五	士4进5	**38.** 炮七平九	马6进7
39. 炮九进六	将5平6	**40.** 炮九进三	将6进1
41. 炮九平八	马7进8	**42.** 仕五进四	车2退2
43. 帅五进一	车2退1	**44.** 帅五退一	车2进1
45. 帅五进一	车2退1	**46.** 帅五退一	车2平4

黑方必须变着，但让开车后将会失子，已难和红方对抗。

47. 车八退二　马8进6
48. 帅五平四　车4进1
49. 帅四进一　车4退1
50. 帅四退一　车4退2
51. 马七退五（图112）　车4平6

图112，红方退中马交换，是精妙的走法，由此化解了黑方的反击，为快速取胜打下了良好的基础。

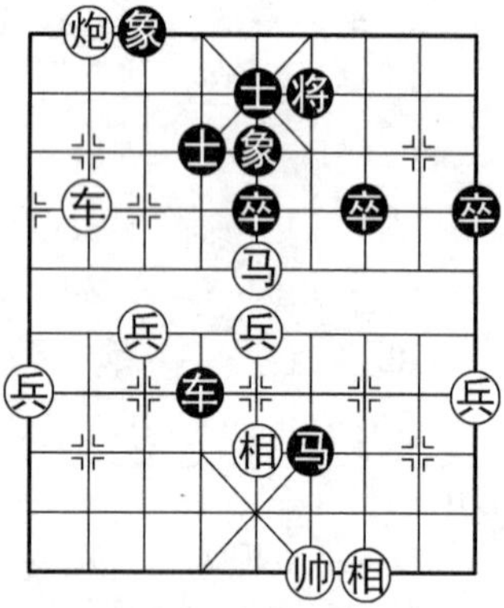

52. 马五进三　将6进1
53. 马三退二　车6退3
54. 兵五进一　马6退7
55. 帅四平五　马7退5
56. 车八退三　车6进2
57. 马二退三　车6进2
58. 车八平三　象5进7
59. 车三进二　马5进4
60. 车三进二　将6退1
61. 车三进一　将6进1
62. 炮八退二　象3进5
63. 炮八进一

图 112

红方下一步要打死黑车，黑方已无力抵抗，红胜。

（选自王德发胜朱永康的对局）

第113局　七路马对列炮

1. 炮八平五　炮8平5　　**2.** 兵七进一　炮2平3
3. 马二进三　马8进7　　**4.** 车一平二　车1进1

进右车是灵活的走法。如卒3进1，马八进九，卒3进1，炮二进四，车9进1，车九平八，车9平4，仕六进五，马2进1，车二进五，车4进2，兵三进一，车1进1，兵三进一，车4进1，各有千秋。

5. 马八进七　车1平4　　　　**6.** 车九平八　马2进1

7. 炮二平一　车9进1

平炮开通车路，有利于控制局势。如炮二进四，卒7进1，车二进四，车9平8，马七进六，车4进3，炮五平六，炮3进3，黑方足可对抗。

8. 车二进四　车4进5

进车过河太急。应车4进3，仕四进五，卒1进1，炮五平六，车9平6，相七进五，马1进2，兵七进一，车4平3，马七进六，马2进3，黑方较有反击力。

9. 车二平六　车4平3　　　　**10.** 炮五退一　车3退1

11. 车六平七　炮3进3

12. 相七进五　炮3进1

13. 兵三进一　车9平6

14. 车八进四（图113）　炮5平3

图113，黑方的子力不够协调，难有反抗的机会，当务之急是活通子力。应车6进3，马三进四，卒1进1，炮一平四，车6平2，车八平六，炮5平3，炮五平三，象7进5，黑方仍可对抗。

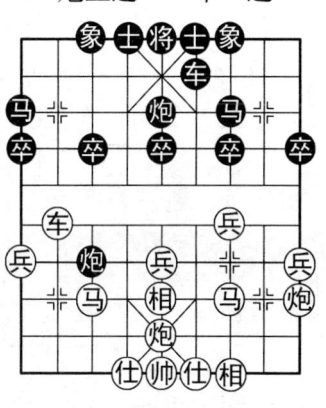

图113

15. 马三进四　车6进3　　　　**16.** 炮一平四　车6平3

如车6平8，兵三进一，车8平7，炮四平三，红方优势。

17. 车八进三　车3平8　　　　**18.** 炮五平三　卒1进1

红方平炮作用不大，应相五进七，后炮平5，马四进五，马7进5，炮五进五，士6进5，兵一进一，红方占优。

19. 炮三进五　象7进5　　　　**20.** 炮三平七　车8平3

平车失势，应马1进2，局势并无大碍。

21. 炮七退三　炮3进4　　　22. 马四进三　马1进2
23. 马三进五　象3进5　　　24. 车八平五　马7退5
25. 炮四进五　车3平8　　　26. 炮四平三　车8退4

红方平炮紧凑有力。如车五退一，马2进4，车五退二，马4退3，反而招来不必要的麻烦。

27. 车五退一　马2进4　　　28. 车五退二　马4进2
29. 仕六进五　炮3退4　　　30. 马七进八　车8平7
31. 炮三平二　车7进2　　　32. 炮二进二　车7退2
33. 马八进六　炮3平4　　　34. 马六进五　炮4退1
35. 炮二退三

红方马到成功。

（选自刘殿中胜李林的对局）

第114局　七路马对列炮

1. 炮二平五　马8进7　　　2. 马二进三　车9平8
3. 车一平二　炮2平5　　　4. 车二进六　炮8平9
5. 车二进三　马7退8

红方兑车力求平稳。如车二平三，车8进2，炮八进二，发展下去对攻较为激烈。红方不希望在布局上抢夺攻势，而是打平稳的有把握的持久战。

6. 马八进七　马2进3　　　7. 车九平八　车1进1
8. 炮八进六　卒3进1

红方进炮压车是控制局势的紧要手段。如炮八平九，（又如兵七进一，车1平4，兵三进一，红方好走）车1平4，车八进六，卒7进1，车八平七，马8进7，黑方取得对抗之势。此时黑方进3路卒正确。如卒7进1，兵七进一，马8进7，马七进六。下一步炮五平七侧攻，红方形势较好。

9. 兵三进一　卒1进1

可马 8 进 7 加强中路防守，比较平稳。

10. 马三进四　炮 9 进 4

红方进马直取中路，着法明快有力。黑方炮打边兵，力求反击。如马 8 进 7，炮五平三，红方占优。

11. 马四进五　马 3 进 5　　12. 炮五进四　士 6 进 5
13. 车八进六　马 8 进 7　　14. 炮五退一　卒 1 进 1

红方及时退中炮紧凑。如炮五退二，马 7 进 5，车八平五，炮 5 进 3，兵五进一，车 1 平 2，黑方局势反而有所松透。黑方此时如马 7 进 5，兵五进一，红方占优。

15. 炮八退一　车 1 平 2　　16. 兵九进一　象 7 进 9
17. 相七进五　炮 9 退 2　　18. 炮五退一　炮 9 平 6

红方退中炮正确。如车八平三，车 2 进 1，车三进一，车 2 进 1。红方没有连续攻击的手段，不占好处。

19. 车八平三　车 2 进 1
20. 车三进一　炮 6 进 3（图 114）
21. 车三平四　炮 6 平 3

图 114，红方平车捉炮没有必要，不如马七退五。黑方如车 2 进 1，车三平四，炮 6 退 4，车四平一，红方多兵得象，大占优势。

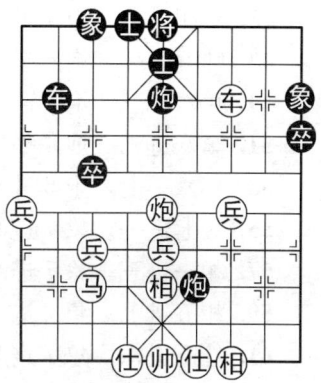

图 114

22. 炮五进二　车 2 进 3
23. 相三进一　车 2 平 1

红方应兵七进一拦车，车 2 进 1，车四退四，卒 3 进 1，仕四进五，车 2 退 3，车四进三，卒 3 平 2，帅五平四，车 2 平 5，车四平五，黑方炮象位置不佳，很难谋取和局。

24. 仕四进五　车 1 退 2　　25. 车四退一　炮 3 平 2
26. 帅五平四　车 1 平 5　　27. 车四平五　炮 5 进 4

弃炮取兵明智，因士象分散难以求和。

28. 车五退三　炮 2 退 3

红方可考虑改走车五平一捉卒，车双兵还有进取的机会。

29. 车五进三　象9退7　　30. 车五平一　象3进5
31. 车一平四　炮2平1　　32. 相五退七　象7进9

红方无法吃去黑方的小卒。只要黑方应付得当，红方难以取势。

33. 帅四进一　炮1平2　　34. 仕五退四　炮2平1
35. 帅四平五　炮1退4　　36. 车四平八　象9退7
37. 相七进九　炮1平3　　38. 车八平四　炮3进6

红方可走相九进七，还有一定的机会。

39. 兵三进一　炮3平2　　40. 兵三进一　炮2退4
41. 车四退一　士5退6　　42. 兵三平四　士4进5
43. 兵四平五　炮2平4　　44. 兵五平六　炮4退2

黑方已形成炮士象对车兵的典型和局。

45. 车四平七　炮4平2　　46. 相九退七　炮2平4
47. 帅五退一　炮4平2　　48. 车七进二　炮2平4
49. 兵六平五　炮4进2　　50. 车七平八　炮4退2
51. 车八进二　炮4平3　　52. 兵五平六　炮3平4
53. 兵六平七　士5进6　　54. 兵七进一　士6进5
55. 兵七进一　象7进9　　56. 兵七平六　象9退7
57. 相一进三　象7进9　　58. 相三退五　象9退7
59. 相五进七　象7进9　　60. 仕四进五　象9退7
61. 仕五进六　象7进9　　62. 车八退二　象9退7
63. 帅五平四　炮4平3　　64. 车八平七　炮3平4
65. 车七平八　象5进3

及时上高象，是守和的紧要之着。

66. 车八退一　象3退5　　67. 车八退一　炮4平3
68. 车八进四　炮3平4

红方无法取胜，和局。

（选自赵国荣和胡荣华的对局）

第115局　七路马对列炮

1. 炮二平五　马8进7　　2. 马二进三　车9平8
3. 车一平二　炮8进4　　4. 兵三进一　炮2平5
5. 马八进七　马2进3　　6. 车九平八　车1平2
7. 兵七进一　车2进4　　8. 炮八平九　车2平8
9. 车八进六　炮8平7　　10. 车二平一　炮5平6

红方如车八平七则形成对攻之势。

11. 马七进八　象7进5

红方进左马于河口，是较为少见的走法。黑方耗用很长时间来应对红方的新着，使红方占了便宜。

12. 马八进七　卒7进1　　13. 兵五进一　士6进5
14. 兵五进一　后车进3　　15. 兵七进一　卒7进1
16. 车八退二　前车进1　　17. 兵七平六　卒7平6

红方如马七进五，象3进5，兵七进一，马7进8，兵七进一，卒5进1，炮五进五，将5平6，马三进五，马8进6。黑方虽然失去双象，但各子活跃，有一定的反击能力，红方未必占便宜。

18. 车八退一　前车进1　　19. 仕四进五　炮6进1
20. 马七进五　象3进5
21. 车八进四　炮6平7
22. 车八平七　（图115）　后炮进4

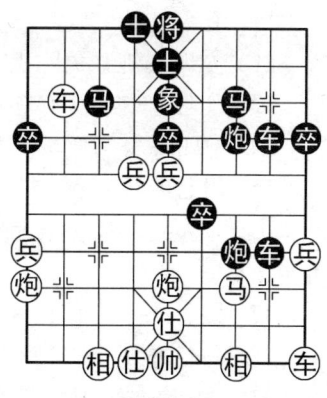

图115

图115，红方平车吃马，想尽快展开攻势，但欲速则不达，不如车一进二防守为佳。以下黑方如后炮进4，车一平三，将5平6，炮九进四，卒5进1，炮九进三，将6进1，车八平七，炮7平5，帅五平四，红方占优势。

23. 炮九平三　炮7平5

红方如炮九进四，卒5进1，炮九进三，象5退3。红方抢攻无效，仍是黑方胜势。

 24. 相三进一　前车进3　　　25. 车一平二　车8进6
 26. 炮三退二　马7进8　　　27. 车七退四　卒6平5
 28. 帅五平四　马8进7　　　29. 炮五平三　马7进9
 30. 相七进五　马9退7　　　31. 车七退一　炮5平9
 32. 帅四平五　炮9进1

红方无法抵挡车马炮的攻势，黑胜。

（选自陆峥嵘负陈寒峰的对局）

第116局　七路马对列炮

 1. 炮二平五　马8进7　　　2. 马二进三　车9平8
 3. 车一平二　炮2平5　　　4. 马八进七　马2进3
 5. 车二进六　炮8平9　　　6. 车二进三　马7退8
 7. 车九平八　车1进1　　　8. 炮八进六　卒3进1

红方进炮封制黑方右车，以利于控制局势，掩护其他子力展开攻势。此时黑方如不进3路卒而卒7进1，兵七进一，马8进7，马七进六，士6进5，炮五平七，红优。

 9. 兵三进一　士6进5　　　10. 车八进四　卒1进1
 11. 炮八退二　车1平4

红方及时退炮，免除黑方进边卒的反击。

 12. 兵七进一　车4进3　　　13. 炮五平四　车4平6
 14. 炮四平六　车6平4　　　15. 炮六平四　卒5进1
 16. 相七进五　卒5进1

由于布局已经吃亏，一时又难化解，只好进中卒求战，寻求机会。

 17. 兵七进一　车4平3　　　18. 车八平五　马8进7
 19. 马三进四　车3平2　　　20. 车五平八　车2进1
 21. 马七进八　马7进5

不如马3进5对形势有利。

22. 马四进六　马3进4　　　23. 马八进六　炮9进4

如卒7进1兑兵，炮八平一，炮9进4，马六进四，黑方不好应付。

24. 炮八平三　炮9平6　　　25. 仕六进五　炮5平6
26. 炮四进五　士5进6　　　27. 兵五进一　象7进5

又兑一炮之后，红方马炮双兵，占位又好，黑方很难谋取机会。

28. 马六进八　士4进5　　　29. 兵五进一　马5进3
30. 马八退七　将5平4　　　31. 兵五平六　马3退2
32. 炮三平八　炮6退2
33. 兵六平五　炮6平8
34. 兵五进一　卒1进1 （图116）

图116，黑方边卒被捉死，已成必败之势，现在进卒送吃，然后又进炮兑子，看红方如何应付。由于红方应对正确，黑方再也无计可施。

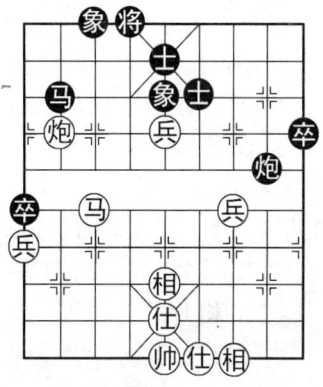

图 116

35. 兵九进一　炮8进1
36. 马七退八　卒9进1
37. 兵五平四　象5退7
38. 兵三进一　马2进4　　　39. 兵九进一　马4进5
40. 兵三进一　象3进5　　　41. 马八进六　马5退3
42. 马六进七　象5进3　　　43. 兵九平八　象3退5
44. 炮八平六　炮8平4　　　45. 炮六退一　卒9进1
46. 兵八进一　卒9进1　　　47. 兵三进一　卒9平8
48. 兵八平七　炮4平1　　　49. 兵三平四　士5进6
50. 兵四进一　卒8平7

黑方已难于对付，红方胜局已定。

（选自许银川胜郑一泓的对局）

第117局 七路马对列炮

1. 炮二平五　马8进7　　**2.** 兵三进一　炮2平5
3. 马二进三　马2进3　　**4.** 炮八平六　车1进1
5. 马八进七　车1平4

红方如炮六进五，炮5进4，马三进五，炮8平4，马五进六，士4进5，马六进七，车1进1，红方不占便宜。

6. 仕六进五　车4进4　　**7.** 车九平八　车9平8
8. 车一平二　炮8平9

不如炮5平6。以下红方如车八进六，象7进5，各有千秋。

9. 车二进九　马7退8　　**10.** 相三进一　卒3进1
11. 车八进六　车4退1　　**12.** 车八退二　车4进2

红方退车落空，应兵七进一，卒3进1，车八平七，红方较为好走。

13. 兵七进一　车4平3
14. 相七进九　马3进4（图117）

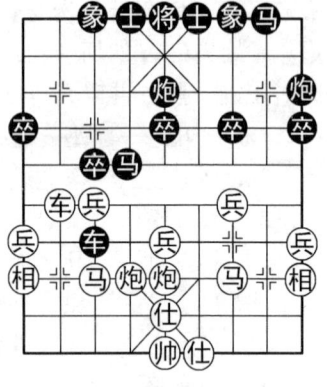

图117

图117，红方上边相失算，应兵七进一，车3退2，相七进九，红方仍然好走。此时黑方及时进4路马，是抢夺攻势的好着，对红方构成很大威胁。

15. 兵七进一　马4进5
16. 马三进五　车3平5
17. 马七退六　炮9进4
18. 炮六平七　象3进1

红方平炮打象华而不实。应相九退七，车5平3，炮五进五，象7进5，相七进五，红方仍可维持下去。

19. 车八进四　士6进5　　**20.** 兵七平六　车5平3
21. 炮七退二　炮9平5　　**22.** 兵六进一　后炮平8
23. 车八退六　炮8进5　　**24.** 炮七进二　炮8进2

25. 相一退三　车3平4　　26. 炮七平六　炮5退1
27. 车八进二　车4平7

红方进车捉炮出于无奈。如马六进八，车4平6，炮六退二，车6平7，黑方胜势。

28. 马六进八　车7进3　　29. 帅五平六　炮5平4

红方如吃炮则失车，已无力坚持，黑胜。

（选自李艾东负王德发的对局）

第118局　七路马对列炮

1. 炮二平五　马8进7　　2. 马二进三　车9平8
3. 兵三进一　炮2平5　　4. 马八进七　马2进3
5. 车九平八　车1进1　　6. 炮八平九　车1平4
7. 车一平二　车4进4　　8. 炮五退一　炮8进5

红方如不退炮，而是准备抢攻，可车二进六，车4平7，炮五退一，炮8平9，车二进三，马7退8，车八进六，红方好走。

9. 相七进五　卒5进1
10. 车八进六　马7进5
11. 车八平七　车4进3
12. 兵七进一　（图118）　卒7进1

图118，黑方兑7路卒是弃子抢攻的佳着，由此扩大了反击能力，有力地控制了局势。

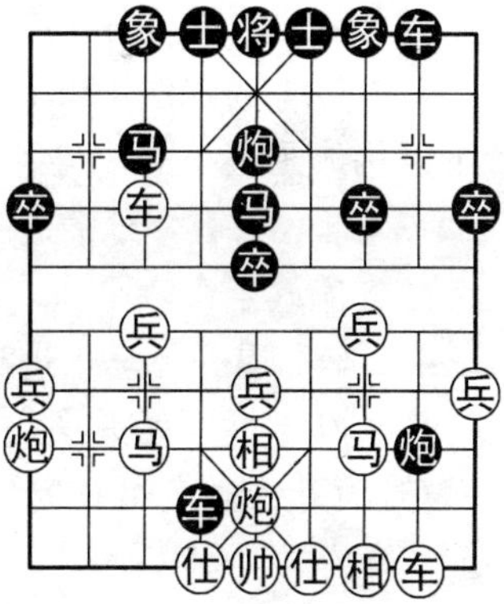

13. 兵三进一　马5进7
14. 车七平四　车8进6
15. 炮五平四　车4平2
16. 车四退一　象7进9　　17. 马七进六　卒5进1
18. 兵五进一　车8平6

应车8平4，车二进二，车2进1，更为紧凑有力。

19. 车四退二　马7进6　　20. 仕四进五　车2退1

图118

21. 车二进二　车2平1

如马6进8，炮四进一，车2退3，炮四平二，车2平4，马六退七，黑方虽然占先手，但少卒，容易成和。

22. 炮四进一　车1进2　　　　23. 车二进一　马6退4
24. 车二平六　马4退5　　　　25. 兵五进一　马5进7
26. 兵七进一　车1平2

交换子力之后，红方虽然少一子，但有两兵过河，子力位置较好，并不难走。

27. 兵七进一　马3退2　　　　28. 马三进四　车2退5
29. 马四进三　象9退7　　　　30. 相五进三　车2平3
31. 兵七平六　士4进5　　　　32. 炮四平三　炮5平7
33. 相三进五　象3进5　　　　34. 车六平五　马2进3
35. 车五平四　马7进5

红方应兵五进一，准备破象攻击，以图进取为佳。

36. 车四平六　马5进3　　　　37. 炮三进一　马3进1
38. 车六退一　马1进3　　　　39. 车六退一　马3进2
40. 炮三退二　马3退2　　　　41. 车六进三　车3平7

红方以上的走法不够紧凑，被黑方乘机将车马调整到有利的位置上，构成了很大的攻势，至此已难对付。

42. 车六平七　车7进2

红方应改走车六平八，尚可支持。

43. 车七退一　马2进1

由于红方捉不死黑马，黑方多子胜定。

（选自林宏敏负赵庆阁的对局）

第119局　七路马对列炮

1. 炮二平五　马8进7　　　　2. 马二进三　车9平8
3. 车一平二　炮2平5　　　　4. 车二进六　马2进3

如炮8平9，车二平三，车8进2，炮八进二，炮9退1，炮八平三，炮9平7，车三平四，马7进8，车四进二，炮7进5，车四平八，马8进6，形成互攻之势。

5. 马八进七　炮8平9

红方如车二平三，车1平2对抢攻势，局势比较混乱。

6. 车二进三　马7退8　　**7.** 车九平八　卒3进1
8. 兵三进一　车1进1　　**9.** 炮八进六　马8进7
10. 马三进四　炮9进4　　**11.** 炮五平三　炮9平7
12. 相三进五　卒5进1

以上双方针锋相对，夺抢主动，各有得失，等待机会。

13. 仕四进五　马7进5　　**14.** 车八进六　卒5进1
15. 马四进五　马3进5　　**16.** 炮三平二　马5进6

红方不如兵五进一，先吃去中卒较为实惠，这样容易控制局势。

17. 兵五进一　炮7平8
18. 兵七进一（图119）　炮8退3

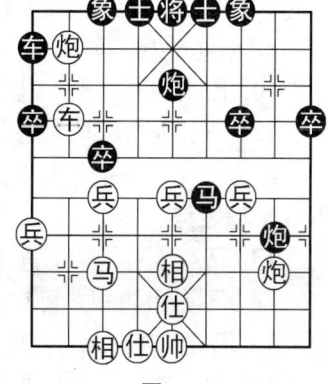

图119，双方子力相当，但红方的子力位置较好，比较主动。此时黑方退炮打车好着，可以乘机消灭红方中兵，为借势反击创造了条件。

19. 车八退三　卒3进1
20. 相五进七　马6退5
21. 兵五进一　炮5进2
22. 车八平五　炮5平3

图119

红平中车交换子力，化解黑方的中路攻势，明智，否则黑方马5进3之后，攻势将会扩大。

23. 炮二平五　象7进5　　**24.** 炮八退二　炮3进3
25. 兵三进一　士6进5

红方不急于打马得子，而是进三路兵等待机会，是夺先的好着。

26. 兵三进一　车1平2　　**27.** 兵三平二　车2进2

28. 炮五进四　车 2 平 3　　**29.** 兵二平一　炮 3 平 2
30. 相七退五　炮 2 退 4

迫使红方兑炮，已形成和局。

（选自郭长顺和李来群的对局）

第 120 局　七路马对列炮

1. 炮二平五　马 8 进 7　　**2.** 马二进三　车 9 平 8
3. 车一平二　炮 8 进 4　　**4.** 兵三进一　炮 2 平 5
5. 兵七进一　马 2 进 3

红方以往多走马八进七，现在兵七进一，企图控制黑方双马的活动。

6. 炮八平六　炮 8 平 7　　**7.** 马八进七　车 1 进 1

如车 8 进 9，马三退二，炮 5 进 4，仕六进五，车 1 平 2，各有千秋。

8. 车九平八　车 1 平 8　　**9.** 车二平一　前车平 4
10. 仕四进五　车 4 进 3　　**11.** 车八进六　卒 5 进 1
12. 马七进八　马 3 进 5

红方如车八平七，马 3 进 5，兵七进一，车 4 平 3，马七进六，形成平稳之势。

13. 马八进七　卒 7 进 1　　**14.** 相三进一　卒 7 进 1

红方不必上边相，可兵五进一，卒 7 进 1，兵五进一，炮 5 进 2，马七退五，车 4 平 5，炮五进一，黑方难以应付。

15. 相一进三　车 8 进 5　　**16.** 车一平四　车 8 平 7
17. 车四进三　车 4 退 1　　**18.** 马七进八　炮 5 平 3
19. 炮五进三　马 5 退 4　　**20.** 车八退六　车 4 平 2
21. 车八平九　车 2 退 2　　**22.** 兵七进一　车 2 进 2

红方有空头炮的攻势，虽然少子，仍占上风。

23. 相七进五　车 7 退 1　　**24.** 炮五退一　车 2 进 2
25. 炮六进三　马 4 进 2　　**26.** 车九平八　车 2 平 5
27. 兵五进一　马 2 进 3　　**28.** 兵五进一　车 7 平 5

29. 车四平三　象3进5

如象7进5，马三进五，双方各有攻守。

30. 炮六进三　车5进3

31. 炮六平九　马7进6

32. 车三平四　车5平7

33. 车四进二　马3进2

34. 仕五进六（图120）　车7进2

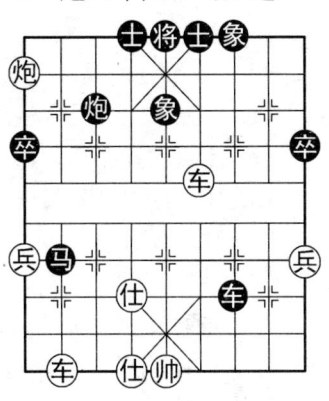

图120

图120，红方虽然实力强大，但黑方车马炮仍有一定的攻势。此时应马2进4，帅五进一，车7进1，帅五进一，马4退5，车八进三，象5退3，黑方仍有较强的攻势。

35. 帅五进一　车7退1
36. 车四退四　车7退2
37. 车四进一　士4进5
38. 车八进二　车7平9
39. 车四进二　车9平5
40. 帅五平四　车5平4
41. 炮九进一　士5进6
42. 仕六进五　炮3进6
43. 帅四退一　车4平7
44. 帅四平五　炮3退7
45. 车四平八　象5进7
46. 前车进五　将5进1
47. 帅五平四　炮3进7
48. 仕五进四　马2退3
49. 前车退一　将5退1
50. 前车进一　将5进1
51. 前车退一　将5退1
52. 前车平六　马3进2
53. 车八平七

黑方没有抓紧有利时机攻击红方，导致局势失利，令人感到可惜。而红方以多子优势，进行了强大的反击，从而取得了胜利。

（选自王嘉良胜臧如意的对局）

第121局　七路马对列炮

1. 炮二平五　马8进7
2. 马二进三　车9平8
3. 兵七进一　卒7进1
4. 马八进七　炮8平9

5. 炮八平九　车8进5
7. 车九平八　马2进3
6. 兵五进一　炮2平5
8. 车八进五　车1平2

如炮5进3，马七进五，炮5进2，车八平三，炮5平2，各有千秋。

9. 车八平三　马7进8
10. 车一平二　车8进4
11. 马三退二　马8进9
12. 仕四进五　车2进6
13. 马七进六（图121）　炮5进3

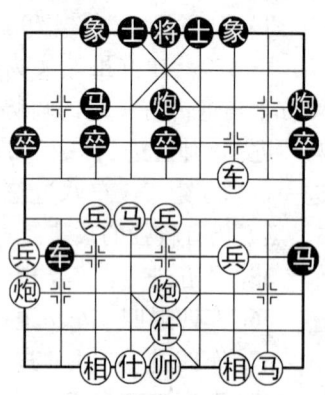

图121

图121，双方进入重要的攻守时刻，因此不可等闲视之，要谨慎行事。此时炮打中兵为时过早，应马9进8压马，控制局势，才可以取得有力的反击之势。

14. 马六进五　象3进5
15. 马五进七　车2平6

如炮9平3打马，车三平五，炮5进1，马二进三，马9进7，炮九平三，红方好走。

16. 车三平五　炮5进1
17. 相三进一　炮9平3
18. 马二进四　车6进2
19. 车五退二　士6进5
20. 兵三进一　马9退8
21. 兵三进一　马8退9
22. 仕五进四　车6平7

红方上仕先封住黑车的退路，然后再谋进取，机智。

23. 炮五进五　象7进5

红方炮打中象是突破黑方防守的佳着，已使黑方难以支撑。

24. 车五进四　车7退4
25. 车五平七　马9进7
26. 车七平三　将5平6
27. 车三进二　将6进1
28. 车三退一　将6进1
29. 炮九平五　将6平5
30. 仕六进五　车7进2
31. 仕五进六　卒9进1
32. 炮五退一　卒9进1
33. 车三退一　士5进6
34. 相七进五　将5平4
35. 车三平四　将4退1

36. 炮五平六　将4平5　　　37. 车四退一　将5退1
38. 炮六平五　士4进5　　　39. 相五进三　士5进6
40. 车四平三　车7平1　　　41. 车三平五　将5平6
42. 炮五平四

红方牵住黑方子力之后，尽力调整后防，重新部署兵力，然后步步为营，终于攻杀得手而取胜。

（选自童本平胜阎玉锁的对局）

第122局　七路马对列炮

1. 炮二平五　马8进7　　　2. 马二进三　车9平8
3. 车一平二　炮2平5　　　4. 兵七进一　马2进3
5. 马八进七　卒7进1　　　6. 车二进四　炮8平9
7. 车二进五　马7退8　　　8. 车九平八　车1进1
9. 炮八进六　马8进7　　　10. 马七进六　马7进8

进马不利于防守，应炮5退1加强防守为好。

11. 马六进四　士6进5　　　12. 炮五平七　卒5进1

冲中卒无可奈何。如炮5平6，炮七进四，红方占优势。

13. 炮七进四　马3进5　　　14. 车八进六　马8退7
15. 马四进三　马5退7　　　16. 炮七平三　卒5进1
17. 仕四进五　卒5进1　　　18. 马三进五　马7进5
19. 车八平五　炮5进4　　　20. 车五退三　车1平2
21. 炮三平五　象7进5

上中象造成失势。黑方可能认为以后用车兑炮可成和局，其实不然。应将5平6，车五平四，炮9平6，兵七进一，车2进2，虽处下风，但仍有求和希望。

22. 车五平四　车2进2　　　23. 车四进三　炮9进4
24. 车四平一　车2平5　　　25. 车一平五　炮9平1
26. 车五平九　炮1平6
27. 车九平四　炮6平2　（图122）

图 122，红方必须先过七路兵，同时又要保护三路兵的安全，才能取胜。

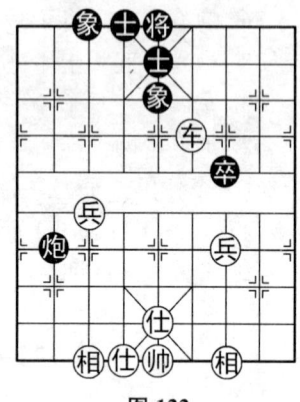

图 122

28. 车四平六　象 3 进 1
29. 帅五平四　炮 2 平 6
30. 车六平四　炮 6 平 2
31. 相三进一　象 1 退 3
32. 车四退一　炮 2 退 3
33. 兵七进一　炮 2 平 7
34. 相一进三

红方保住了三路兵的安全，然后七路兵兑换双象，红胜。
（选自张小平胜曹霖的对局）

第 123 局　七路马对列炮

1. 炮二平五　马 8 进 7　　　2. 马二进三　车 9 平 8
3. 车一平二　炮 8 进 4　　　4. 兵三进一　炮 2 平 5

红方如兵七进一则形成另外一种变化。

5. 兵七进一　马 2 进 3　　　6. 马八进七　车 1 平 2
7. 车九平八　车 2 进 4　　　8. 炮八平九　车 2 平 8
9. 车八进六　炮 8 平 7　　 10. 车八平七　前车进 5
11. 马三退二　车 8 进 9　　 12. 车七进一　车 8 平 7
13. 车七进二　炮 7 平 8

平炮形成对攻之势。如炮 7 进 1，马七进六，炮 7 平 1，相七进九，红方好走。

14. 炮九进四　炮 8 进 1　　 15. 车七平八　车 7 退 4

如炮 7 平 3，炮九进三，炮 5 进 4，仕六进五，将 5 进 1，车八退一，将 5 进 1，车八退一，将 5 退 1，车八平三，红优。

16. 车八退六　炮 7 平 3　　 17. 炮九进三　士 4 进 5
18. 车八进六　士 5 退 4　　 19. 车八退七　士 4 进 5

20. 车八平七　炮5进4　　　　**21.** 仕六进五　车7平4

如炮5退2，兵七进一，炮5平8，炮五平二，红方有攻势，较有胜机。

22. 车七进一　炮5退2

23. 兵七进一（图123）　将5平4

图123，黑方如象7进5，兵七平六，炮5平8，车七进六，士5退4，车七退三，士4进5，仕五进四，红方仍占优势。

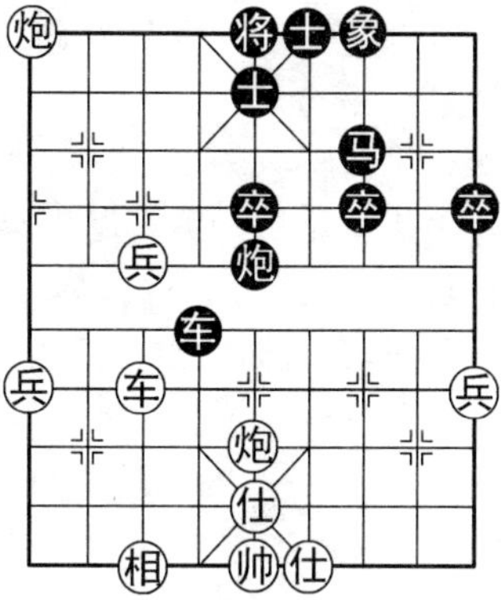

24. 车七平五　炮5进3

25. 相七进五　车4退2

退车防守是被迫之着。如卒7进1，兵七进一，马7进6，车五平四，车4退1，兵七进一，红方占优。

图 123

26. 车五平七　车4平1　　　　**27.** 炮九平八　车1平2
28. 炮八平九　车2平1　　　　**29.** 炮九平八　车1退3
30. 炮八退三　卒7进1　　　　**31.** 兵七进一　车1进3
32. 车七平八　车1退1　　　　**33.** 车八平七　车1进1
34. 炮八退四　车1进1

红方应车七平六，将4平5，帅五平六，暗伏下炮八进三叫杀之机，同时控制黑方中卒与7路马，局势比较有利。

35. 兵七进一　车1平2　　　　**36.** 炮八平六　将4平5
37. 兵七进一　士5退4　　　　**38.** 兵七平六　车2平4
39. 车七进五　马7进6

跃马出击，加强车的牵制，由此削弱了红方的攻势。

40. 兵九进一　马6退5　　　　**41.** 车七平九　马5进3
42. 兵六平七　卒5进1　　　　**43.** 相五进七　卒5进1

进中卒反而被红方的攻杀所利用，应卒7进1。

44. 车九退二　马3退5　　　　**45.** 车九平五　车4进1

如士6进5，兵七进一，黑方难以对付。

46. 炮六平三　车4平3　　47. 炮三进七　将5进1
48. 仕五退六　车3平1

红方退仕攻不忘守，好着。如兵七平六，将5平4，车五进一，车3进4，仕五退六，车3平4，帅五进一，红方反而招来麻烦。

49. 炮三平六　车1平3　　50. 炮六平五

红方弃炮叫杀。以下如接走车3退4，炮五退二，车3进1，炮五退三，将5平6，炮五平四，红胜。

（选自孟昭中胜徐子言的对局）

第124局　七路马对列炮

1. 炮二平五　马8进7　　2. 马二进三　车9平8
3. 车一平二　炮8进4　　4. 兵三进一　炮2平5
5. 兵七进一　马2进3　　6. 炮八平七　车1平2
7. 兵七进一　车2进8

红方强渡七路兵展开攻击。如马八进九，车2进5，车九平八，车2平3，车八进二，炮8平7，黑方反先。

8. 兵七进一　马3退1　　9. 仕四进五　炮8退2

红方上仕正确。如兵七平六，炮5平3，炮七平六，马1进2，下一步有马2进3的凶着，黑方好走。

10. 炮七进三　炮5平2
11. 马三进四（图124）　象3进5

图124，黑方上右象并不稳妥，应象7进5为好，以下炮七平六，炮2进7，马四进五，炮8平5，车二进九，炮5进3，相三进五，马7退8，马五退六，红方多兵少子，双方各有千秋。

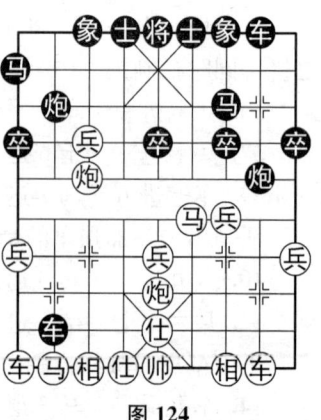

图 124

第一章 甲炮七路马对半途列炮

12. 炮七平六　士6进5

上士暂无作用，应先走炮2进7比较有利。

13. 马四进五　炮8平5　　14. 车二进九　炮5进3
15. 相三进五　马7退8　　16. 炮六平二　炮2进7

红方平炮佳着，不但可以进炮压马，又可退炮逐车，由此控制了局势。

17. 炮二进三　马1退3　　18. 兵七进一　车2退4
19. 兵五进一　马3进2

如车2平8，车九平八，车8退3，兵七进一，车8进5，兵七进一，象5退3，兵九进一，红方多兵占有优势。

20. 马五退六　炮2平4　　21. 仕五退六　车2平8
22. 兵七平八　车8退3　　23. 兵五进一　车8进8
24. 帅五进一　车8退5　　25. 马六进四　车8进4
26. 帅五退一　车8平2　　27. 兵五进一　车2退6

红方冲中兵好着。如兵八平七，车2退4捉双子，同样丢兵，反而不合算。

28. 车九进一　马8进9　　29. 车九平二　象5退3
30. 兵一进一　卒1进1　　31. 仕六进五　车2平3
32. 马四进六　将5平6　　33. 车二进四　车3平1
34. 车二平七　车1平8　　35. 车七进四　车8进7

红方可车七平四，车8平6，车四平九，红方多兵胜势。

36. 仕五退四　车8平6　　37. 帅五进一　车6退1
38. 帅五退一　车6进1　　39. 帅五进一　车6退8
40. 车七平九　马9退8　　41. 车九退四　马8进7
42. 车九平五　象7进9　　43. 兵五进一　象9退7
44. 车五平四　马7进5

如车6进3，马六退四，马7进5，兵五进一，士4进5，马四退二，卒7进1，马二进一，卒7进1，相五进三，红方马双兵必胜马单士象，所以黑方没有这样走。

45. 车四平五　马5退7　　46. 兵三进一　卒7进1

47. 车五平三　车6进7　　48. 帅五退一　车6进1
49. 帅五进一　马7进5　　50. 车三进四　将6进1
51. 车三退五　士5进6　　52. 车三进二

红方攻势强大，已成胜定之势。

（选自卜凤波胜郭长顺的对局）

第125局　七路马对列炮

1. 炮二平五　马8进7　　2. 兵三进一　炮2平5
3. 马八进七　马2进3　　4. 车九平八　卒3进1
5. 马二进三　炮8进4　　6. 炮八进四　炮8平7

如炮8平3，车一平二，车1平2，相七进九，象7进9，车二进六，士6进5，车二三进，车9平7，兵三进一，马3进4，炮八进一，士5进4，炮八进一，炮5退1，车三平二，马7退6，兵三进一，马6进5，形成牵制之势。

7. 炮八平七　车9进1　　8. 车八进四　车9平4
9. 车八平四　车4进2　　10. 兵七进一　车4平3

红方冲兵弃炮抢夺攻势。如车四退一，则车4平3，车四平三，卒3进1，黑方先手。

11. 马七进六　车3平2
12. 马六进四（图125）　马7退9

图125，红方弃子跃马捉车，接着又进马捉马，力求夺子抢先。此时黑方退马保持多子之势，容易发生危险。如车1进1，马四进三，车1平7，马三退五，马3进5，车四进二，车7平4，炮五进四，士4进5，相三进五，卒3进1，仕四进五，车4进2，炮五平八，车4平6，炮八进三，士5退4，黑方还可对抗。

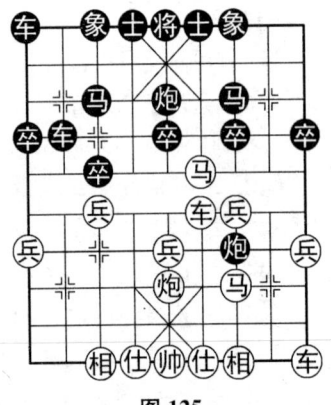

图 125

13. 兵七进一　炮 5 退 1

红方冲七路兵加强攻击能力，是争先的好着，如车四退一，则卒 3 进 1，车四平三，车 1 进 1，黑方可以应付。此时黑方如不退中炮，而炮 7 平 1，车四平九，炮 1 平 2，车九平七，炮 5 退 1，兵七进一，红方占优。

14. 车四退一　象 3 进 5　　　**15.** 车四平三　象 5 进 3
16. 车一平二　车 1 进 1　　　**17.** 车二进八　炮 5 平 3
18. 车二平一　士 4 进 5　　　**19.** 车一退二　马 3 进 4
20. 相七进九　马 4 进 3　　　**21.** 兵五进一　马 3 进 1
22. 仕四进五　象 3 退 5　　　**23.** 帅五平四　炮 3 进 8
24. 帅四进一　马 1 进 3　　　**25.** 炮五平六　车 2 进 1
26. 车三平四　马 3 退 2

红方得还失子之后，攻力大增，令黑方很难化解被困之势。

27. 炮六平五　炮 3 退 1　　　**28.** 帅四退一　车 1 平 4
29. 车一平三　车 4 进 3　　　**30.** 马四进二　将 5 平 4
31. 车三平五　车 4 进 4　　　**32.** 兵五进一　马 2 退 3
33. 炮五平六　马 3 退 5

红方平炮弃车攻杀，着法极为巧妙。

34. 车四平六　士 5 进 4　　　**35.** 车六进四　将 4 平 5
36. 车六进一

红方运子精确，攻杀有力，已成绝杀之势，红胜。

（选自赵国荣胜苗永鹏的对局）

第 126 局　七路马对列炮

1. 炮二平五　马 8 进 7　　　**2.** 马二进三　车 9 平 8
3. 车一平二　炮 2 平 5　　　**4.** 兵三进一　马 2 进 3

红方也可马八进七，加快主力的出动，有利于在平稳中控制局势。

5. 马八进七　车 1 平 2　　　**6.** 车九平八　车 2 进 5

7. 炮五退一　炮8进4

红方退中炮灵活。如相三进一，炮8进4，红方反而多费周折。

8. 相七进五　炮8平3　　　9. 车二进九　马7退8
10. 炮八平九　车2进4

红方兑车是必走之着。如炮五平七，车2进1，黑方反而主动。

11. 马七退八　卒3进1　　　12. 马三进四　士4进5

红方如炮九平七，也是一种走法。

13. 炮九平七　卒3进1　　　14. 炮七进二　马3进2
15. 马八进七　马2进4

红方不必和黑方形成牵制之势，不如马四进五吃卒较好，以下黑方如马2进1，炮七进二，马1进2，马五退六，红方占优。

16. 马四进六　炮5平6

平炮不但避开了红方的锋芒，而且伏下了炮6进5打扰的手段，是较好的走法。

17. 炮五平九　炮6进5　　　18. 马七退八　炮3平9
19. 炮九进五　象3进1　　　20. 兵五进一　炮6进1
21. 帅五进一　炮6退7　　　22. 炮九退二　炮9平4
23. 马六退四　马4退3　　　24. 马四进三　马8进7
25. 马八进七　炮6平7　　　26. 马三退四　象7进5
27. 炮九进二　炮4平3　　　28. 马四进五　马7进6

进马避兑明智，因为红方多兵，主力兑去之后，只有受攻挨打，颇为不利。

29. 马五退四　卒9进1　　　30. 马七进五　炮7平6
31. 炮九退二　士5进6　　　32. 帅五退一　卒9进1
33. 兵五进一　马3进5

红方对形势过于乐观，想快速展开攻势，使局势发生了问题。应仕六进五，局势较为稳妥。

34. 马五进六　炮3平2　　　35. 炮七平五　士6进5

36. 仕六进五　象1进3

红方上士防守是必然之举。如马六进五，炮2平5，仕六进五，马6退5，黑方得子有利。

37. 马六进七　炮2退1　　　　**38.** 马七退五　马6进8
39. 炮五退一　炮6进4　　　　**40.** 炮九平四　马8进7
41. 炮四退二　马7退6

在兵种的对比上，黑方的双马炮已优于红方的双炮马，而且子力占位极佳。红方虽然多兵，但要取胜也不容易。

42. 马五进七　马5进4
43. 炮四进五（图126）　马4进3

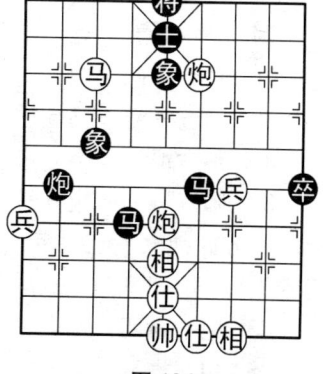

图126，红方求胜心切，想尽方法展开突破，但也付出了一定的代价。此时如仕五进六，炮2进1，炮五平八，马4进6，帅五平六，卒9平8，双方基本形成和局。

44. 帅五平六　马6进4
45. 炮四退六　马3退5
46. 马七进五　炮2平4
47. 帅六平五　马5进3　　　　**48.** 炮四平七　马4进3
49. 帅五平六　马3退4　　　　**50.** 帅六平五　炮4平5
51. 马五退三　卒9平8　　　　**52.** 帅五平六　卒8平7

图126

红方出帅失兵无可奈何。如兵三进一，将5平4，帅五平六，象5进7，红兵仍然难保。

53. 仕五进六　卒7平6　　　　**54.** 仕四进五　卒6平1
55. 炮五退一　马4退6　　　　**56.** 马三退四　将5平4
57. 炮五平一　卒6平5　　　　**58.** 炮一进四　炮5进3
59. 炮一平六　炮5平8　　　　**60.** 马四进五　将4进1

双方力争夺势，各不相让，应法细致有力。

61. 马五退四　炮8平6　　　　**62.** 马四退六　将4平5

红方退马又失去和势的机会。应炮六平四，马6进5，帅六平五，炮6退5，相三进五，卒5进1，仕六退五，将4平5，马四进六，将5平6，马六退五，炮6平5，帅五平六，和局已成。

63. 兵九进一　炮6平8　　　　**64.** 兵九进一　炮8进1
65. 帅六进一　炮8退9

先把红帅打到不利位置，然后再回底炮，更有利于攻击，老练。

66. 马六进四　炮8平4　　　　**67.** 炮六退二　炮4平4
68. 兵九平八　象3退1　　　　**69.** 兵八进一　马6进7
70. 帅六退一　卒5平6　　　　**71.** 兵八平七　将5平6
72. 帅六平五　炮4进3　　　　**73.** 兵七平六　炮4退1
74. 兵六平五　炮4平5　　　　**75.** 马四进三　象1进3
76. 兵五平四　炮5退1　　　　**77.** 炮六进五　马7退5
78. 帅五平六　马5进6　　　　**79.** 帅六进一　马6退5
80. 帅六退一　卒6进1　　　　**81.** 炮六平一　马5进6
82. 帅六进一　卒6平5

红方如帅六平五，卒6平5，帅五平四，卒5进1，兵四进一，将6进1，炮一平四，以后兑去黑马，可成和局。

83. 炮一退四　卒5平4　　　　**84.** 帅六平五　马6退5
85. 相三进五　卒4平5　　　　**86.** 帅五平六　炮5退1
87. 炮一退二　卒5平6

红方退炮仍想寻求机会，是不明智的选择，因黑方的马炮卒已有很好的攻击位置，应改走炮一平四，强行兑子后可成和势。

88. 帅六退一　马5进6　　　　**89.** 帅六进一　马6退8
90. 炮一进二　炮5平7　　　　**91.** 炮一平七　炮7平5

红方应改走炮一进二，仍有攻杀机会。

92. 炮七进四　马8退7　　　　**93.** 马三退五　将6退1
94. 兵四进一　马7进5　　　　**95.** 帅六退一　马5进6
96. 帅六进一　卒6平5　　　　**97.** 炮七退五　炮5进1
98. 马五退七　炮5平7

黑方马炮卒已控制九宫，红方难以解杀，黑胜。

（选自吕钦负李锦欢的对局）

第127局 七路马对列炮

1. 炮二平五　马8进7
2. 兵三进一　炮2平5
3. 马八进七　马2进3
4. 车九平八　车9平8
5. 马二进三　卒3进1
6. 炮八进四　炮8进4
7. 炮八平七　炮8平7
8. 相三进一（图127）　车8进8

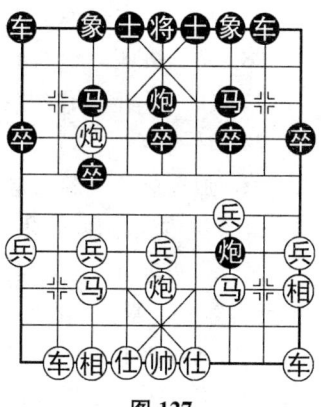

图127

图127，红方上边相可避开7路炮的威胁，又可上右仕出车，好着。此刻黑方也可走象3进1，仍不失为一种好方法。又如车1平2，车八进九，马3退2，仕四进五，炮5平3，炮七进三，士4进5，炮七退四，车8进4，炮七退一，炮7平3，相七进九，前炮平2。黑方虽然失一象，但车炮有一定的攻势，可以满意。

9. 车一平二　车8进1
10. 马三退二　车1平2
11. 车八进九　马3退2
12. 相七进九　士4进5

应象7进9，炮五平三，卒7进1，马二进四，马7进6，兵三进一，象9进7，炮三进三，马2进1，炮七进一，炮5平6，马四进三，马6进7，黑方并不吃亏。

13. 兵七进一　卒3进1
14. 相九进七　炮5平3
15. 马二进四　炮7进1
16. 马七进六　象3进5

由于黑方的应着不够紧凑，红方乘势运子抢攻，已夺得优势。

17. 炮七平八　卒7进1
18. 兵三进一　象5进7
19. 炮五进四　炮3平5

红方乘机打中卒，企图造成多兵之势，这在无车棋中是很重要的战术。

20. 相七退五　马7进5

不如马2进3捉炮，保存实力，再寻求机会。

21. 马六进五　马2进4

勉强求攻，容易出现危险，不如象7退9。

22. 马五退三　炮5进5

红方退马又吃一象，扩大了优势。

23. 相一退三　炮7进1		**24.** 马三退二　炮7退6	
25. 马二进四　炮5平2		**26.** 后马进六　炮2进2	
27. 仕六进五　炮7平3		**28.** 马六进七　马4进3	
29. 马七进六　马3进4		**30.** 仕五进六　炮3进7	
31. 帅五进一　炮2退4		**32.** 兵五进一　炮3平7	

红方进中兵限制马的活动，是一步老练的走法。

33. 马四进五　马4退3

当然不能兑马，否则红方炮八平五再炮五平九打卒，胜定。

34. 马六进七　将5平4		**35.** 马七退九　马3退5	
36. 炮八平一　炮2退3		**37.** 炮一平九　马5退3	

以上黑方利用炮马发动反扑，但因受困只好退回防守。红方乘势抢黑卒，已形成多兵的局势，黑方已不好对付。

38. 马五进七　将4平5		**39.** 炮九平五　象7进5	
40. 马九退八　炮2进1		**41.** 炮五退一　炮7退8	
42. 马八进六　马3进1		**43.** 马七退六　炮2退2	
44. 前马退四　将5平4		**45.** 马四进五　炮7进1	
46. 炮五平二　炮7平8		**47.** 兵九进一　将4平5	
48. 炮二平五　将5平4		**49.** 炮五平三　炮8平7	
50. 炮三平二　炮7平8		**51.** 兵九进一　炮2平1	
52. 炮二退二　炮1平4		**53.** 兵九进一　马1退2	
54. 兵九平八　马2进1		**55.** 炮二平三　炮8平7	
56. 马五退四　士5进4		**57.** 马六进五	

红方运子有序，逐渐扩大势力，此时又夺一子，胜局已成。

（选自徐天红胜杨汉民的对局）

第128局 七路马对列炮

1. 炮二平五 马8进7	2. 马二进三 车9平8
3. 兵三进一 炮2平5	4. 马八进七 马2进3
5. 车九平八 炮8平9	6. 车一进一 车8进4
7. 炮八平九 卒7进1	8. 车八进四 车1平2
9. 车八进五 马3退2	10. 车一平八 马2进3
11. 车八进三 卒3进1	12. 兵三进一 车8平7
13. 炮五退一 车7平6	

红方退中炮，可向两路需要的一方发展，又可上中相巩固防守，灵活有力。

14. 兵七进一 马7进8	15. 相七进五 炮5平7
16. 炮五平七 卒3进1	17. 车八平七 象7进5
18. 马七进六 车6平4	19. 炮九平六 车4平5

如车4平7，马三进四，红方优势。

20. 马六进七 车5平4	21. 马七退六 车4平5
22. 马六进七 车5平4	23. 仕六进五 马8进7
24. 马七退六 车4平5	
25. 炮七进二（图128） 马7退8	

图128，黑方退8路马，欲求保持复杂局势，继续争斗下去，但在局势并不好的时候颇不适宜，应炮7进5打马兑子，以下无论红方是炮六平三或炮七进四，交换子力之后，大致已成和局。

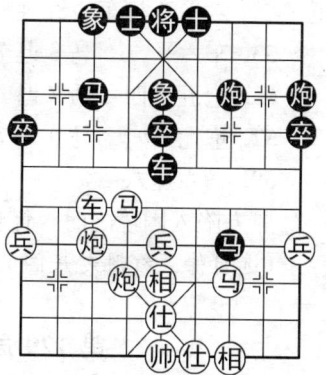

图128

26. 马六进七 车5平4	
27. 炮六平七 士4进5	
28. 马七退八 车4平2	29. 后炮平八 车2平1
30. 马三进二 炮9平8	31. 炮七退三 炮8进3

32. 车七平二　车1平6　　　33. 马八退七　马8进6
34. 兵五进一　马3进2　　　35. 马七进八　马6退8
36. 车二退一　炮7平8　　　37. 车二平六　马2退3
38. 车六进三　炮8进1

红方虽然占有一定优势，但还达不到取胜的程度，不得不耐心运子，力求扩大优势。

39. 车六退二　炮8退1　　　40. 车六平七　马3进2
41. 车七进二　马8退7　　　42. 炮七平八　马2退1
43. 车七平六　炮8退1　　　44. 车六退三　车6平3
45. 马八进六　马7进8　　　46. 后炮平七　车3平2
47. 炮八平七　炮8退1

退炮谋求和势，但过于保守，应马1进3，红方难有取势之机。

48. 兵一进一　炮8平6　　　49. 相五进三　卒1进1

黑方中路比较空虚，红方及时上三路相，准备架中炮取势，是取胜的紧要之着。

50. 前炮平五　车2退2　　　51. 炮七平六　车2平4
52. 炮五平六　车4平2

红方平炮佳着，暗中伏下车六平二夺子之着，以下黑方如马8退7，车六平八打车，红胜势。

53. 车六平二　马8退7　　　54. 前炮平五　马1进2
55. 炮五进四　马2退3　　　56. 炮五平七　马3进5
57. 炮七平六　马5进7　　　58. 兵五进一　车2进3
59. 马六退八

黑方陷入困境之时，慌忙中不慎把车送进马口，立成败局。

（选自徐天红胜赵庆阁的对局）

第129局　七路马对列炮

1. 炮二平五　马8进7　　　2. 马二进三　车9平8
3. 车一平二　炮8进4　　　4. 兵三进一　炮2平5

5. 马八进七　马 2 进 3　　　　6. 车九平八　卒 3 进 1

红方如兵七进一则另有变化。

7. 炮八进四　炮 8 平 7　　　　8. 炮八平七　象 3 进 1

上象避开七路炮的威胁，稳健。

9. 车八进八　车 8 进 9　　　　10. 马三退二　车 1 平 2

11. 车八进一　马 3 退 2

红方如车八平三，马 3 退 5，车三平四，车 2 进 3，炮七进二，车 2 平 3，炮七平六，车 3 平 4，黑方占优。

12. 仕六进五　马 2 进 4　　　　13. 炮七进一　炮 5 退 1
14. 马二进一　炮 7 进 1　　　　15. 仕五进四　炮 7 平 5
16. 相七进五　卒 5 进 1　　　　17. 炮七平六　马 4 进 2

跃马弃象，牵制红炮，是争取主动的好着。

18. 炮六平九　马 7 进 5

红炮贪吃边象，反使局势呆滞，不如炮六退六，马 7 进 5，炮六平三，卒 5 进 1，兵五进一，炮 5 进 4，炮三平五，各有千秋。

19. 炮九进一　卒 7 进 1

红方进炮必然，否则黑方炮 5 平 1 关死红炮，红方大为不利。

20. 兵三进一　马 5 进 7　　　　21. 马一进三　炮 5 平 3
22. 兵一进一　炮 3 进 5　　　　23. 马三退一　士 4 进 5
24. 仕四进五　炮 3 平 4

平炮准备过卒助战，好着。如马 7 进 9，马一进二，卒 9 进 1，马二进三，红方不难走。

25. 马七进八　卒 3 进 1　　　　26. 马八进九　卒 3 进 1
27. 马九退八　炮 4 平 1

红方弃边兵比较可惜，不如兵九进一先保住实力，以后再作打算。

28. 炮九退二　马 2 进 3　　　　29. 炮九退一　马 7 退 6
30. 马一进二　卒 3 平 4

如炮 1 平 5，马八进六，卒 3 平 4，马六退五，卒 4 平 5，兑子后红方子力较为灵活，比较好走。

31. 马二进一　炮 1 平 5　　32. 马一退二　卒 5 进 1
33. 兵一进一　炮 5 平 8　　34. 马二进四　炮 8 进 3
35. 相三进一　卒 4 平 5　　36. 相五进三　炮 8 退 8

退炮攻不忘守，好着。如前卒平 6，兵一平二，黑炮不能回防，反而不好。

37. 马八进七　马 3 进 2　　38. 炮九平六　炮 8 平 6
39. 马七进五　士 5 进 4　　40. 马四进六　马 6 进 5
41. 马五进三　后卒平 6　　42. 兵一平二　卒 6 进 1

红方如仕五退四，然后再仕四退五，局势较为工稳。

43. 兵二平三　卒 5 进 1 （图 129）

图 129，黑方进中卒凶悍，可配合双马的威力，展开有力的攻击，使红方防不胜防。

44. 兵三平四　马 5 进 4
45. 炮六进二　马 4 进 5

马踏中仕是迅速入局的佳着。

46. 马六退七　马 5 进 3
47. 炮六退六　卒 6 进 1
48. 相三退五　卒 6 平 5
49. 帅五平六　卒 5 进 1
51. 马七退六　马 2 进 4
53. 炮七进二　炮 6 平 4
55. 炮六平七　士 6 进 5

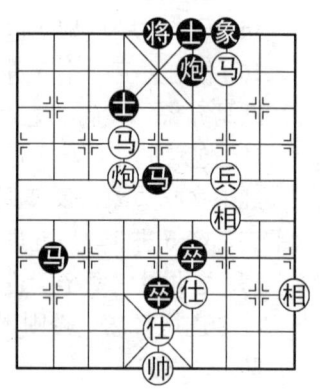

图 129

50. 炮六平八　马 3 退 4
52. 炮八平七　将 5 平 4
54. 炮七平六　炮 4 平 1

黑方各子配合作战，终于取得胜局。

（选自杨官璘负胡荣华的对局）

第 130 局　七路马对列炮

1. 炮二平五　马 8 进 7　　2. 马二进三　车 9 平 8
3. 兵七进一　卒 7 进 1　　4. 马八进七　炮 8 平 9

5. 车一进一　车8进5
6. 兵五进一　炮2平5
7. 炮八进二　马2进3
8. 车九平八　车1进1（图130）
9. 兵七进一　车8平5

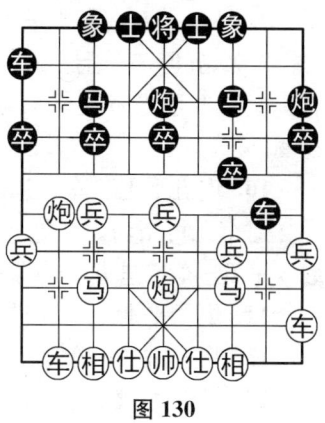

图 130

图130，红方进七兵捉车过急，容易被黑方利用，应车一平四。

10. 兵七进一　车5平3

红方如马三进五，车5进1，马七进五，炮5进4，仕六进五，卒3进1，黑方比较好走。

11. 兵七进一　车3进2

12. 炮八进五　车1平4

红方进底炮无威胁，被黑车占据4路之后，先手尽失。应兵七平六打扰黑方，比较有利。

13. 炮五进五　炮9平5
14. 相三进五　马7进6

跃马寻求攻势，着法紧凑有力。

15. 仕四进五　车4进7

红方上仕反而被黑方利用，是造成失势的主因，应车一平四。虽然仍落下风，但可周旋。

16. 车一平四　炮5进5
17. 帅五平四　炮5平6
18. 车四进一　车3平6

红方如帅四平五还可支持一阵。现在必走仕五进四吃车，车4进1，帅四进一，马6进5，帅四平五，马5进3，黑方得车胜定。

（选自金波负徐天红的对局）

第131局　七路马对列炮

1. 炮二平五　马8进7
2. 马二进三　车9平8
3. 车一平二　炮2平5
4. 马八进七　马2进3
5. 车九平八　炮8进4
6. 兵三进一　卒3进1

7. 马三进四　车1进1　　8. 炮八进六　炮8进1
9. 炮五退一　士6进5

上士不是当务之急，不如车1进1随时有兑子之机，灵活多变。

10. 炮五平七　车1退1

退车无可奈何。如炮5平6，兵七进一，炮8退2，兵七进一，炮8平6，车二进九，马7退8，兵七进一，仍然是红优。

11. 炮八平七　卒5进1　　12. 马四进三　马3进5
13. 兵七进一　车1进1　　14. 前炮平八　炮5平3
15. 马七进六　车8进3

进车不是长久之计，不如卒3进1，无论红方炮七进六还是马六进五，黑方均不吃亏。

16. 炮八退二　车8退3
17. 车八进二　炮8进1

红方乘机进车捉炮，先手不断扩大。

18. 马六进五（图131）　马7进5

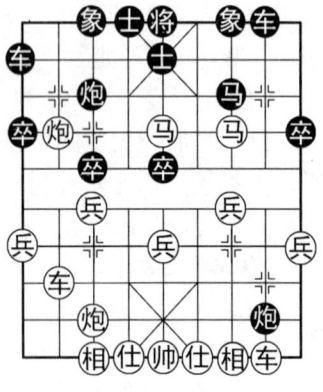

图131

图131，红方兑中马好着，可以借势攻击黑方左路，使黑方门户洞开，防守困难，虽然没有失子，但形势已经非常危险。

19. 仕六进五　炮8退2　　20. 车八平二　炮8进3

红方借机兑子取势，扩大了战机，取得了胜势。

21. 车二进七　炮8平9　　22. 马三退四　马5退4
23. 车二平三　士5退6　　24. 车三退二　炮3进3

不如炮3进1阻挡红炮右移，还可支撑一阵。

25. 相七进五　车1平2　　26. 炮八平二　炮3进2
27. 炮二进三　士6进5　　28. 马四进三

红方主力集结右路，攻势强大，胜局已定。

（选自蒋全胜胜赵庆阁的对局）

第 132 局　七路马对列炮

1. 炮二平五	马8进7	**2.** 兵三进一	车9平8
3. 马二进三	炮8平9	**4.** 马八进七	炮2平5
5. 车九平八	马2进3	**6.** 马三进四	车8进4
7. 马四进三	卒3进1	**8.** 炮八平九	车1进1

红方可炮五平三，有利于控制局势，抢夺攻势。

9. 仕四进五	车8进2	**10.** 车八进四	车1平6
11. 兵七进一	车6进3	**12.** 炮五平四	炮9进4
13. 马三进五	象7进5	**14.** 相三进五	马3进4
15. 马七进六	车6平8	**16.** 炮四平二	卒3进1
17. 车八平七	前车平5	**18.** 炮二平三	马7退8

不如进马迫兑，黑方多卒好走。

19. 车一平四	车5退1	**20.** 车七退一	炮9退1
21. 车七平一	卒9进1	**22.** 马六进八	马4进6
23. 马八进六	车5平4	**24.** 马六进七	车4退4
25. 车一平七	士4进5		

以上红方运子有力，车马占据要道，已取得有力攻势。

26. 炮三平一	马6退4	**27.** 车七进三	马4进2
28. 车七退三	马8进7	**29.** 炮九平六	象5进3
30. 马七退八	车4平2	**31.** 炮六平八	车2平4
32. 车四平三	马2进4	**33.** 车三进三	马4退6

红方进车迫马老练。如兵三进一，车8进2反抽红车，红方并不占便宜。

34. 兵三进一	车8进5	**35.** 仕五退四	卒5进1
36. 车七进二	象3进1	**37.** 车七退二	马7进5
38. 兵三平四	车4进7	**39.** 相五进三	车8退2
40. 炮八进一	将5平4	**41.** 仕六进五	炮9平8
42. 车三平二	车8平9	**43.** 车二进一	车9平7

44. 车二进三　车7平5
45. 炮八退三　车5平2
46. 车二平九（图132）　将4平5

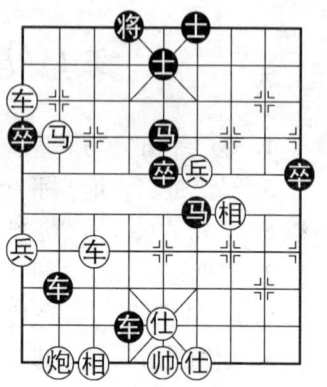

图132，红方吃象错失胜机，可惜。应车二平八，在攻击中牵制黑车，威力颇大。以下黑方如马5退4，车八平九，将4平5，车九平五，马4进2，车五平八，红方得子胜定。

47. 车七进六　车4退8

红方应车九进二，还有一定的取

图 132

势机会。以下黑方如士5退4，车九平八，将5进1，炮八平九，红方有攻势占优。

48. 马八进七　马5退4　　49. 车七平六　士5退4
50. 车九平六　车2进2　　51. 车六进一　车2平3
52. 仕五退六　士6进5　　53. 兵四平五　车3退7
54. 车六退四　车3退1

红方兑子之后，已无力进取，终成和局。黑方在第19回合时似应炮9退1牵制对方。

（选自臧如意和胡荣华的对局）

第133局　七路马对列炮

1. 炮二平五　马8进7　　2. 马二进三　车9平8
3. 车一平二　炮2平5　　4. 车二进六　马2进3
5. 马八进七　炮8平9　　6. 车二进三　马7退8
7. 车九平八　车1进1

如车1平2，炮八进四，卒3进1，兵三进一，士4进5，马三进四，炮9进4，炮五平三，炮9平7，相七进五，红方占先。

8. 炮八进六　卒3进1
9. 兵三进一（图133）　炮5退1

图133，此时黑方退中炮求变，力图化解困境。如马8进7，马三进四，炮9进4，炮五平三，炮9平7，相三进五，卒5进1，仕四进五，马7进5，车八进六，仍是红方先手。

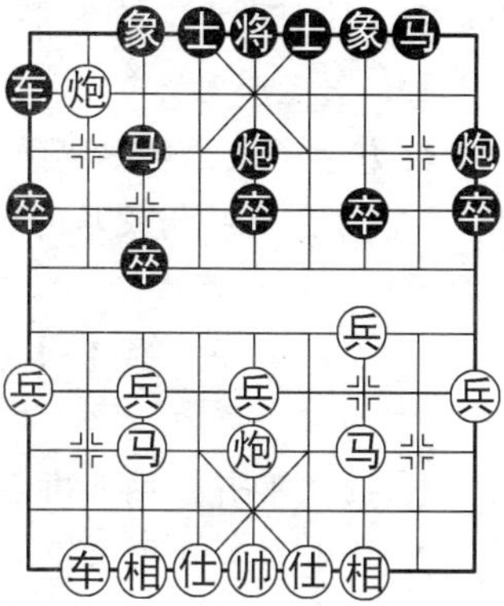

10. 马三进四　象7进5
11. 炮五平二　炮9进4

红方平二路炮是一灵活攻击的好着。

12. 相七进五　炮5平9
13. 马四进三　马8进7
14. 车八进七　前炮平7

图133

平炮打马反而使红方占了便宜，不如前炮平3，尚可应付。

15. 兵三进一　炮9平8
16. 马三进五　象3进5

红方进马踏象凶悍，由此步入佳境。

17. 兵三进一　炮7平3
18. 兵三进一　炮8进5
19. 兵五进一　象5进7
20. 仕六进五　士4进5
21. 马七退八　马3进4
22. 马八进六　象7退5
23. 炮八进一　炮3平6
24. 炮八平四　车1平4

红方大胆弃炮破士，着法异常精彩，由此形成胜势。此时黑方如士5退6，车八进二，再平车四路，红方胜定。

25. 炮四平一　士5退4
26. 兵五进一　卒5进1
27. 车八退一　车4平9
28. 炮一平六　卒5进1
29. 车八平二　马4进6
30. 炮六平八　象5退7
31. 炮八退五　车9平4
32. 炮二退一　车4进4

红方也可炮八平四，车4进7，车二平五，将5平4，车五退二，车4退2，仕五进六，红方胜势。

33. 炮八进四　车4退3
34. 炮八退四　车4进3
35. 炮八进四　车4退3
36. 炮八退四　卒3进1
37. 相五进七　炮6进2
38. 马六进五　炮6退2
39. 马五退七　车4平7
40. 炮八平五　车7进6

41. 马七进六　炮8平7　　42. 相三进五　将5平6
43. 车二退二

红方运子攻杀精妙老练，终于攻破城池而获胜。
（选自吕钦胜胡荣华的对局）

第134局　七路马对列炮

1. 炮二平五　马8进7　　2. 马二进三　车9平8
3. 兵七进一　炮8平9　　4. 马八进七　卒7进1
5. 炮八平九　车8进5　　6. 兵五进一　炮2平5
7. 车九平八　马2进3　　8. 车八进五　车1平2

如炮5进3打中兵，马七进五，象3进5，炮五进二，车8平5，车一平二，黑方左马受制，不占好处。

9. 车八平三　马7进8
10. 车一平二　车8进4
11. 马三退二　马8进9
12. 仕四进五　车2进6
13. 马七进六（图134）　车2平3

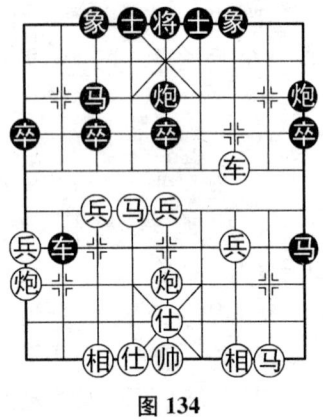

图134

图134，黑方应马9进8压住红马。红方如兵七进一，车2平4，马六进七，炮5进3，车三退一，炮9平8，车三平五，炮8进7，仕五退四，士4进5，红方双相受攻，黑方占优。

14. 车三进四　炮5进3

仍然应走马9进8，保持反击能力，还有夺先的希望。

15. 马二进三　象3进5

红方及时进马，企图兑马消除隐患，是夺取优势的好着。此刻黑方如马3退5，车三退三，炮5平3，仕五进四，马9进7，车三平五。黑方得子失势，仍难对付。

16. 车三退二	车3退1	17. 马三进五	马9退8
18. 炮五进二	车3平4	19. 车三平五	士6进5
20. 炮九平五	车4进1	21. 车五平二	将5平6
22. 车二进二	将6进1	23. 车二退四	车4平5
24. 前炮平七	车5平7	25. 炮七进三	车7进3
26. 仕五退四	车7平6	27. 帅五退一	卒3进1
28. 车二进三	将6进1	29. 车二退一	将6退1
30. 车二平一	卒3进1	31. 车一进一	将6进1
32. 炮五平八			

红方多子并有攻势,已成胜局。

(选自宗永生胜林宏敏的对局)

第135局 七路马对列炮

1. 炮二平五	马8进7	2. 马二进三	车9平8
3. 车一平二	炮8进4	4. 兵三进一	炮2平5
5. 兵七进一	马2进3	6. 马八进七	车1平2
7. 车九平八	车2进4		

如车2进6则对攻比较强烈。

8. 炮八平九	车2平8	9. 车八进六	炮5平6
10. 车八平七	象7进5	11. 兵七进一	炮8平7
12. 车二平一	前车平3		

红方抓紧时机进七路兵扩展攻势,争先之着。此刻黑车吃七路兵,使中路空虚,不如士6进5。红方如马七进六,卒7进1,马六进五,马3进5,炮五进四,后车进3,兵三进一,前车平7,相三进五,马7进6。以后变化较多,黑方可以应付。

13. 车七退一	象5进3	14. 马七进六	车8进4

如士6进5,马六进五,红方踏中卒夺先,有一定的攻势。

15. 马六进五	马3进5	16. 炮五进四	炮6平3
17. 炮五退一	炮3进7		

红方退炮阻拦黑车通路，是控制局势的要着。如炮五退二，炮3进7，仕六进五，卒7进1，兵三进一，车8平7，相三进五，炮3退2，车一平二，车7平8，炮九进四，将5进1，红方不占优势。

18. 仕六进五　炮7平1　　　　**19.** 兵五进一　炮1退2
20. 车一平二　车8进5　　　　**21.** 马三退二　象3平2

应炮1平5与红方兑炮。以下红方如兵五进一，象3退5，炮九平三，炮3退8，炮三进四，卒1进1，马二进三，炮3平5，兵五平四，马7进5，黑方还有对抗的机会。

22. 马二进三　炮1平5　　　　**23.** 兵五进一　象3退5
24. 炮九平五　士4进5

不如士6进5，可使左马多一条退路，有利于防守。

25. 马三进四　卒7进1　　　　**26.** 兵三进一　象5进7
27. 兵五平四　象7退5　　　　**28.** 兵四平三　炮2退6
29. 兵三进一　马7退8　　　　**30.** 兵一进一　卒1进1

红方进边兵细致，把微小的优势不断扩大，取势的机会，舍此不能产生好的结果。此时黑方不如将5平4，对以后的防守将产生积极的意义。

31. 兵三平二　马8进7　　　　**32.** 兵二平三　马7退8
33. 炮五平四　炮2进2
34. 兵三平二（图135）　将5平4

图135，如炮2平9打边兵，兵二进一，马8进9，帅五平六，以下再走炮四平五，黑方难以防守。

35. 兵二进一　炮2退4
36. 炮四平一　马8进6
37. 兵二平三　士5进4
38. 炮一进四　炮2平5

红方谋取一卒，为取胜创造了条件。

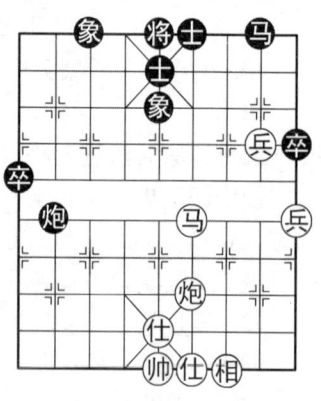

图 135

第一章 申炮七路马对半途列炮

39. 炮一平六	将4平5	40. 炮六平二	将5平4
41. 兵三平四	马6退8	42. 炮二退三	象5进7
43. 相三进五	炮5进4		

红方可仕五进六，可减少麻烦。此刻黑方升炮毫无效力，应炮5平9，兵一进一，士4退5，兵一平二，炮9进8，相五退三，炮9平8，黑方还有求和的希望。

44. 兵一进一	士4退5	45. 兵一平二	马8进9
46. 兵四平三	象3进5		

红方已成得马之势，在残局中，多子的优势决定一切，黑方的顽抗已无效力。

47. 兵三平二	马9进8	48. 马四进二	炮5平2
49. 兵二平三	炮2退3	50. 炮二平一	卒1进1
51. 炮一进六	将4进1	52. 仕五进六	卒1平2
53. 兵三进一	卒2进1	54. 马二退三	炮2进2
55. 仕四进五	士5进6	56. 兵三平四	士6进5
57. 炮一退六	卒2进1	58. 马三进四	炮2平5
59. 帅五平四	卒2平3	60. 相五进三	将4退1
61. 炮一退一	卒3平4		

红方退炮吃去黑卒，已成必胜之势。

62. 仕五进六	炮5平2	63. 马四进六	炮2退4
64. 兵四平五	士6退5	65. 马六进五	炮2平4
66. 马五退三	炮4平7	67. 炮一退一	炮7平4
68. 炮一平五	将4进1	69. 马三退五	炮4进1
70. 炮五进二	炮4退2	71. 马五进七	炮4平3
72. 炮五进三	将4平1	73. 帅四平五	象5进3
74. 炮五退五			

黑方已无法防守，红胜局已成。

（选自赵国荣胜万春林的对局）

第136局　七路马对列炮

1. 炮二平五　马8进7　　　**2.** 马二进三　车9平8
3. 车一平二　炮8进4　　　**4.** 兵三进一　炮2平5
5. 马八进七　马2进3　　　**6.** 炮八进四　车1平2

红方八路炮过河，意图牵制黑方出动直车，着法别出心裁，以往多走兵七进一或车九平八，形成不同变化。此时黑方也可车1进1，灵活多变。

7. 车九平八　卒3进1　　　**8.** 马三进四　炮8退1

退炮并没有争先的作用，被红方马四进三吃卒之后，反而白失一先，不如炮8平3或炮8进1。

9. 马四进三　炮8进2　　　**10.** 炮五退一　炮8平5
11. 炮五平八　车2进3

红方平炮打车是巧妙的争先手段。如炮五平二，前炮平7，马三进五，象7进5，炮二进五，马7进6，黑方双马活跃，形势令人满意。此刻黑方如车8进9，后炮进八，炮5平7，前炮平九，炮7退4，炮八平三，象7进9，车八进八，黑方难以应付。

12. 车二进九　马7退8
13. 相三进五　车2进4　（图136）
14. 马三进二　车2退6

图136，黑方退车防守迫不得已。如车2平3，马二退四，将5进1，炮八平四，炮5进4，仕四进五，红方弃子之后有强大的攻势。

15. 马二退一　马3进4
16. 炮八平三　车2进8
17. 炮三进八　士6进5
18. 马七退八　炮5进4

不如炮5平1作用大。

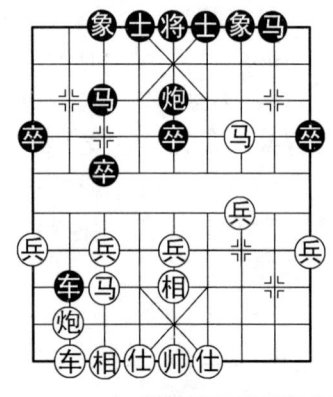

图136

19. 仕四进五　马8进9

20. 马八进七	炮5平4	21. 马一进三	象3进5
22. 炮三平一	士5进6	23. 兵一进一	卒5进1
24. 兵一进一	卒5进1	25. 兵一进一	马9进7
26. 兵一平二	马7进6	27. 马三退四	士4进5
28. 炮一退二	象5进7	29. 炮一退二	炮4进2
30. 兵七进一	马6进5		

踏相弃卒力求一拼。如卒3进1，相五进七，红方化解了失相的威胁，已无后顾之忧。而黑方少卒缺象，已难支撑下去。

31. 兵七进一	马4进6	32. 仕五进四	马5进3
33. 帅五进一	炮4退2	34. 炮一退四	炮4平3
35. 马四进六	卒5进1	36. 马六退五	卒5平4
37. 兵三进一	炮3退1	38. 马五进六	炮3进1
39. 马六退五	炮3退1	40. 炮一平七	炮3进3

红方及时以炮兑马，简明有力，由此可以稳中取胜。

41. 马七进八	卒4平5	42. 马八进六	马6进8
43. 马六退五	马8进6	44. 前马进六	马6退4
45. 帅五退一	马4退3	46. 马五进七	将5平4
47. 兵三平四	马3退5	48. 马七进五	马5退7
49. 兵四平三			

红方双兵压入黑阵，已无法防守，红胜。

（选自刘殿中胜蒋志梁的对局）

第137局　七路马对列炮

1. 炮二平五	马8进7	2. 马二进三	车9平8
3. 马八进七	炮8平9	4. 兵七进一	卒7进1
5. 炮八平九	车8进5	6. 兵五进一	炮2平5

红方如车九平八，车8平3，马三退五，炮2平4，炮五平三，象3进5，相三进五，车3进1，车八进四，马2进4，车八平六，马7进6，车六平四，马6退4，车一平二，后马进2，炮九退一，

马2进3，黑方比较好走。

7. 车九平八　马2进3

如炮5平4，车八平三，象3进5，车三进一，炮9退1，兵三进一，车8进1，马七进六，红方占优势。

8. 车八进五　车1平2

9. 车八平三（图137）　马7进8

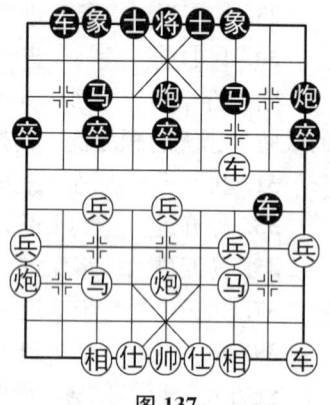

图137

图137，在红方左车右移吃卒捉马之时，黑方跃马河口，企图进行反击，不如车8退3保马。红方如车一平二兑车，车8进7，马三退二，马3退5，马二进三，炮9退1，黑方可以应付。

10. 车一平二　车8进4

11. 马三退二　马8进9

12. 车三进四　车2进6

红方进车吃象谋取攻势，佳着，比走仕四进五紧凑。此刻黑方如车2进8，仕四进五，车2平3，马七进六，车3退3，马六进五，车3平5，马五退三，炮5进5，相三进五，车5退3，车三退三，红方占优。

13. 车三退二　马9进8　　　**14.** 仕六进五　车2平3

15. 炮五平二　车3进1

红方平炮侧攻，企图先弃后取，抢先制胜的要着。

16. 相三进五　车3退1　　　**17.** 炮二进一　车3进1

18. 车三平一　卒3进1　　　**19.** 炮二进六　士6进5

20. 车一进二　车3进1

红方进车借助炮势扩大攻势，迫使黑方失子，红方已成胜势。

21. 炮二退二　士5退6　　　**22.** 炮二平七　马8退7

23. 车一退三　车3平4　　　**24.** 车一平五　马7进5

红方弃相吃卒，已算准黑方车马难成大事，红方胜势已成。

25. 兵七进一　马5退6　　　**26.** 车五平四　马6进8

27. 马二进四　士4进5　　　**28.** 兵七进一　车4退4

29. 炮九平五　炮5平9

红方平炮兑子,力图不让黑方有反扑之机,可以确保顺利取胜。

30. 车四平一　炮9平7　　　**31.** 车一平三　炮7平9

32. 炮七平二

至此红方已成胜势。以下黑方如车4平8,炮二退四,车8进2,兵五进一,红方胜定。

(选自李来群胜张平的对局)

第138局　七路马对列炮

1. 炮二平五　马8进7　　　**2.** 兵三进一　车9平8

3. 马二进三　炮8平9　　　**4.** 马八进七　炮2平5

5. 车九平八　马2进3　　　**6.** 兵七进一　车1进1

7. 车一进一　车1平6

如车8进4,车一平四,卒7进1,车四进三,车1平4,马七进六,红方先手。

8. 车八进一　车8进4　　　**9.** 车一平四　车8平6

红方也可车一平二,车8平4,车八平六,车4进4,车二平六,车6进3,车六进七,车6平2,马三进四,卒3进1,车六退四,炮5退1,相七进九,卒3进1,车六平七,炮5平3,马四进五,马3进5,马七进八,红方先弃后取,形势占优。

10. 车四进四　车6进3　　　**11.** 马七进六　车6平4

12. 炮八进二　卒7进1　　　**13.** 炮五平六　车4平2

14. 兵三进一　车2平7

15. 相七进五　马7进8（图138）

图138,黑方不如马7进6较为紧凑,以下红方如马六进七,炮9平7,马七进五,象7进5,马三进四,炮7平6,双方形成平稳之势。

16. 车八平四　马8进9　　　**17.** 车四进四　车7进2

如车7平6，马六进四，马9进7，炮六平三。黑方多一边卒，但右马受制，仍是红方好走。

18. 炮八退一　炮5进4
19. 马三进五　车7平5
20. 炮八平一　炮9进4
21. 马六进七　车5平3

应炮9平1打兵。以下红方如车四平八，炮1平3，车八进一，炮3退3，车八平七，马3退5，车七平

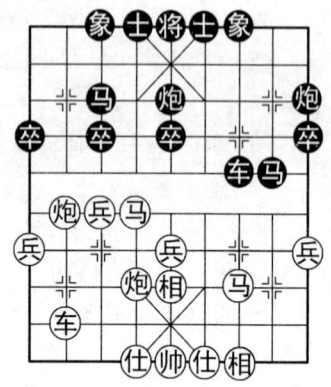

图138

九，红方虽然占有一定的优势，但没有形成定局，黑方仍有谋和的机会。

22. 仕四进五　炮9平1　　23. 车四平八　车3平7
24. 车八进二　炮1平5　　25. 帅五平四　车7退4
26. 炮六平七　车7平6　　27. 仕五进四　炮5平3
28. 兵七进一　士4进5　　29. 兵七平六　卒1进1
30. 仕六进五　卒1进1　　31. 帅四平五　卒1进1
32. 马七退八　炮3平2　　33. 马八进七　炮2平3
34. 马七退八　炮3平2　　35. 马八进七　炮2平3
36. 兵六进一　象7进5

红方形势乐观，所以冲兵求变，争取扩大优势。

37. 马七退八　马3退4　　38. 马八进六　炮3退2
39. 兵六平五　车6进2　　40. 车八进一　卒1平2

红方进车弃马寻求杀机，极为巧妙，由此夺得胜势。

41. 炮七进二　象5退7　　42. 车八平六　象3进1
43. 炮七平八　马4进2

如炮3平2，马六进八，车6平3，炮八平五，红方胜势。

44. 炮八进一　马2进1

如马2进3，车六退二，马3退2，马六进四，车6进2，马四进三，车6退5，马三退四，红方大占优势。

45. 马六进五　车6退2　　**46.** 马五进七

红方伏下有力的攻杀手段，胜局已定。

(选自傅光明胜吴贵临的对局)

第139局　七路马对列炮

1. 炮二平五　马8进7　　**2.** 马二进三　车9平8
3. 兵三进一　炮8平9　　**4.** 马八进七　炮2平5
5. 车九平八　马2进3　　**6.** 兵七进一　车1进1
7. 炮八平九　车8进4

如车1平4，车八进六，车4进5，马七进八，车4平3，形成对攻之势，变化比较复杂。

8. 车一平二　车8平5　　**9.** 马三退二　车1平4
10. 马二进三　车4进3　　**11.** 车八进六　炮5退1
12. 兵五进一　炮5进4

针对黑方退中炮的意图，红方冲中兵力求控制黑方右路，由此打开突破口，除此也没更好的办法。

13. 马七进五　卒5进1
14. 车八平七　马7进5
15. 炮九进四（图139）　马3进1

图139，红方九路炮打边卒是不失时机的佳着，经过交换可取得多兵优势。

16. 炮五进二　卒5进1
17. 车七平五　炮9平5
18. 车五退二　车4进2
19. 仕四进五　马1进2

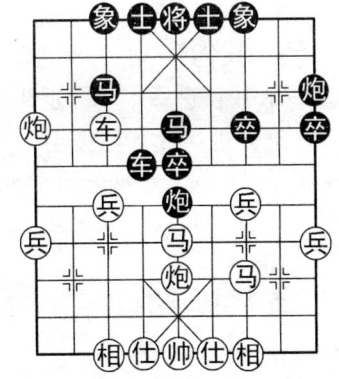

图139

如炮5退1，帅五平四，象3进5，车五平四，炮5进5，车四进五，将5进1，车四退六，红方多兵占优。

20. 相三进五　马2进3　　**21.** 车五进二　士4进5

22. 马五进四　炮 5 平 4　　　23. 兵九进一　象 7 进 5

如炮 4 进 7 打仕，车五平八，炮 4 退 1，车八退五，马 3 退 4，马三进四，黑方将失子。

24. 车五平三　车 4 平 6　　　25. 兵三进一　炮 4 进 2
26. 马四进六　车 6 平 7　　　27. 马三退一　车 7 退 2
28. 车三平一　将 5 平 4　　　29. 马六进七　炮 4 退 3
30. 车一平五　炮 4 进 1　　　31. 兵一进一　车 7 进 1
32. 马一退三　马 3 进 1　　　33. 马七退八　马 1 退 2
34. 马八进六　马 2 进 3　　　35. 帅五平四　车 7 平 6
36. 马三进四　士 5 进 4　　　37. 车五平二　马 3 退 4
38. 车二退三　车 6 平 8　　　39. 马四进二

红方马三兵必胜马士象全，余着从略，红胜。

（选自徐天红胜李洪滨的对局）

第140局　七路马对列炮

1. 炮二平五　马 8 进 7　　　2. 马二进三　车 9 平 8
3. 兵七进一　卒 7 进 1　　　4. 马八进七　炮 8 平 9
5. 车一进一　车 8 进 5　　　6. 相七进九　炮 2 平 5
7. 兵三进一　车 8 退 1

红方进兵捉车积极主动，如车九平八，马 2 进 3，车一平四，车 1 平 2，炮八进四，形成另一路变化。

8. 兵三进一　车 8 平 7　　　9. 马三进四　马 2 进 3
10. 车九进一　车 1 平 2

红方升左车准备平三路兑车，有利于威胁黑方 7 路要道，紧凑有力。

11. 车九平三　车 2 进 4　　　12. 炮八退一　车 7 进 4
13. 车一平三　马 7 进 6　　　14. 炮八平七　炮 9 进 6

如炮 5 平 6，马四退六，车 2 进 2，马六进八，象 3 进 5，马八进七，仍是红方好走。

15. 车三进三　炮5退1

如炮6进3，车三平四，炮5平6，兵七进一，红方稳占优势。

16. 马四退六　车2平4　　**17.** 炮七平三　象3进5

红方平炮叫杀是必要的过场。如先走马六进八，车4进4，再马6进5夺中兵，红方反而不合算。

18. 马六进八　炮5平3

平炮露出破绽。可象7进9，炮三平二，炮6平7，炮二进八，象9退7，黑方还有反击之力。

19. 马八进九（图140）　马3进1

图140，红方乘机马踏边卒，不但可抢夺攻势，还可形成多兵之势。

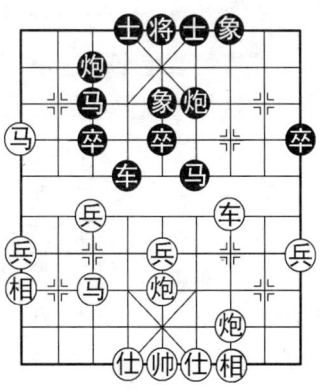

图140

20. 炮五进四　士6进5
21. 炮五平九　炮3平1
22. 仕六进五　卒9进1
23. 炮三平二　车4平1　　**24.** 炮二进五　炮1平3

平炮没有什么作用，不如马6退8，炮九平二，炮1进5，耗去兵力之后，还有谋和机会。

25. 炮二平五　将5平6　　**26.** 炮五平四　将6平5
27. 兵五进一　炮3平1　　**28.** 相九退七　士5进4
29. 相七进五　士4进5　　**30.** 炮四平五　将5平4
31. 车三进二　炮6平9　　**32.** 炮五平六　将4平5
33. 炮六平五　将5平4　　**34.** 兵九进一　车1平2
35. 炮五退一　炮1进4

红方退炮让开车路之后，黑方3路卒被捉，由此红方已获胜势。

36. 车三平七　炮1平4　　**37.** 车七进三

以上黑方如车2退4回防，车七平三，炮9平7，炮五平六，将4平5，兵五进一，红方得子胜。

（选自于幼华胜胡荣华的对局）

第 141 局　七路马对列炮

1. 炮八平五　马 2 进 3　　　2. 马八进七　车 1 平 2
3. 马二进三　卒 7 进 1　　　4. 车九进一　炮 2 平 1
5. 车九平四　车 2 进 4　　　6. 兵五进一　炮 8 平 5

红方可改走车一进一，先看一下黑方的应手，必要时再进中兵抢攻，这样可以避开黑方的反击手段。

7. 马三进五　马 8 进 7
8. 炮二进四　车 9 平 8
9. 炮二平七　马 7 进 6（图 141）

红方如炮二平三，卒 3 进 1，车四平六，车 2 进 2，红方仍难发动有力的攻势。

10. 车一进一　马 6 进 5

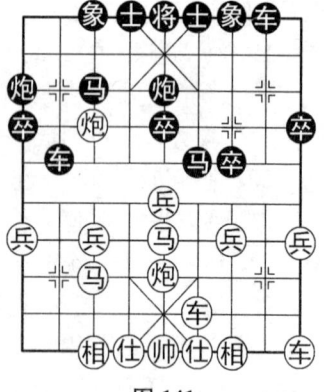

图 141

图 141，红方如兵五进一，马 6 进 5，兵五进一，马 3 进 5，炮五进四，士 4 进 5，马七进五，车 2 平 5，车四进五，车 5 进 2，仕四进五，炮 1 进 4，相三进五，炮 1 进 3，车一平四，将 5 平 4，黑方占优势。

11. 马七进五　炮 1 进 4　　　12. 马五进七　炮 5 进 3
13. 炮五平七　炮 1 平 7　　　14. 车四进三　卒 5 进 1
15. 车四退一　车 2 平 4

平车抢攻佳着。如卒 7 进 1，车一平六，象 3 进 5，马七进六，双方形成对攻之势。

16. 车四平三　士 4 进 5　　　17. 车一平四　车 8 进 3
18. 车四进三　象 3 进 5

不急于吃炮生动有力。如车 8 平 3，马七进五，车 3 平 4，马五进四，士 5 进 6，车四平五，士 6 退 5，仕四进五，局势反而缓和，黑方不能满意。

19. 前炮平八　马3进2　　20. 车四退一　车4进3
21. 炮七退一　车4进1　　22. 车三平二　车8进3
23. 车四平二　将5平4

出将助攻巧妙，由此扩大了优势。如车4平3，车一平六，红方可暂时脱离险境，还可支持一阵。

24. 马七进五　车4进1　　25. 帅五进一　车4退1
26. 帅五退一　马2进4　　27. 炮八退六　马4进5

黑方运子精巧有力，终于取得胜局。

（选自柳大华负李来群的对局）

第142局　七路马对列炮

1. 炮二平五　马8进7　　2. 马二进三　车9平8
3. 兵三进一　炮8平9　　4. 马八进七　炮2平5
5. 兵七进一　马2进3

红方如车九平八，马2进3，炮八平九，车1进1，形成对攻性较强的形势。

6. 车九平八　车1进1　　7. 车一进一　车8进4
8. 车一平四　卒7进1

如卒3进1兑卒通马路，马七进六，卒3进1，马六进四，马7退9，炮八平七，红方占优势。

9. 车四进三　车1平4
10. 炮八进三（图142）　车8进2

图142，红方如马七进六，车4进3，炮五平六，卒7进1，车四平三，车4平7，车三进一，车8平7，相七进五，马7进6，马六进四，车7平6，炮八平七，炮5平7，红方略占优势。

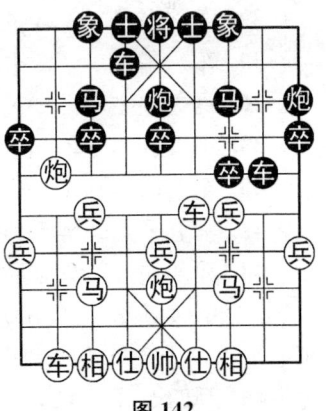

图142

11. 兵七进一　卒 3 进 1　　　12. 炮八平三　马 7 进 8

上马造成中路防守软弱，不如士 6 进 5 稳妥。

13. 马七进六　炮 9 进 4　　　14. 马六进四　炮 9 平 5
15. 马三进五　炮 5 进 4　　　16. 仕四进五　车 4 平 6
17. 车四退二　象 3 进 5　　　18. 车八进三　象 5 进 7

黑方运炮打兵之后，虽然形成多卒之势，但子力比较松散，且兵种并不好，形势比较被动。

19. 兵三进一　马 8 进 9　　　20. 马四退五　车 6 进 6
21. 马五进三　车 6 平 5

红方应马五进六，这样才能得到好处。以下黑方如车 6 平 5，车八平二，车 5 平 7，马六进七，车 7 进 2，仕五退四，车 7 平 9，兵三进一，三路兵可长驱直入，形势令人满意。

22. 车八平二　车 5 平 3　　　23. 相七进五　卒 3 进 1
24. 车二平一　卒 3 平 4　　　25. 兵三平四　车 3 退 3
26. 马三进二　士 4 进 5　　　27. 车一进三　将 5 平 4
28. 兵九进一　车 3 平 4　　　29. 车一进三　卒 5 进 1

从形势上看，黑方应以全力防守为佳，然后伺机反击。现在弃象对攻未免有些着急，容易发生危险。应象 7 进 5。

30. 车一平三　车 4 退 1　　　31. 马二退三　卒 5 进 1
32. 车三退二　马 3 进 4　　　33. 车三平八　车 4 平 2
34. 车八平九　卒 5 平 6　　　35. 马三进一　马 4 进 2
36. 马一进二　马 2 进 4　　　37. 车九平七　卒 4 平 5
38. 马二进四　车 2 平 4　　　39. 车七进二　将 4 进 1
40. 车七退一　将 4 退 1　　　41. 车七进一　将 4 进 1
42. 帅五平四　卒 5 进 1　　　43. 车七退五　卒 6 进 1
44. 兵四进一　车 4 退 1

红方冲兵突破了黑方防线，迫使黑方回车退守。如车 4 平 6，车七平六，士 5 进 4，马四退六，黑车被捉死。

45. 马四退五　车 4 平 5　　　46. 车七进四　将 4 退 1
47. 车七进一　将 4 进 1　　　48. 马五退六

红方下一步可走马六进七进杀,黑方无法守卫,红胜。
(选自郭正伟胜吕钦的对局)

第143局 七路马对列炮

1. 炮二平五　马8进7　　　　2. 马二进三　车9平8
3. 车一平二　炮8进4　　　　4. 兵三进一　炮2平5
5. 马八进七　马2进3　　　　6. 兵七进一　车1平2
7. 车九平八　车2进4　　　　8. 炮八平九　车2平8
9. 车八进六　炮8平7

平炮抢攻容易受到红方的反击,如卒7进1,兵三进一,车8平7,炮五退一,炮8平7,车八平七,形成另一路攻守方法。

10. 车二平一　炮5平6　　　11. 兵五进一　士6进5

红方如车八平七吃卒,象7进5,以下黑方有炮7平6的反击手段,所以红方冲中兵,企图从中路打开缺口。

12. 车八退三　前车进2　　　13. 仕四进五　炮7平6

如炮7平3,马七进五,炮3进1,车八进三,炮3平7,马五退三,红方较为好走。

14. 车八平五　后炮平5　　　15. 相三进一　卒9进1

进9路卒迟缓,不如炮6退6相互牵制。

16. 兵一进一　卒9进1

红方献边兵之后,可以开车打扰黑炮的活动,紧凑有力。

17. 车一平四　炮6退4　　　18. 车四进六　马7进9

红方及时进车抢占要道,已取得主动权。

19. 兵五进一　炮5进2　　　20. 炮五进三　卒5进1
21. 车五进二　象7进5　　　22. 马七进六　前车平7

平车压马陷入红方的计谋之中,应后车进4兑车。红方如车五平二,车8退2,马六进七,马9退8。黑方虽然仍处下风,但红方一时也没有突破的能力,黑方足可对抗下去。

23. 车五平一(图143)　车7进1

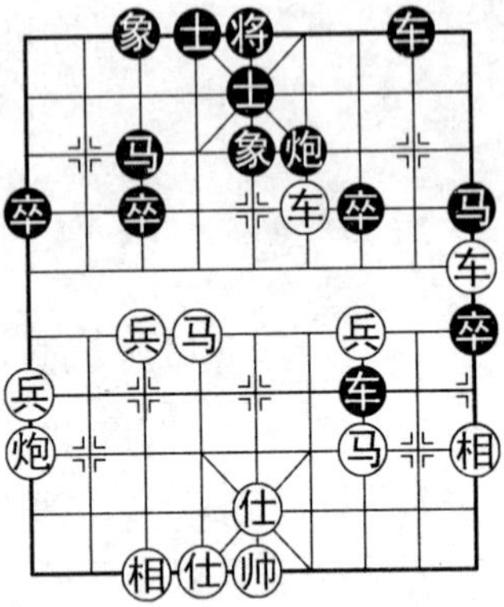

图 143，红方乘势平车捉边马，使黑方的防守发生了困难，此刻黑方如改走马 9 退 7，则马六退五，以下再平车吃卒，红方仍然占优势。

24. 马六退五　车 7 平 5
25. 相七进五　车 8 进 3
26. 相五退三　炮 6 平 9

红方退相加强防守，使黑方无机可乘，稳健。

27. 车一平四　马 9 进 8
28. 炮九平五　车 8 退 3

图 143

29. 前车平七　车 8 平 6

兑车无可奈何，否则将会丢子，但兑车后仍在困境中。

30. 车四进四　将 5 平 6	31. 兵七进一　炮 9 平 6
32. 车七平六　卒 7 进 1	33. 兵七进一　马 3 退 2
34. 车六平二　卒 7 进 1	35. 车二进三　将 6 进 1
36. 相一进三　炮 6 进 4	37. 炮五平四　炮 6 平 5
38. 相三进五　炮 5 退 2	39. 车二平一　炮 5 进 1
40. 车一退五　将 6 退 1	41. 车一进五　将 6 进 1
42. 车一平二　卒 1 进 1	43. 相三退一

红方车炮兵攻势有力，终于取得胜利。

（选自黄勇胜孙志伟的对局）

第 144 局　七路马对列炮

1. 炮二平五　马 8 进 7	2. 马二进三　车 9 平 8
3. 车一平二　炮 8 进 4	4. 兵三进一　炮 2 平 5
5. 马八进七　马 2 进 3	6. 炮八进四　车 1 进 1
7. 兵七进一　车 1 平 4	

可车 1 平 8，马七退五，前车进 3，伏下前车平 2 捉炮的先手。

8. 车九平八　车 4 进 3　　9. 马三进四　车 4 平 6

第二章 申炮七路马对半途列炮

10. 炮八退二　炮8进1　　11. 炮五平四　车6平2
12. 相七进五　卒7进1　　13. 炮四平三　马7退5

退马窝心使红方得到攻击机会，可考虑卒7进1，以下红方如炮三进五，卒7平6，炮三平七，卒6进1，过河卒有较大的威力，足可对抗。

14. 马四进三　炮5平7　　15. 马七进六　车8进3
16. 兵七进一　车2平3　　17. 炮八进三　车8平7
18. 车二进二　象7进5　　19. 车二进六　车7平6
20. 车二平三　车3平4
21. 马六进八　炮7平6
22. 兵三进一　炮6进7
23. 马八进九（图144）　象5进3

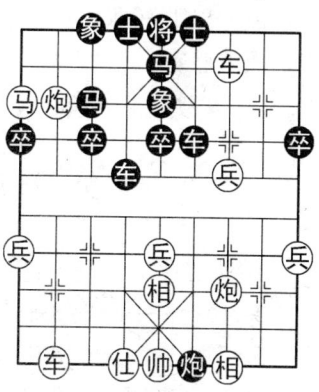

图144

图144，红方进边马失去取势良机，实在令人可惜。此时应兵三平四，车6进1，车三平四，象5进7，炮三平二，马5进6，马八进七，红方得子，胜势。

24. 炮三平二　车6平8
25. 帅五平四　象3退1　　26. 炮二进三　车4进1
27. 车三平四　马5进6　　28. 炮八退六　士6进5
29. 炮八平七　马6进8　　30. 兵三平二　车8退1
31. 兵二进一　车8平4　　32. 帅四平五　卒3进1
33. 仕六进五　前车进3　　34. 炮七进一　马3进4
35. 车八进六　马4进5

红方应车八进三，形势虽然不理想，但还可防守。

36. 车八平五　马5进3

红方平车白丢一炮，失误，自此失去对抗能力。

37. 帅五平四　后车平5　　38. 车五平三　车5平6
39. 车四退一　士5进6　　40. 车三进三　将5进1
41. 车三退六　将5退1　　42. 车三平七　马3进5

43. 帅四平五	士4进5	44. 车七平三	象3进5
45. 兵二平一	车4平1	46. 车三平七	马5退7
47. 帅五平六	车1进1	48. 帅六进一	车1平5
49. 前兵平二	马7进6	50. 车七平四	车5平2
51. 帅六平五	马6退7	52. 车四退一	马7退9
53. 车四进一	马9退8	54. 兵二进一	车2退4
55. 兵二进一	马8进6	56. 兵二平三	士5退6
57. 兵三平四	士6退5	58. 帅五平四	车2平4

黑方以下可马6进4，然后3路卒过河攻击。红方已无力防守，黑方胜定。

（选自刘殿中负许波的对局）

第145局　七路马对列炮

1. 炮二平五	马8进7	2. 马二进三	车9平8
3. 兵七进一	炮8平9	4. 马八进七	卒7进1
5. 车一进一	车8进5	6. 相七进九	炮2平5
7. 车一平四	马2进3	8. 车九平八	车1平2
9. 炮八进二	车8进1		

红方如炮八进四封车，士4进5，兵三进一，车8退1，车四进三，红方比较好走。

10. 炮八退一	车2进4	11. 炮八平七	卒3进1
12. 兵三进一	车8退2	13. 车四进三	车2进5
14. 马七退八	马3进2	15. 炮七退二	炮5平2

红方也可炮七进二，卒7进1，车四平三，炮5平2，马八进七，象7进5，马三进四，红方占优。

16. 马八进七	炮2平3	17. 兵七进一	炮3进5
18. 马三退五	马2进1	19. 炮七平九	炮3退1
20. 炮九进二	象7进5	21. 兵七进一	士6进5

上士巩固防守稳健。如炮3平9，炮九平一，炮9进4，车四

进三，黑方不好对付。

22. 炮九平八　炮3平9
23. 炮八进四　卒7进1
24. 车四平三　车8平7
25. 车三进一　象5进7
26. 炮五平七（图145）　士5退6

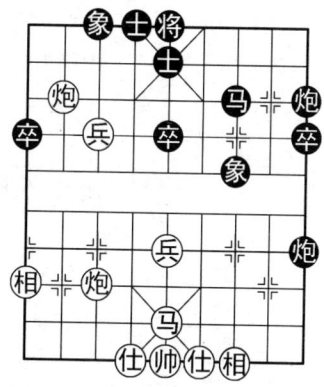

图145

图145，红方平炮打象要杀，紧凑有力，由此必得一象，打开了黑方的防守大门，扩大了攻势。

27. 炮七进七　将5进1
28. 炮八进一　马7进6
29. 马五进七　象7退5
30. 炮七退一　将5退1
31. 炮八退二　卒5进1
32. 炮八平一　象5退3
33. 炮一平五　前炮退3
34. 马七进八　卒1进1
35. 炮七平八　马6退7
36. 炮五平六　卒1进1

此时可先考虑走前炮平5，可能获得机会。

37. 马八退六　前炮平5
38. 炮六退一　炮5进3

可炮9进1，然后再轰中兵，形势可能好一些。

39. 马六进五　马7进5
40. 马五进三　炮9进3
41. 炮六平五　士4进5
42. 炮八进一　象3进5
43. 炮五进二　炮5退4
44. 马三进五　炮9平5
45. 马五进七　将5平4
46. 帅五进一　马5进3
47. 相九进七　炮5退1
48. 马七退八　马3退5
49. 帅五平四　马5进7
50. 帅四平五　马7退6
51. 马八退九　马6进5

红方运马吃卒除去隐患，已形成胜势。

52. 相七退五　马5进3
53. 帅五平四　马3进4
54. 帅四进一　炮5平6
55. 炮八退一　士5进4
56. 仕四进五　马4退3
57. 马九退七　马3退5
58. 马七进五　炮6退3

可士6进5,还可支撑一阵。
59. 兵七平六　将4平5　　**60.** 兵六进一　马5进7
61. 兵六进一　炮6平2　　**62.** 马五进六
红方马炮兵攻击有力,获得胜局。
(选自赵庆阁胜李来群的对局)

第146局　七路马对列炮

1. 炮二平五　马8进7　　**2.** 兵三进一　车9平8
3. 马二进三　炮8平9　　**4.** 马八进七　炮2平5
5. 车九平八　马2进3　　**6.** 兵七进一　车1进1
7. 车一进一　车8进4　　**8.** 车一平四　卒7进1
9. 车四进三　车1平4　　**10.** 炮八平九　车4进7

进车下二路急躁,不如车4进3,下一步兑7路卒,然后再平车兑车,局势较好。

11. 马七进六　卒3进1

兑卒争先,促使子力活跃,有利于展开攻守。

12. 兵七进一　卒7进1　　**13.** 车四平三　车8平3
14. 仕四进五　车3进1　　**15.** 车三进三　车4退3
16. 车三进二 (图146)　车4平7

图146,双方子力相当,占位也相差不多,此时红方应认识到三路线的重要性,不要让黑方所抢占,可走相三进一守住,形势乐观。

17. 车三退五　车3平7
18. 车八进八　炮9平7

红方进车企图牵制黑方车炮,但由于形成低车,造成局势受制,并不合适。可车八进六,炮9平7,车八平七,谋求和局并不困难。

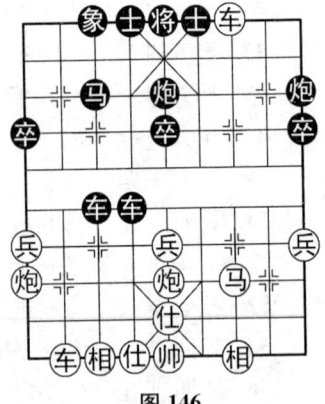

图 146

19. 车八平三　车7进1　　　20. 炮九平八　士4进5
21. 炮五平七　马3进2　　　22. 相三进五　象3进1

黑方控制局势之后，逐渐调整子力位置，为扩大进攻创造条件。

23. 炮八进一　车7退2　　　24. 炮七平八　马2进4

红方已无攻击手段，此时不如仕五退四，调理仕相的防守。

25. 前炮进四　士5进6　　　26. 前炮平四　马4进6
27. 炮四退三　卒5进1

红方面临受攻之势，只能勉强维持，已无力反击。

28. 兵一进一　象1进3　　　29. 兵九进一　炮5进1
30. 炮八平七　象3退5　　　31. 帅五平四　士6进5
32. 帅四平五　炮5平3　　　33. 马三退二　卒5进1
34. 兵五进一　车7进5　　　35. 仕五退四　马6进4
36. 帅五进一　车7退1　　　37. 炮四退三　炮3退2

黑方运子异常老练，巧妙地将局势导向胜势，黑胜。

(选自卜凤波负吕钦的对局)

第147局　七路马对列炮

1. 炮二平五　马8进7　　　2. 马二进三　车9平8
3. 车一平二　炮8进4　　　4. 兵三进一　炮2平5
5. 马八进七　马2进3　　　6. 兵七进一　车1平2
7. 车九平八　车2进6　　　8. 马七进六　车2退1

红方跃马河口争先。如炮八平九，车2平3，车八进二，车3退1，黑方有对抗手段。此时黑车进而复退，显然是经过研究的走法。如车2退2，兵七进一，车2平3，炮八平七，车3进1，马六进四，车3进2，马四进三，车8进2，马三退五，马3进5，炮五进四，士6进5，相三进五，红方占优。

9. 车八进一　炮8平1

红方以往多走马六进四，马3退5，马三进二，卒7进1，兵三进一，车8进5，兵三进一，车8退1，兵三进一，车8平6，车二进三，马5进7，车二平三，红方较为主动。此刻黑方平炮打兵好着，不但先得实惠，又解除了红方马六进四的威胁，局势安稳。

10. 车二进九　马7退8　　11. 马六进四　车2退1
12. 马四进六　车2平4　　13. 炮八进四　马8进7
14. 马三进四　车4进1

红方可考虑车八进二，炮1进3，仕四进五，士6进5，炮五平七，红方仍占主动。

15. 兵七进一　士6进5　　16. 马六进七　车4退4
17. 兵七进一　车4平3　　18. 炮八进一　卒5进1
19. 炮八平五　象3进5　　20. 兵七进一　车3进1
21. 车八进五　车3进7

经过兑子之后，黑方得相并多卒，在物质上占有优势。

22. 车八平三　车3退4（图147）

图147，红方急于平车吃卒捉马，容易被黑方所算，不如炮五进三。以下黑方如炮1进3，帅五进一，车3退1，帅五进一，车3平4，马四进三，双方对攻，红方仍有一定潜力。

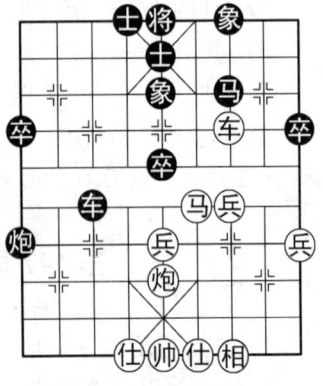

图147

23. 车三进一　车3平6　　
24. 炮五进三　将5平6
25. 仕六进五　炮1平9
26. 炮五平二　象7进9
27. 车三平五　车6平7
28. 车五退一　卒9进1
29. 车五平四　将6平5
30. 炮二平五　士5进4
31. 车四平五　将5平6
32. 车五平四　将6平5
33. 车四平五　将5平6
34. 车五平四　将6平5
35. 相三进一　车7进2
36. 车四平五　将5平6
37. 车五平四　将6平5
38. 车四平五　将5平6
39. 车五平四　将6平5
40. 车四退四　车7退1

红方不如车四平九，车7平9，车九平五，将5平6，车五平四，将6平5，车四退四，炮9平7，帅五平六，炮7进3，帅六进一，车9退1，车四平五，红方尚能抗争下去。

41. 兵五进一	炮9平8	42. 仕五进六	车7退1
43. 车四平五	卒9进1	44. 仕四进五	卒9进1
45. 车五进一	车7进2	46. 炮五平八	炮8进3
47. 帅五平六	卒9进1	48. 兵五进一	车7进2
49. 帅六进一	车7平2	50. 兵五平四	将5平6
51. 炮八平五	炮8退1		

可炮八退二，还可对抗一阵。

52. 仕五进四	炮8平6	53. 帅六平五	炮6退4
54. 车五平四	炮6退3	55. 帅五平六	士4退5
56. 炮五退三	卒9进1	57. 仕四退五	车2退7
58. 炮五平四	车2平6	59. 车四进四	士5进6
60. 炮四进六	将6进1	61. 仕五退四	将6平5
62. 仕六退五	卒1进1	63. 帅六进一	卒9平8
64. 帅六退一	卒8平7	65. 帅六进一	卒7平6
66. 帅六退一	卒1平1	67. 帅六进一	卒1平2
68. 帅六退一	卒2平3	69. 帅六进一	卒3平4
70. 帅六退一	卒4进1	71. 帅六退一	卒4平5

黑方利用双卒的威力获胜。

（选自苗利明负董旭彬的对局）

第148局　七路马对列炮

1. 炮二平五	马8进7	2. 马二进三	车9平8
3. 兵三进一	炮8平9	4. 马八进七	炮2平5
5. 车九平八	马2进3	6. 兵七进一	车1进1
7. 车一进一	车8进4		

红方进右横车，抢占要津，强悍。

8. 车一平四　车1平4（图148）
9. 车四进五　卒3进1

图148，红方进车准备吃卒压马，容易被黑方所利用，可炮八平九，局势比较平稳。又如马七进八，卒3进1，炮八平七，车4平2，兵七进一，车8平3，炮七进五，车3退2，马八进九，车2进8，马九进七，车2平3，马七退五，马7进5，炮五进四，士4进5，车四平六，车3退6，马三进四，炮9进4，车六进四，炮9退5，兵三进一，卒7进1，帅五进一，红方先手。

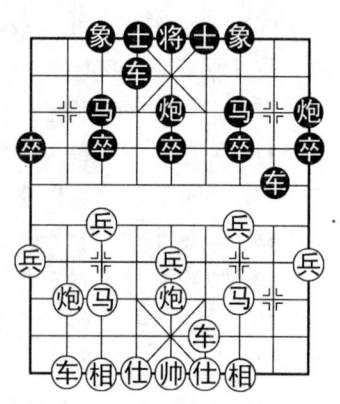

图 148

10. 车四平三　卒3进1　　11. 车三进一　卒3进1

黑方进卒展开攻击，也有一定的威力。

12. 炮八进四　卒3进1

红方如马七退五，车8平4，相七进九，前车进1，红方处于被动挨打的困境中，局势并不理想。

13. 炮八平一　车8退1

红方也可炮八平七打象，看黑方如何应付，再打边卒比较主动。

14. 炮一退一　马3退5　　15. 车三平四　卒3平4
16. 炮五平四　炮5进4

红方不如车八进四，车8平7，车四进一，卒4平5，车八平四，炮9退2，相三进五，车4进7，炮一平四，红方弃子有先手，比较主动。

17. 炮四进三　炮5平7　　18. 炮四平三　炮7进3
19. 仕四进五　炮7平9　　20. 炮一退五　炮9进7
21. 帅五平四　马5进6　　22. 车八进六　士6进5
23. 车八平五　车4进2　　24. 车五平六　士5进6
25. 仕五进六　车8进6　　26. 帅四进一　车8退1

27. 帅四退一	马6进7	28. 车六平五	象7进5
29. 炮三平五	士4进5	30. 炮五退五	车8平7
31. 炮五平一	车7进1	32. 帅四进一	车7退2
33. 炮一平五	车7平6	34. 帅四平五	车6平4
35. 车五平三	车4退2	36. 车三平九	将5平4
37. 车九平三	马7进8	38. 车三退三	车4进3
39. 帅五进一	车4进1	40. 帅五退一	车4平3
41. 车三平六	将4平5	42. 车六平三	车3平1
43. 兵一进一	马8退9		

红方已无力反抗,陷入危机。

44. 车三平二	车1退1	45. 帅五进一	马9进8
46. 炮五平四	士5退6	47. 车二平七	车1平6

紧凑有力。弃象狙击红炮,可以取得更好的收获。

48. 车七进六	将5进1	49. 车七退一	将5退1
50. 车七进一	将5进1	51. 车七退九	车6退2
52. 炮四平五	马8进7	53. 车七进八	将5退1
54. 帅五平六	象5进3	55. 车七进一	将5进1
56. 车七平六			

红方已无法抵挡。以下黑方可车6进3,炮五进一,车6平4,炮五平六,马7退6,黑胜。

(选自陈孝坤负张致中的对局)

第149局 七路马对列炮

1. 炮二平五	马8进7	2. 马二进三	车9平8
3. 兵七进一	炮8平9	4. 马八进七	炮2平5
5. 车九平八	马2进3	6. 兵三进一	车1进1
7. 车一进一	车8进4	8. 车一平四	卒7进1
9. 车四进三	车1平4	10. 马七进六	车4进3
11. 炮八平七	卒7进1		

红方如炮五平六打车，卒7进1，车四平三，车4平7，车三进一，车8平7，相七进五，车7进2，红方不占便宜。

12. 车四平三　车8平7　　　　**13.** 车三进一　车4平7
14. 车八进八　士4进5

上士积极求变。如车7平4，车八平三，马3退5，马六退四，炮5平2，炮七进四，红方占优。

15. 车八平七　马7进6

不如象3进1先等一下。以下红方如马六进七，马7进6，黑方可以满意。

16. 车七进一　士5退4　　　　**17.** 马六进四　车7平6

红方如马六进五，马3进5，炮五进四，士6进5，炮七平八，将5平6，红方反而受攻。

18. 车七退一　炮9平7　　　　**19.** 炮五平六　炮7进7
20. 仕四进五　马3退5　　　　**21.** 车七退二　炮7平9
22. 车七退一　炮5平8

红方应车七平五，车6平8，帅五平四，车8进5，帅四进一，车8退3，车五平四，马5进7，车四平三，红方先手。

23. 仕五进四　车6进2
24. 炮六平五（图149）　炮8进7

图149，黑方进炮打将有些过急，可以改走马5进6，形成对攻之势。

25. 帅五进一　炮8平3
26. 车七平六　马5进7

如马5进3，炮七进五，炮3退7，马三进二，红方好走。

27. 帅五平六　士6进5

不如士4进5。红方如炮七平八，车6平5，马三进四，炮9平6，士四退五，炮6退3，这样变化较多，有一定的机会。

28. 车六平三　车6退4　　　　**29.** 兵七进一　车6平4

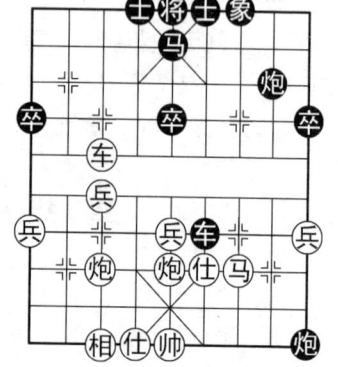

图149

30. 兵七平六	士5退6	31. 帅六平五	车4平3
32. 炮七进三	车3平2	33. 帅五平四	炮9退2
34. 兵六进一	车2进5	35. 兵六平五	士4进5

红方乘机渡七路兵助战，有力地控制了局势。

36. 兵五平四	车2进1	37. 炮五退一	马7退9
38. 炮七进三	马9进8	39. 兵四平三	车2平4
40. 兵三平二	炮3退1	41. 车三平七	车4平1
42. 炮五退一	车4平6	43. 帅四平五	炮3退7
44. 车七进三	车6平7	45. 车七进一	士5退4
46. 帅五平六	车7平5		

红方进车打将之后再平帅六路，正确。如直接走帅五平六，黑方有象7进5弃象的变化。

47. 车七平六	将5进1	48. 车六退一	将5退1
49. 车六进一	将5进1	50. 炮五平四	车5退1
51. 兵二平三	炮9进2	52. 炮四进四	车5进3
53. 炮四平六	车5退3	54. 炮六平三	车5进3
55. 炮三进五	将5平6	56. 车六退一	士6进5

红方应兵三进一，士6进5，兵三进一，将6进1，车六退三，红胜。

57. 炮三平五	车5平7	58. 车六退二	将6退1
59. 炮五平八	车7退1	60. 帅六进一	车7退2
61. 炮八退五	炮9平7	62. 兵三平四	车7平1
63. 炮八平四	将6平5	64. 炮四平五	将5平6
65. 兵四平五	炮7平5	66. 炮五平四	将6平5
67. 炮四退三	卒1进1		

应车1平5牵制红兵，使红方谋胜困难。

68. 兵五进一	车1平5	69. 炮四平五	将5平6
70. 车六平四	将6平5	71. 兵五进一	

红方车炮兵攻击有力，终于取得胜利。

（选自言穆江胜孙志伟的对局）

第 150 局　七路马对列炮

1. 炮二平五　马8进7
2. 马二进三　车9平8
3. 兵七进一　炮8平9
4. 马八进七　炮2平5
5. 车九平八　马2进3
6. 兵三进一　车1进1
7. 车一进一　车8进4
8. 车一平四　卒3进1
9. 马七进六　车8平4
10. 车四进三　卒3进1
11. 马六进四　马7退9
12. 炮八平七　卒3进1
13. 炮七进五　炮9平3
14. 炮五进四　士4进5
15. 相七进五　炮3进2
16. 车八进五　车1平4

红方进车封制车炮紧凑。如马四进五，象7进5，红方不占便宜。

17. 车四平六　象3进1
18. 车六进一　车4进3
19. 马四进五　象7进5
20. 车八进一　卒3进1
21. 马三进四　车4退2
22. 马四进三（图150）　马9进7

图 150，黑方虽然有一卒过河，对红方有一定的威胁，但黑马不能出击，且少卒，形势非常不利。

23. 炮五平六　卒3平4
24. 仕六进五　卒4进1
25. 仕五进六　炮3平8
26. 兵五进一　炮8平4
27. 仕六退五　炮4平8
28. 兵五进一　车4平3
29. 仕五退六　象1退3
30. 兵五平六　车3进6
31. 车八退三　卒4进1

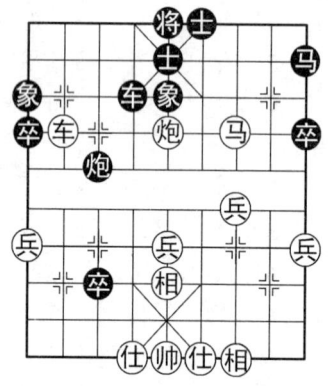

图 150

以上黑方利用车炮卒发动强烈的攻击，但被红方牢固地防住，使黑方没有机会，现在只好以卒换仕，寻求新的机会。

32. 炮六退六　车3退5
33. 马三进一　车3平6

34. 兵三进一	象5退7	35. 马一进三	车6退2
36. 兵三平二	车6平7	37. 车八平三	象7进5

红方化解了黑方的攻势之后,发动猛烈攻势,在巧妙的运子中,捉死了黑马,由此夺得了物质上的优势。

38. 炮六进一	车7平8	39. 车三进四	车8进3
40. 炮六平一	车8平4	41. 炮一进五	车4平9
42. 炮一平八	车9平2	43. 炮八平一	车2平9
44. 炮一平八	车9进2	45. 炮八进三	象3进1
46. 车三平五	车9平2	47. 炮八平九	车2平1
48. 车五平七	将5平4	49. 相五退七	车1平4
50. 仕四进五	车4退4	51. 车七进二	将4进1
52. 车七退三	象1进3	53. 车七退一	车4平1
54. 炮九平八	车1平2	55. 炮八平七	车2退2
56. 炮七退三			

红方车炮威力强大,黑方车双士难以招架,只好放弃抵抗,红胜。

(选自庄玉庭胜陶汉明的对局)

第二章　中炮边马对半途列炮

（第151局至180局）

第151局　上边马对列炮

1. 炮二平五　马8进7　　2. 马二进三　车9平8
3. 车一平二　炮8进4　　4. 兵三进一　炮2平5
5. 兵七进一　马2进3　　6. 马八进九　车1平2

红方进边马是一种布局战术，可形成七路炮的攻势，是一步缓慢的攻击方法。

7. 车九平八　车2进4

如车2进5则形成另一路攻守变化。

8. 炮八平七　车2平8　　9. 炮七进四　象3进1

红方如车八进六，炮8平7，车二平一，马3退5，车八平七，卒7进1，形成对攻之势，各有顾忌。

10. 炮七平三　士6进5

上士不适宜，应象7进9，以后有后车进3捉炮的着法，还比较主动，仍可对抗下去。

11. 车八进六　马3进4　（图151）

图151，红方及时进车准备平七压马抢先，是一步夺取主动的好着。如仕六进五，马3进2，车二进三，炮5平2，炮五平八，马2进1，炮八平五，马1退2，炮五平八，前车进

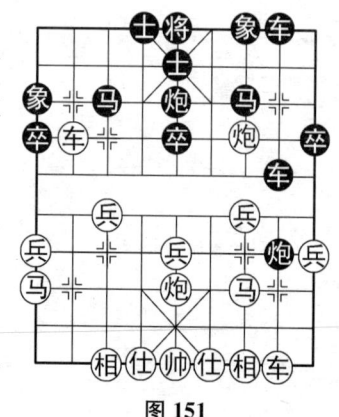

图151

2，炮八进五，前车退 2，马三进四，红方一车换取双炮之后，仍占优势。

12. 车八退一　马 4 进 5　　13. 车八平二　车 8 进 4
14. 兵三进一　马 5 进 7

踏马是一步败着，由此造成丢子的局面。应车 8 平 7，车二进三，象 7 进 9，黑方可以对抗。

15. 炮五进五　象 7 进 5　　16. 炮三退四　象 5 进 7
17. 炮三进五　卒 5 进 1　　18. 炮三平八　象 7 退 5
19. 炮八退三　卒 1 进 1　　20. 车二进二　车 8 退 1
21. 炮八退三　车 8 平 2　　22. 炮八平五　车 2 进 3
23. 炮五进六　士 5 进 6　　24. 车二平五　炮 8 平 1
25. 兵一进一　卒 1 进 1　　26. 车五进三　车 2 平 9
27. 车五退一　卒 1 平 2　　28. 炮五退二　卒 9 平
29. 炮五平九　士 4 进 5　　30. 兵七进一　卒 2 进 1
31. 炮九平一　车 9 平 6　　32. 马九退七　象 1 进 3
33. 马七进五　炮 1 退 4　　34. 车五进一　卒 2 平 1
35. 车五平七　炮 1 平 5　　36. 炮一平五　将 5 平 6
37. 仕六进五　卒 3 平 4　　38. 马五进六　车 6 退 3
39. 车七进四　将 6 进 1　　40. 车七退二

红方车马炮攻势强大，终于取得胜局。

（选自刘殿中胜金松的对局）

第 152 局　上边马对列炮

1. 炮二平五　马 8 进 7　　2. 马二进三　车 9 平 8
3. 车一平二　炮 8 进 4　　4. 兵三进一　炮 2 平 5
5. 兵七进一　马 2 进 3　　6. 马八进九　车 1 平 2
7. 车九平八　车 2 进 4

如车 2 进 5，炮五退一，成另一路攻守方法。

8. 炮八平七　车 2 平 8（图 152）

9. 炮七进四　象3进1

图152，红方进炮打3路卒威胁底象，抢先之着。如车八进六，炮8平7，车二平一，马3退5，车八平七，卒7进1，形成激烈的对攻之势。

10. 炮七平三　士6进5

红方连吃双卒，在物质上取得了优势。

11. 仕六进五　马3进2
12. 车二进三　炮5平2

红方进车砍炮，企图一车换二子，争取主动。

13. 炮五平八　马2进1　　14. 炮八平五　马1退2
15. 炮五平八　前车进2　　16. 炮八进五　前车退1
17. 马三进四　马2进4　　18. 炮八进一　前车平6

红方升一步左炮，细致有力，伏下车八进七捉子的先手，可乘机扩大攻势。

19. 马四退五　车6退2　　20. 兵五进一　马4进5
21. 相三进五　象7进5　　22. 车八进五　车8进6
23. 兵三进一　车8平1

如车8平5，炮三平九，仍是红方占优。

24. 炮八退一　象5退3　　25. 兵七进一　车1退2
26. 炮八退一　象3进5

如车1平2，兵七平八兑车，红方占优。

27. 炮三平四　象5进3　　28. 车八退二　象3退5
29. 兵三进一　马7退8　　30. 车八平二　马8进9
31. 炮四退四　车1平2　　32. 炮八平六　卒9进1
33. 兵三平四　车6平7　　34. 兵四平五　车2平8
35. 车二平六　车7平8　　36. 马九进八　前车进2
37. 车六进一　马9进8　　38. 马八进六　前车平2
39. 后兵进一　象5退7　　40. 后兵平四　马8进9

41. 马六进四　车8平7　　　42. 炮六退一　车2平6
43. 炮六平八　象1退3　　　44. 帅五平六　车7进4
45. 炮八平五　车6平4

红方平中炮要杀，计算兑车之后必成杀局。

46. 车六退一　车7平4　　　47. 帅六平五　车4平6
48. 马四进三　将5平6　　　49. 兵四平三　士5进6
50. 炮五平四　士6退5　　　51. 兵五平四

红方马炮兵攻势强大，终于取得胜利。

（选自陶汉明胜黎德志的对局）

第153局　上边马对列炮

1. 炮二平五　马8进7　　　2. 马二进三　车9平8
3. 车一平二　炮8进4　　　4. 兵三进一　炮2平5
5. 马八进九　马2进3　　　6. 兵七进一　车1平2
7. 车九平八　车2进4　　　8. 炮八平七　车2平8
9. 兵七进一　炮8平7

红方进七路兵是一种攻法，以往多走车八进六，形成比较复杂的局势。此刻黑方平炮7路兑车打相，是经过实战后所改进的应法，以往多走车8平3捉兵，对抗红方的攻势。

10. 车二进五　车8进4　　　11. 兵七进一　车8平3
12. 炮七退一　车3退1　　　13. 兵五进一　车3进1

红方进中兵是争夺主动的好着。此刻黑方如炮7进3打相，可使红方多一些危机，对黑方较有好处。

14. 相三进一　马3进2　　　15. 车八进三　炮7平1
16. 车八进一　士4进5　　　17. 马三进五　炮1平4
18. 仕四进五　炮5平2

不如卒1进1静观变化，更有利于防守，仍可对抗。

19. 车八平九　炮2平1　　　20. 车九平八　象3进5
21. 兵五进一　卒5进1

22. 车八退一　炮4退4（图153）

图153，黑方在慌忙中没有看到3路车被打死的手段，至此遭到了失车的败势。应改走卒5进1，形势仍然乐观。

23. 炮五平七　炮4平2
24. 马九进八　马7进5
25. 后炮进四　马5进3
26. 马五进七　卒5进1

如炮1退2，炮七进三，象5进3，马七进五，红方多子占优。

27. 炮七进三　象5进3
28. 马七进五　象7进5
29. 车八退一　卒1进1

此时应卒5进1，较为顽强有力。

30. 车八平五　炮2进3
31. 车五进二　炮1平3
32. 仕五退四　卒1进1
33. 马五进三　士5进6
34. 相一退三　炮3进7
35. 帅五进一　炮3退1

退炮被红方破去一象之后形成败势。应士6进5，先巩固防线，还可应付下去。

36. 车五平七　炮2进3
37. 帅五退一　炮3平7
38. 车七进一　马2进1
39. 车七进四　将5进1
40. 马三进二　炮2进1
41. 帅五进一

红方车马运用有力，在抢攻中夺得胜局。

（选自徐天红胜金松的对局）

第154局　上边马对列炮

1. 炮二平五　马8进7
2. 马二进三　车9平8
3. 车一平二　炮8进4
4. 兵三进一　炮2平5
5. 马八进九　马2进3
6. 兵七进一　车1平2

7. 车九平八　车2进5　　　　8. 炮五退一　炮8平7

红方退炮是比较含蓄的攻守方法。如炮八平七，车2平3，车八进二，以下黑方有炮8平7和马3退5的应法，局势较为复杂多变。

9. 炮八平七　车2平3

吃兵捉炮较为凶险。如车2进4，马九退八，象3进1，相三进五，车8进9，马三退二，卒5进1，炮七进四，马7进5，马八进七，卒7进1，兵三进一，马5进7，炮五平三，局势相对缓和，红方仍有先手。

10. 车八进二　车8进9　　　11. 马三退二　马7退5

退左马于中路，加强右路防守，是当前流行的防守方法。

12. 相七进五　车3平4（图154）

13. 炮五平七　车4进3

图154，红方平七路炮，猛攻黑方3路要道，是一步机智之着，从而取得主动攻势。如车八进四，卒3进1，车八平七，象3进1，黑方右路稳定，红方一时没有可乘之机，并不占便宜。此刻黑方如炮5进4，仕四进五，红方占优。

14. 车八进六　车4平8
15. 车八平六　车8进1
16. 仕六进五　车8退5

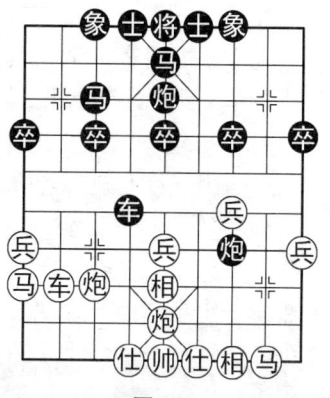

图154

17. 前炮进五　车8平2

平车防止红炮平八路展开攻势，但红方仍有出帅的攻势，黑方已难应付。

18. 帅五平六　炮5平4　　　19. 车六退一　马5进3
20. 车六平七　象7进5　　　21. 车七退一　车2平5
22. 兵九进一　车5进2　　　23. 马九进八　士6进5
24. 帅六平五　炮7平8　　　25. 马八进六　车5退2
26. 马六进八　炮8退5　　　27. 马八退七　车5进1

28. 车七进三　炮8进8　　　29. 车七退二　车5进2
30. 炮七平八

红方利用多子优势，快速展开攻势，获得胜利。

（选自许银川胜金波的对局）

第155局　上边马对列炮

1. 炮二平五　马8进7　　　2. 马二进三　卒7进1
3. 马八进九　车9平8　　　4. 炮八平七　马2进1
5. 车九平八　车1平2　　　6. 车八进四　炮2平5

平中炮企图引诱红方走兵九进一，炮8进4，黑方对抢先手。

7. 车八平二　车2进4

红方平二路车，牵制黑方车炮，是较为稳妥的走法。如果平车四路，车2进4，车一平二，炮8进4，红方不占便宜。

8. 兵九进一　士4进5　　　9. 仕四进五　炮8进1

进炮阻止红车进二加强封制，紧凑。

10. 相三进一　炮8平7　　　11. 车二平四　炮5平4

红方如车二进五兑车，马7退8，炮五进四，马8进7，红方虽然得一中卒，但子力缺乏有机联系，不能令人满意。此刻黑方邀兑车之后，再平中炮于4路，井然有序，如先走中炮就不可以平炮兑车了。

12. 车一平四　象7进5　　　13. 前车平六　卒1进1

红方平车六路是一步很困难的选择。如马九进八，炮7平6打车，红方无趣。如前车平八邀兑黑车，卒1进1，车八进一，马1进2，兵九进一，马2进4，黑方弃卒跃马，红方反而得不偿失。

14. 兵九进一　车2平1　　　15. 兵三进一　卒7进1
16. 车六平三　炮7进1　　　17. 马三进二　车8进3
18. 马九进八　炮7平8

平炮等于空等一步，不如炮4平3。

19. 炮五平三　马7进6　　　20. 车三平四　马6进8

21. 前车平二　车8平7　　　**22.** 相一进三　炮8平7
23. 炮三平二　炮4平3

红方平炮避开兑子，力求保持较多的子力。如相三退五，炮7平3，兑去一炮之后形成均势。

24. 相三退五　炮3进4

远炮轻发使阵势虚浮。应炮7平6，然后再退2，阵容比较严整。

25. 车四进八　炮7平3　　　**26.** 炮七平六　车7进6
27. 仕五退四　车7退9

退车底线紧要，否则红方车二进五之后，黑方难以对付。

28. 兵一进一　后炮平2　　　**29.** 车二平七　炮2退3
30. 车四退二　炮2平3

连打两步车反而使局势恶化，此时应炮3平2。红方如车四平五，炮2进2，虽失中卒，但阵势不乱，仍可耐心战斗下去。

31. 车七平六　前炮进2　　　**32.** 仕六进五　前炮平4
33. 炮六平七　炮3进6　　　**34.** 炮二平七　炮4平2
35. 车四平五　炮2进1

随意进炮打将，有害无益，不如进车牵制红方车马较好。

36. 相七进九　车7进4
37. 炮七进七（图155）　马1进2

图155，红方巧妙地炮打底象，已使黑方难以防守。以下黑方如车1平5兑车，帅五平六，士5进4，车五平一，象5退3，车六进三，红方胜定。

38. 车六进四　车1退2
39. 马八进六　车1平4
40. 车六退一　士5进4
41. 马六进五　士6进5
43. 车一退一　车7平9

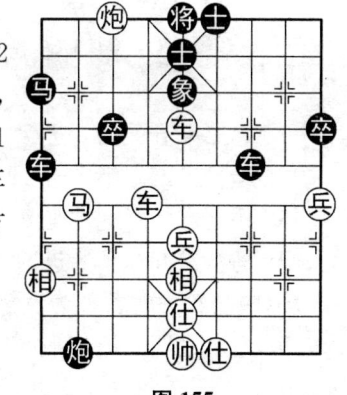

图 155

42. 车五平一　士5进6

兑车之后，红方已成必胜之势，黑方虽然顽强抵抗，但难以谋和。

44. 兵一进一　马２进４　　45. 马五退六　卒３进１
46. 兵一平二　炮２退５

红方不如直进边兵更为有力。

47. 马六进四　士４退５　　48. 相九进七　马４退６
49. 兵五进一　马６退４　　50. 炮七退三　将５平４
51. 炮七平九　炮２平１　　52. 帅五平六　士５进４
53. 兵二进一　士６退５　　54. 兵二平三　将４平５
55. 兵三进一　将５平４　　56. 兵三进一　士５退６
57. 兵三平四　将４进１　　58. 相七退九　将４退１
59. 仕五进四　将４进１　　60. 相五退三　将４退１
61. 马四进六　马４进５　　62. 帅六平五　炮１平２
63. 马六进八　将４平５　　64. 炮九平六　士６退５
65. 炮六退五　马５进６　　66. 炮六平四　马６退５
67. 炮四平五

红方马炮兵攻杀得法，终于突破九宫而成胜局。

（选自胡荣华胜柳大华的对局）

第156局　上边马对列炮

1. 炮二平五　马８进７　　2. 马二进三　车９平８
3. 车一平二　卒７进１　　4. 车二进六　马２进３
5. 兵七进一　炮８平９　　6. 车二平三　炮９退１
7. 马八进九　车８进５　　8. 兵五进一　马３退５

退中马较为含蓄，为反架中炮展开反击埋下伏笔。

9. 炮八进四　炮２平５　　10. 马九进七　炮９平７
11. 车三平四　马５进３

及时跳出中马是正常走法。如炮５进３，马七进五，马５进６，马五进四，红方占优。

12. 车九进一　卒7进1

进卒企图对红方右路进行牵制。如车1平2，车九平八，士4进5，车四进二，炮7平8，车四平三，车8退3，炮八进二，红方较优。

13. 车九平四（图156）　士4进5

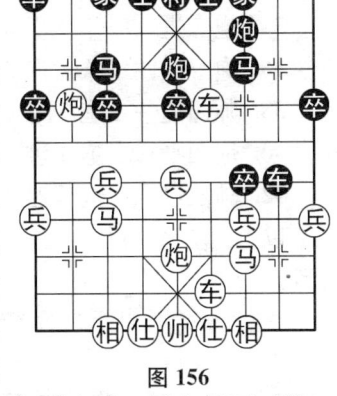

图156

图156，黑方上士防守并不适宜，给了红方进车捉炮的机会，造成被动挨打，应卒7平6。以下红方如兵三进一，车8平7，后车进三，车7平6，马三进四，车1平2，车四进一，车2进3，车四平三，车2进3，车三进一，车2平3，车三进一，炮5进3，仕四进五，士4进5，车三退三，车3平5，车三平一，炮5进2，相七进五，车5退2。红方虽然多得一象，但不多兵，黑方足可对抗。

14. 车四进二　炮7平9　　**15.** 兵三进一　车8进1

如车8平7，红方可走后车进一，以下有炮八退五再炮八平三的攻击手段，黑方受攻，局势不利。

16. 后车进二　车8平6　　**17.** 车四退五　车1平2
18. 炮八退五　炮9平7　　**19.** 马三进二　车2进6
20. 兵三进一　炮7进3

红方进三路兵，迫使黑炮打兵，造成黑方左路空虚，红方乘机而入。

21. 车四平三　马7退9

马退边线是无奈之举。如象7进9，马二进三，红方占优。

22. 马二进四　马9进8　　**23.** 马四进六　炮7平4
24. 车三平六　炮5平4　　**25.** 炮五进四　象3进5
26. 车六平二　马8进7

如马8退6，炮五平四，红方大占优势。

27. 车二平三　马7退6　　**28.** 炮八平三　将5平4

29. 炮五平七　马6进5

运马吃中兵，企图弃子占取空头炮作顽强抗击。如马6进8，车三平四，以后红方可冲兵过河，黑方形成困守之势。

30. 马七进五　炮4平5　　31. 马五退七　车2进1
32. 帅五进一　车2平4　　33. 车三进三　车4退1
34. 炮三进一　车4平5　　35. 帅五平四　车5平6
36. 炮三平四　象5退3　　37. 仕四进五　车6平4
38. 帅四退一　炮5退1　　39. 马六退五　炮4进1
40. 炮四平六　炮4进4　　41. 马五退六　炮5进3
42. 马六退八　炮5退4　　43. 相七进五　象3进1

以上红方平炮仕角，迫使黑方兑子之后，已形成多子之势，红胜。

（选自陈孝坤胜卜凤波的对局）

第157局　上边马对列炮

1. 炮二平五　马8进7　　2. 马二进三　车9平8
3. 车一平二　炮2平5　　4. 马八进九　炮8进4

红方上边马，有出其不意打乱对方计划的策略。

5. 兵三进一　车1进1　　6. 车九平八　马2进3
7. 炮八平七　炮8平7　　8. 车二进九　炮7进3
9. 仕四进五　马7退8　　10. 兵七进一　车1平8
11. 兵七进一　炮7平9　　12. 仕五进六　车8进8

红方上仕正确。如帅五平四，车8进8，帅四进一，车8退1，帅四退一，炮5平6，兵七进一，马3退5，双方变化复杂而激烈，胜负难以预料。

13. 帅五进一　车8退1　　14. 帅五退一　车8进1
15. 帅五进一　车8退1
16. 帅五退一　车8平7（图157）17. 马三进四　车7进1

图157，双方已进入短兵相接的斗争阶段，红方在此紧要时刻

选择马三进四的走法。这种走法过于恋子，使黑方走出弃子取势的着法，红方反而受制，由此失势。此时应兵七进一，以下黑方如车7进1，帅五进一，车7退2，兵七进一，炮5平8，炮七退一，马8进7，马九进七。以下变化复杂，双方各有顾忌。

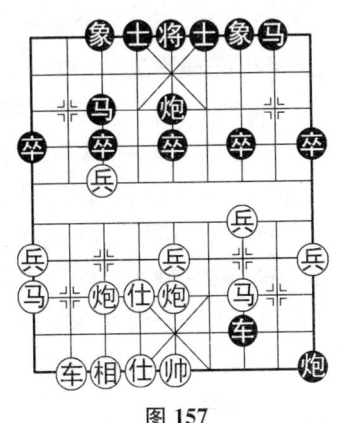

图 157

18. 帅五进一　车7退1
19. 帅五退一　车7进1
20. 帅五进一　车7退1
21. 帅五退一　炮5平8
22. 炮五平二　卒3进1
23. 炮七进五　车7平8

平车先弃后取，已夺得先手之势。

24. 车八进八　车8进1
25. 帅五进一　车8退1
26. 帅五退一　车8进1
27. 帅五进一　车8退1
28. 帅五退一　士4进5

上士好着，次序井然，企图诱开红方七路炮，为反击做准备。直接车8退1吃炮，车八平二，不但捉马又牵住车炮，红方占优势。

29. 炮七平九　车8进1
30. 帅五进一　车8退1
31. 帅五退一　车8进1
32. 帅五进一　车8退2
33. 炮九进二　士5退4
34. 车八平二　炮9平3

黑方打相好着。红方如车二进一吃马，车8进1，帅五进一，炮7退2，仕六退五，炮8平2，黑方得车胜定。

35. 马九退八　车8进1

红方退八路马消极，应马九退七或马四进六，还可对抗。

36. 帅五进一　车8退1
37. 帅五退一　车8进1
38. 帅五退一　车8退2
39. 马四进六　卒5进1

进卒巧妙，不但制住对方马路，又可过河攻杀，加强攻击力。

40. 车二平四　马8进7
41. 马八进七　车8进1

42. 帅五退一　车8平4　　　43. 马七进八　车4退2
44. 车四平二　炮8平9　　　45. 车二平八　卒3进1
46. 车八平六　卒3平2

算准吃马之后可以有惊无险地造成多子优势。如士6进5，马八进九，卒5进1，仍是黑方胜势。

47. 车六进一　将5进1　　　48. 车六平五　将5平6
49. 马六进八　炮9退1　　　50. 车五退四　车4退1
51. 车五平四　将6平5　　　52. 马八退六　炮3退7

退回3路炮化解了被攻之势，形成多子胜势。

53. 帅五平四　将5平4　　　54. 炮九平四　炮3平6
55. 车四进二　车4进1　　　56. 兵五进一　车4退2
57. 兵五进一

红方误走中兵，失车而成败局。

（选自于红木负程福臣的对局）

第158局　上边马对列炮

1. 炮二平五　马8进7　　　2. 马二进三　车9平8
3. 车一平二　炮8进4　　　4. 兵三进一　炮2平5
5. 马八进九　车1进2

上边车别出心裁，意在出其不意地抢夺先手，笔者在1964年北京市劳动人民文化宫的名人表演赛上也见过这种走法。

6. 车九平八　车1平4　　　7. 兵九进一　马2进1
8. 仕四进五　士6进5　　　9. 炮八进六　车4进2

红方进炮很有威力。如炮八平六，车4进2，成相峙之势。

10. 炮八平九　卒7进1　　　11. 车八进九　卒7进1

红方进车捉象凶猛，但黑卒过河之后产生无穷后患，不如车八进四，比较平稳，仍持先手。

12. 炮九进一　士5进4　　　13. 车八平七　卒7进1
14. 车七退一　士4进5　　　15. 车七平八　车8进4

进车防止抽子效力不大,应将 5 平 6,仍是黑方好走。

16. 车二进三　　车 8 进 2

红方吃炮十分机智,从此减轻了右路被困的处境,有了对抗能力。

17. 车八进一　　士 5 退 4
18. 车八退四　　士 4 进 5
19. 车八平六　　卒 7 进 1
20. 炮五平八　　马 1 退 3

红方平炮叫杀反使黑方有机可乘。应车六平三,炮 5 进 4,马九进八,双方各有顾忌。

21. 炮九平七　　炮 5 进 4
22. 仕五进六　　将 5 平 6
23. 车六平三　　炮 5 退 2 (图 158)

图 158,黑方及时退中炮弃马好着,为取得胜势创造了有利条件。

24. 车三进二　　车 8 平 5

红方如车三退三吃卒,车 8 平 5,仕六进五,车 5 平 3,仕五退四,车 3 进 3,帅五进一,车 3 退 1,帅五退一,车 3 平 2,黑方占优势。

25. 相七进五　　车 5 平 6
26. 相五退七　　象 7 进 5

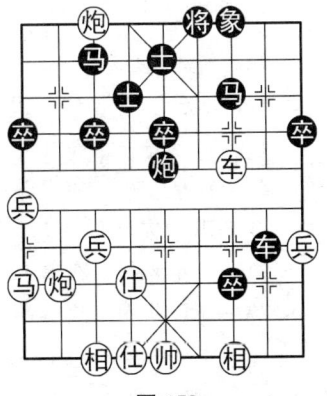

图 158

借打将之机占取要道,又上中象加强防守,使红方无机可乘,由此夺得胜势。

27. 车三退五　　马 3 进 4
28. 炮八进七　　将 6 进 1

红方无法阻挡黑方进中马的攻杀,黑胜。

(选自黄勇负梁文斌的对局)

第 159 局　　上边马对列炮

1. 炮二平五　　马 8 进 7
2. 马二进三　　车 9 平 8
3. 车一平二　　炮 8 进 4
4. 兵三进一　　炮 2 平 5
5. 马八进九　　马 2 进 3

红方上边马先稳住阵脚，采取后发制人的布局战术。

6. 兵七进一　车1平2　　　7. 车九平八　车2进5
8. 炮八平七　车2平3　　　9. 车八进二　炮8平7
10. 炮五退一　炮5平4

红方如车二进九，炮7进3，仕四进五，马7退8，炮五平六，炮7平9，双方各攻一路，但红方少一相，不占便宜。

11. 相三进五　炮4进5　　　12. 炮七退一　车3平4
13. 车二进九　马7退8

如炮4平7去马，仍是红方便宜，但局势比较平淡。

14. 马三退二　马3退5　　　15. 车八进四　象7进5
16. 车八平七　马5进7　　　17. 兵五进一　车4进1
18. 兵五进一　车4平6　　　19. 兵五进一　车6进2
20. 炮七进八　象5退3

红方进炮先弃后取，扩大了攻势，精妙之着。

21. 炮五平七　车6平8　　　22. 仕六进五　车8进1
23. 炮七进八　将5进1　　　24. 马九进七　车8退5

如炮4平3，兵五进一，将5进1，马七进六，将5平4，炮七退七，红胜。

25. 仕五进六　将5平6
26. 兵五进一　车8平6
27. 炮七退一　炮7平8
28. 仕四进五　炮8退4
29. 马七进六（图159）　马8进9

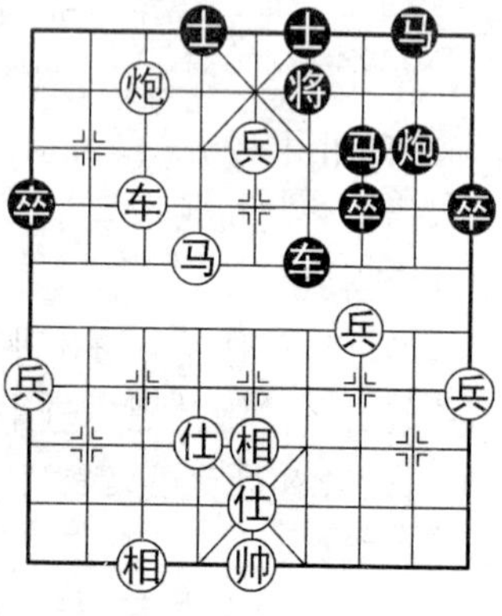

图159

图159，红方进马保中兵巧妙。黑方如炮8平5，马六进五，车6退2，马五进六，将6平5，炮七平九，车6平1，车七进二，将5退1，马六退七，红胜。

30. 炮七平九

黑方虽然多子，但已无法防守，红方胜定。

（选自徐天红胜胡荣华的对局）

第160局　上边马对列炮

1. 炮二平五　马8进7
2. 马二进三　车9平8
3. 车一平二　炮8进4
4. 兵三进一　炮2平5
5. 兵七进一　马2进3
6. 马八进九　车1平2
7. 车九平八　车2进5
8. 炮八平六　车2平3
9. 炮六进五　马7退5
10. 炮六退四　车3平7

红方进炮打马，再退炮打炮，刚劲有力。

11. 车二进二　炮8平4
12. 车二进七　车7进2

一车换取马炮之后，虽然占有多卒之利，但双马不活跃是其不利的一面。

13. 仕六进五　炮4平9
14. 车八进八　炮5平7

红方针对黑归心马的不利位置，及时升车攻击，紧凑。此刻黑方平7路炮，伏下车7平8吃车的凶悍之着。

15. 帅五平六　炮7退1
16. 车八退四　炮9平7
17. 仕五进四　车7平6
18. 仕四进五　车6退1
19. 车八平六（图160）　象3进5

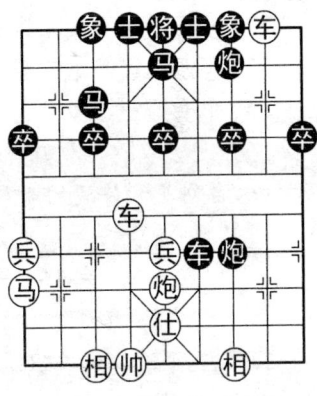

图160

图160，黑方象3进5，使红方乘机跃出边马，形成了很大的攻势，对黑方非常不利。此时应车6平5吃中兵，不但保护了中路，又限制了红马的出路，黑方多卒占优。

20. 马九进七　马5退3
21. 马七进八　后马进1
22. 炮五平七　士4进5
23. 马八进七　马1进3
24. 炮七进五　车6平5
25. 炮七平九　前炮平1
26. 车六平九　车5平4
27. 帅六平五　车4退4
28. 炮九进二　炮1平5
29. 帅五平四　车4平1

30. 炮九平八　车1平2　　31. 炮八平九　车2平1
32. 炮九平八　车1退2　　33. 炮九平四　士5退6

红方弃炮打士，使局势发生了新变化，也是红方抢夺攻势的唯一途径。

34. 车九平四　士6进5　　35. 车四进四　炮7进8
36. 车二退六　炮5退2　　37. 车二平三　车1进2

红方平车不够细致，失去了良好的取势机会。应车二平八，象5退3，车八进五，将5平4，车八平七，黑方各子受制，难以守和。

38. 车三进三　炮5平7

平炮打车是一步有力之着，使红方难以形成杀势。

39. 车三平五　车1平3　　40. 相七进五　前炮退1
41. 车五平一　后炮平2　　42. 车一平三　炮2退4

弃炮后仍可守住双车的攻势。

43. 车三进二　车3退1　　44. 车三退七　炮2平4
45. 车三进二　车3进1　　46. 车三进五　车3退1
47. 相五退七　卒3进1　　48. 车三退二　车3平4
49. 车三平七　车4进1　　50. 车七进二　炮4进1
51. 车四退二　炮4退1　　52. 车四平九　象5进7
53. 车七退三　象7退9　　54. 帅四平五　车4平5

红方无法取胜，双方握手言和。

（选自刘星和许波的对局）

第161局　上边马对列炮

1. 炮二平五　马8进7　　2. 马二进三　车9平8
3. 车一平二　炮8进4　　4. 兵三进一　炮2平5
5. 炮八进五　马2进3

红方进炮打马是一种走法，但得不到什么便宜，除此还可走马八进九等着法。

6. 炮八平五　象7进5　　7. 马三进四　车1平2

出右车争先。如炮8进1，马八进七，炮8平3，车二进九，马7退8，车九进二，炮3进1，车九退一，炮3退1，车九平二，黑方逃马之后，红方可走马四进六捉马，红方得回一马仍持先手。

8. 马八进九　车2进4

红方如兵三进一，炮8平3，车二进九，马7退8，马八进九，炮3退1，兵三进一，车2进4，红方虽然过河一兵，但左车未出，并不占好处。

9. 兵三进一　炮8平7
10. 兵三平二　卒7进1
11. 车九平八　车2平6
12. 炮五平二　车8平7
13. 马四退五　卒7进1
14. 车八进七　马3退5

红方进车捉马看似凶狠，其实得不到便宜。应炮二平三，对黑方7路底车有所牵制，红方并不落后。

15. 马五进三　卒7进1
16. 炮二平五　卒7平6
17. 兵二进一　卒6进1
18. 炮五平六　马7进8
19. 车八平六　车7进6

如卒6进1也是佳着。

20. 相三进五　卒6进1
21. 兵九进一　马5进7
22. 兵二进一（图161）　卒6进1

图161，黑方进卒吃仕，不但使红方的右路更加空虚，还可乘机进马，加大攻击力量，由此扩大了优势。

23. 车二平四　车6进5
24. 帅五平四　马7进6
25. 仕六进五　车7平9
26. 帅四平五　马8进6

进马6路控制红车的退路，佳着。

27. 马九进八　士6进5
28. 车六进一　车9进3
29. 仕五退四　前马进8
30. 马八进七　马8进7
31. 帅五进一　车9平6
32. 兵二进一　马6进7

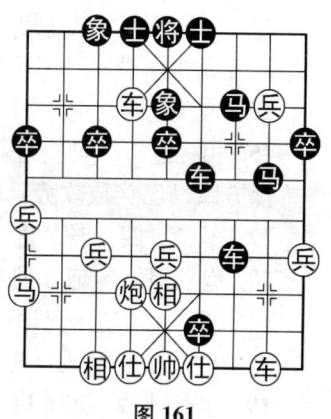

图 161

33. 帅五平六　车6平3

黑方杀相连消带打，红方无法防守，黑胜。

（选自韩松龄负李来群的对局）

第162局　上边马对列炮

1. 炮二平五　马8进7　　2. 马二进三　车9平8
3. 车一平二　卒7进1　　4. 马八进九　炮8进4
5. 炮八平七　炮2平5　　6. 仕四进五　马2进3
7. 车九平八　车1平2

因红方右车被封制，棋势的进展比较缓慢，所以兑右车不吃亏。

8. 车八进九　马3退2　　9. 兵九进一　象3进1

飞边象灵活，可使2路马乘势跃出。

10. 马九进八　马2进4　　11. 马八进六　士4进5
12. 炮七平六　马4进2

红方如车二进一，卒7进1，黑方好走。

13. 马六进四　炮5平6　　14. 炮五进四　象7进5
15. 相三进五　马2进3　　16. 炮五退一　马3进2

黑方跃马已构成攻势，前景非常乐观。

17. 车二平四　马2进3
18. 炮六退一　炮8进2（图162）

图162，黑方进炮打炮，由此展开了有力的反击，已成反先之势。

19. 仕五进六　车8进3
20. 马四退六　车8平4
21. 马六进八　炮6进2

红方如车四进七，车4进1，车四平三，车4平5，黑方占优。

22. 车四平二　炮8平7

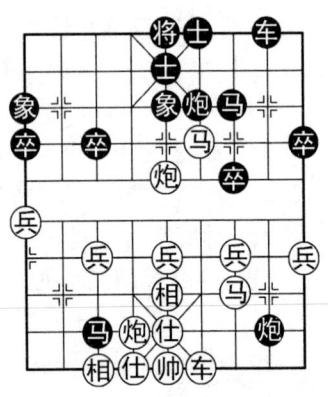

图162

23. 车二进六　车4进4　　24. 马八进七　车4退6
25. 马七退六　炮6退3　　26. 车二平四　炮7退2

红方如帅五平四，马7进6，车二平四，车4进2，车四进二，车4进5，车四退三，车4进1，帅四进一，将5平4，黑方占优。

27. 炮五平六　士5进6

红方如帅五进一，马3退4，炮六进一，车4平2，黑方仍占优势。

28. 车四平五　车4平2

红方兑车虽然仍落后手，但局势较为平稳，有一定的谋和机会。

29. 车五进一　士6进5　　30. 车五平九　车2退1
31. 兵五进一　卒7进1　　32. 马三进五　炮7平3
33. 马五进三　炮3进3　　34. 仕六进五　炮3平1
35. 炮六平八　车2平4　　36. 炮八进一　卒3进1
37. 炮八平七　车4进3　　38. 车九进二　士5退4
39. 炮七进三　将5进1　　40. 炮七退八　车4进5
41. 兵五进一　车4平3

红方再度弃子，其目的是争取机会，力求背水一战。

42. 帅五平六　车3平5　　43. 车九退二　车5退1
44. 车九平四　马7进8　　45. 车四平六　车5退2
46. 车六退一　炮6退1

退炮防守正确，预防车六平五的杀势。

47. 马三进二　马8进7　　48. 车六进二　将5进1
49. 马二进三　将5平6　　50. 马三退二　将6平5
51. 马二进三　将5平6　　52. 帅六进一　马7进5

红方如车六进一，车5平4，车六退五，马7进5，帅六平五，马5退4，黑方多子胜定。

53. 马三退二　将6平5　　54. 车六退一　将5退1
55. 车六退四　卒3进1

黑方以下有退马伏杀，红方已无力防守，黑胜。

（选自张晓平负李洪滨的对局）

第163局　上边马对列炮

1. 炮二平五　马8进7
2. 马二进三　车9平8
3. 车一平二　炮8进4
4. 兵三进一　炮2平5
5. 马八进九　马2进3
6. 车九平八　车1进1
7. 炮八平七　炮8平7

红方平七路炮比较平稳，可以炮八进六加强对抗。黑方如车8进1，仕四进五，红方好走。

8. 兵七进一　车1平8

红方如车二进九，炮7进3，仕四进五，马7退8，车八进六，炮7平9，车八平七，炮5平8，马三进二，象3进5，兵五进一，车1平8，兵五进一，后炮平7，兵五进一，车8进4，兵五进一，士4进5，兵五进一，将5进1，帅五平四，炮7进3，黑方胜势。

9. 车二进八　炮7进3

红方兑车后容易遭攻击，不如车二平一，局势较为稳当。

10. 仕四进五　车8进1
11. 兵七进一　炮7平9
12. 仕五进六　车8进8
13. 帅五进一　车8退1
14. 帅五退一　车8平7
15. 兵七进一　车7进1
16. 帅五进一　车7退2 (图163)
17. 兵七进一　车7进1

图163，红方如炮五进四，马3进5，炮八平三，马5进6，炮三平五，马6进5，黑方多子胜定。

18. 帅五退一　炮5进4
19. 帅五平四　象7进5
20. 车八进三　炮5退2
21. 车八平四　士6进5
22. 马七进六　炮5平6

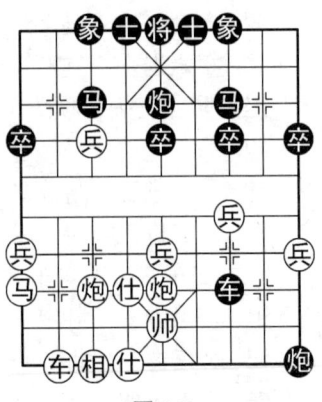

图163

22. 马九进七　卒7进1

红方如兵三进一，车7退4，马七进五，车7进5，帅四进一，马7进8，黑方优势。

24. 帅四平五　卒7进1　　　25. 炮七进一　车7进1
26. 帅五进一　车7退2　　　27. 马六进四　炮9平3

红方如相七进九，炮6平8，车四平二，卒7进1，红方难以对付。

28. 马四进三　将5平6　　　29. 炮五平四　车7进1
30. 炮四退一　士5进6

红方如帅五进一，炮3退2，仕六退五，炮3平6，仕五进四，炮6退2，黑方占优势。

31. 兵七平六　炮3退1　　　32. 帅五退一　车7进1
33. 炮四退一　车7平6

平车先弃后取，形成多象卒的有利局势。

34. 车四退三　炮3进1　　　35. 仕六进五　炮3平6
36. 仕五退四　炮6平7　　　37. 马三退一　士6退5
38. 兵六进一　炮7平8　　　39. 马一退三　象5进7
40. 兵六平七　象3进5　　　41. 兵七平六　士5进4
42. 兵九进一　士4进5　　　43. 兵一进一　炮8退3
44. 兵一进一　卒9进1　　　45. 马三退一　卒7平6
46. 炮七平九　炮8平4

红方如炮七平六，马7进8，马一进二，象7退9，黑方胜定。

47. 炮九进三　炮4进6　　　48. 兵九进一　炮4退3
49. 马一退二　卒6进1　　　50. 马二进四　炮4平6
51. 兵九平八　卒5进1　　　52. 马四退六　卒5进1
53. 兵八进一　卒5平4　　　54. 马六进八　卒4平3
55. 马八进七　卒6平5　　　56. 马七退五　卒3平4
57. 兵八平七　炮6进1　　　58. 炮九退一　马7进9
59. 兵七平六　马9进8　　　60. 马五退三　马8进7
61. 炮九退四　卒5进1　　　62. 炮九平三　卒4进1
63. 马三进一　卒4进1　　　64. 马一进二　炮6平5
65. 帅五平六　马7退5　　　66. 马二退四　马5进3

67. 炮三平七　炮5平3

黑方马炮卒攻势强大，终于取得胜局。

（选自何连生负张惠民的对局）

第164局　上边马对列炮

1. 炮二平五　马8进7　　**2.** 马二进三　车9平8
3. 车一平二　炮2平5　　**4.** 车二进六　炮8平9
5. 车二平三　车8进2　　**6.** 车九进一　马2进3

红方升左车掩护右路是正常的走法。如炮八平六牵制黑方士角的位置也略占先手。

7. 马八进九　炮9退1　　**8.** 车三平四　车1平2
9. 炮八平七　炮9平7　　**10.** 车四进二　炮7进5

红方如兵三进一将成为平稳局势。

11. 相三进一　车2进4　　**12.** 车四平七　马7退5
13. 车九平四　车8进2　　**14.** 车四进二　车8平7

红方进车稍为急躁，容易引起黑方的反扑，不如车七平六较为平稳。此刻黑方可炮7退5捉车，迫使红方车四进五，然后再走车8平7。红方以下如马三进二，炮5平8，马二进一，炮8进7，仕四进五，车7进5，仕五退四，车2平6，黑方大占优势。

15. 炮七进四　车2平6　　**16.** 车四进二　车7平6
17. 仕六进五　炮5平7　　**18.** 车七平六　象3进1
19. 马三退二　后炮平8　　**20.** 车六退四　马5进7
21. 炮五平三　马7进8　　**22.** 炮三进七　士6进5
23. 炮三平二　马8进6　　**24.** 马二进四　炮7退4
25. 马四进二　炮7平5　　**26.** 兵五进一　炮8进3
27. 马二进三　车6平7　　**28.** 马三退四　卒5进1
29. 车六进二　卒9进1　　**30.** 炮二平一　炮8平5
31. 马四进五　卒5进1　　**32.** 炮一退二　马6进8

弃马抢先，有力的应着。

33. 炮一平七　马8进7　　34. 帅五平六　炮5平4
35. 仕五进六　车7平2　　36. 后炮退二　车2退1

红方如马九退七，车2退1，马七进六，炮4进4，车六退三，车2平3，炮七平五，士5进6，相一退三，局势比较平稳。但红方不肯谋求平稳的和势，而冒险退炮求变，希望保持多子的优势。

37. 车六退一　车2进1
38. 车六进一（图164）车2平3

图164，黑方进车平车捉车炮，反而影响了正常的发挥，使情绪难以稳定。应马7退6捉士，仕四进五，车2退1，车六退一，卒5平4，后炮平九，象1退3，双方各有顾忌，黑方足可对抗。

39. 前炮平八　车3平2
40. 炮八进一　象1进3

红方进炮牵制黑车活动，精妙之着，由此夺得优势。

41. 炮八平九　将5平6　　42. 马九退七　车2退1
43. 炮九进一　将6进1　　44. 车六退一　车2平6
45. 仕四进五　马7退6　　46. 帅六平五　马6进7
47. 帅五平六　马7退9　　48. 马七进六　象3退1
49. 炮七进四　将6进1　　50. 炮九退一　车6平3
51. 马六进五　车3平5　　52. 炮七退一　炮4进1
53. 车六进一

红方车马炮攻势强大，终于取得胜利。

（选自刘星胜赵庆阁的对局）

第165局　上边马对列炮

1. 炮二平五　马8进7　　2. 马二进三　车9平8
3. 车一平二　炮8进4　　4. 兵三进一　炮2平5

5. 马八进九　马2进3

红方上边马比较稳健，并可保持左炮的灵活性。

6. 兵七进一　车1平2

8. 炮八平七　车2平3

9. 车八进二　马3退5

10. 兵九进一（图165）　炮5平3

7. 车九平八　车2进5

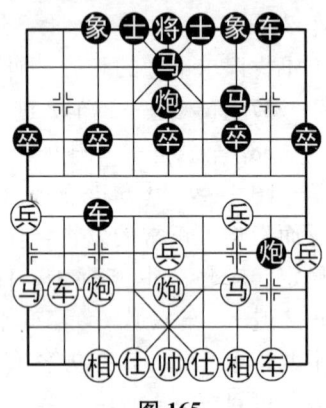

图 165

图165，红方进边兵活通马路是一步创新走法。如炮五平六，炮5平3，马九退八，车3平7，相三进五，车7进1，黑方可以对抗。

11. 马九进八　炮8退2

12. 相七进九　车3平7

13. 马八进九　炮3进5

14. 车八平七　炮8平5

平炮死兑中炮，减少变化，稳健。

15. 马九进八　车7平4

17. 车二进九　马7退8

19. 相三进五　马5进7

21. 车三进二　卒3进1

23. 马二进一　马7进9

25. 车一进三　马8进9

27. 相九退七　车5平2

29. 车三平五　卒5进1

16. 车七进二　车4退2

18. 马三进二　炮5进3

20. 车七平三　士4进5

22. 兵九进一　车4进1

24. 车三平一　车4平5

26. 车一平三　马9进8

28. 车三退四　车5退2

兑去了中炮之后，双方又连接兑去马车，已无力攻城，和局。

（选自吕钦和李来群的对局）

第166局　上边马对列炮

1. 炮二平五　马8进7

3. 车一平二　车9平8

2. 马二进三　卒7进1

4. 马八进九　炮8进4

红方也可车二进六，防止黑方进炮封车。

5. 炮八平六　炮2平5　　6. 仕六进五　马2进3
7. 车九平八　车1平2

在红方右车被封的情况下，黑方出右车兑车，是正常的走法。如卒3进1，车八进六，马3进4，车八退二，红方好走。

8. 车八进九　马3退2　　9. 兵九进一　卒3进1
10. 车二进一　马2进3　　11. 车二平四　士6进5
12. 车四进三　炮5平4

红方不如车四进五比较有力。以下黑方如马7进8，车四退一，炮5平7，车四平三，象7进5，车三退一，炮7进4，相三进一，炮8进2，仕五退六，各有千秋。

13. 马九进八　象7进5　　14. 炮六平九　炮8退5
15. 炮五平七　车8平6　　16. 车四平二　炮8平7
17. 相七进五　马7进6　　18. 兵七进一　卒3进1

进卒吃兵软手，应马3进4，兵七进一，马4进5，对比之下，黑方占优。

19. 马八进七　卒3进1（图166）
20. 炮七退二　炮7进5

图166，红方退炮失去了夺先之机，应马七进五踏象。以下黑方如卒3进1，马五进三，车6进1，车二平四，车6平7，车四进一，象3进5，兵五进一，红方占优。

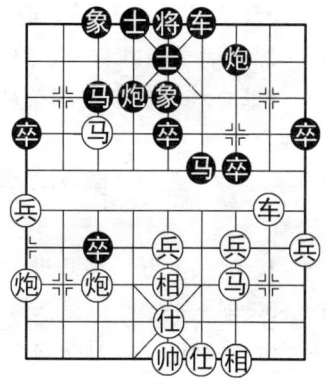

图166

21. 兵五进一　炮4进1
22. 马七退八　马3进2
24. 马八进六　马2进4　　25. 车二进二　炮4退1
26. 炮九进四　马4进2

进马弃卒好着。如改走其他着法，红方有马六进五踏象的凶着。

27. 马六退七　卒5进1　　28. 炮九平五　象3进5
29. 炮五退一　马2进3　　30. 马七退六　马3退4

31. 炮五平六　马6退7　　32. 车二平六　炮4进2
33. 车六退一　车6进8　　34. 马三退二　马4退3
35. 马二进一　炮7平8　　36. 马六进七　卒5进1
37. 马七进八　车6退4　　38. 车六进一　象1退3

红方进车避兑无可奈何。如车六平四交换，一路马不活跃，仍难逃败势。

39. 炮七进四　马7进5　　40. 马八进七　马5进6
41. 马一进三　卒7进1　　42. 相五进三　马6进4
43. 车六退一　车6进2　　44. 炮七平五　将5平6
45. 马七退五　炮8退5　　46. 马三进一　炮8平7
47. 相三退一　马4进3　　48. 帅五平六　士5进4
49. 马五进三　卒9进1　　50. 马一进三　车6退1
51. 炮五进一　马3进2　　52. 后马进一　士4进5
53. 炮五进一　车6平1　　54. 炮五平七　车1进4
55. 帅六进一　马3退1　　56. 炮七退四　车1平3

黑方运子巧妙有力，终于得子形成胜局。

（选自杨汉民负赵国荣的对局）

第167局　上边马对列炮

1. 炮二平五　马8进7　　2. 马二进三　车9平8
3. 车一平二　炮8进4　　4. 兵三进一　炮2平5
5. 兵七进一　马2进3

上马3路比较稳健。如车1进1，争夺较为强烈。

6. 马八进九　车1平2　　7. 车九平八　车2进5
8. 炮五退一　炮8平7　　9. 炮八平七　车2进4

兑车是正常走法。如车2平3，车八进二，黑方容易受攻，红方先手。

10. 马九退八　象3进1　　11. 相三进五　车8进9
12. 马三退二　卒5进1

如炮7平1,炮七进四,炮1平9,炮七平三,象7进9,马二进三,炮9进3,相五退三,红方先手。

13. 炮七进四　马7进5
14. 马八进七　卒7进1
15. 兵三进一　马5进7
16. 炮五平三　马7进6

弃象跃马意在抢夺先手,但残象后局势受损,得不偿失,不如象7进9。

17. 炮三进八　将5进1
18. 马二进四　炮7进1
19. 仕四进五　炮5平8(图167)

图167,黑方平8路炮失先,应炮7平3兑马,炮七退四,马3进4,黑方尚可抗衡。

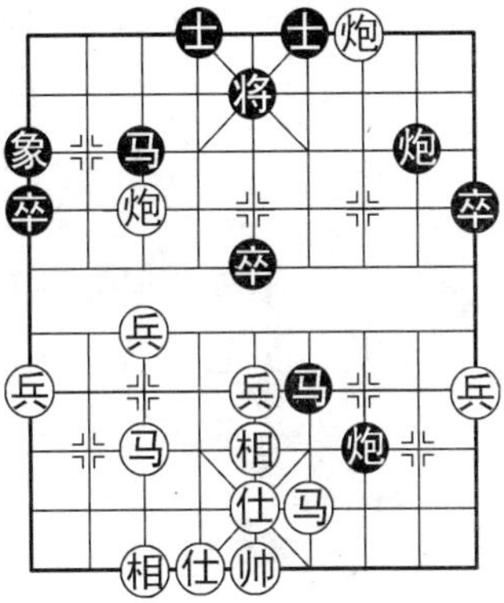

20. 仕五进四　炮7进1

红方上仕阻挡马炮,有利于控制和展开攻守,好着。

21. 炮三退六　炮8平6
22. 炮七平八　炮6进5

红方平炮准备过兵,增加攻力。此时黑方如马3进5,马七进六,马5进7,马六进四,红方占优。

23. 炮八退三　马6退7
24. 马七进六　马3进4

如卒5进1,兵五进一,马7进5,炮八平五,将5平6,马六进七,红方优势。

25. 炮八进二　炮6退6
26. 兵七进一　卒5进1
27. 兵七平六　马7进6

红方平兵紧凑。如兵五进一,马7进6,黑方还有对攻之机。

28. 马四进六　卒5平4
29. 相五退三　马6退7
30. 炮八平三　炮7退4
31. 马六进八　卒4平3
32. 相三进五　炮6进5

如卒3平2,马八进六,黑方难以应付。

33. 相五进七　炮6平9
34. 马八退六　炮7退2
35. 兵五进一　炮9平1
36. 兵五进一　炮7平4

37. 马六退四　炮4平5
38. 相七退五　卒9进1
39. 兵五进一　炮5平7
40. 炮三平五　将5平6
41. 马四进二

红方马炮双兵攻势强大，黑方无法阻挡，终成败势。
（选自徐天红胜许波的对局）

第168局　上边马对列炮

1. 炮二平五　炮2平5
2. 兵三进一　卒3进1
3. 炮八平七　马2进3
4. 马二进三　马8进9
5. 马八进九　车1平2
6. 车一平二　车9平8
7. 兵九进一　卒9进1
8. 车九进一　士4进5
9. 车九平六　炮8进2
10. 车二进三　炮5平8
11. 车二平四　象3进5
12. 兵五进一　后炮平6
13. 车四平五　马9退7
14. 兵五进一　卒5进1
15. 车六进五　车8进3
16. 仕六进五（图168）　车2平4

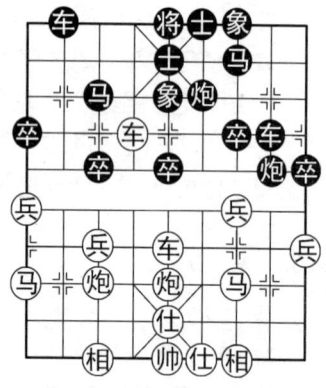

图168

图168，双方运子都非常谨慎，不愿意冒险进攻，局势大致相当，红方仍然好走。此时红方上仕老练。如急于走炮五进三，卒7进1，车六平二，炮8平5，车五进二，马7进8，兵三进一，象5进7，双方形成平稳之势。

17. 车六进三　将5平4
18. 炮五进三　将4平5
19. 马九进八　马7进6
20. 相七进五　卒7进1

进卒佳着，算准红方虽然可过河一兵，但黑马利用捉车的先手，可占据士角这一良好的据点，并活跃了车的能力，可以得到补偿。

21. 兵三进一　炮8平5
22. 车五进二　马6退4
23. 兵三平二　车8平2
24. 车五退一　卒3进1

进卒巧妙。虽然又损一卒，但全局子力较为舒畅，为和势创造了条件。

25. 车五平七　马3进4　　26. 马八进七　象5进3

上象困马是一步妙手，着法令人赞叹。

27. 车七平六　前马退6　　28. 车六进二　马6进5
29. 车六退二　马5进6　　30. 车六进二　马6进5
31. 车六退二　马5进6　　32. 兵二平三　车2平3

红方先弃后取，以求在漫长的战斗中寻找胜机。

33. 兵三进一　马4进5　　34. 兵三平四　马5进6
35. 马三进五　车3平6　　36. 车六平三　车6平5

平车秩序井然。如先走象3退5，马五进七，红占优。

37. 马五进四　象3退5　　38. 车三退一　马6退7
39. 车三平五　车5平6　　40. 马四退六　车6平4
41. 马六进七　卒9进1

兑卒明智，为谋取和势创造了条件。

42. 兵一进一　马7进9　　43. 兵七进一　马9退7
44. 相五进三　象5退3　　45. 兵七进一　炮6平5

平炮中路以攻为守，战术运用正确。如炮5平3，车五进二，黑方反而不好。

46. 炮七平三　象7进9　　47. 炮三平五　炮5进5

红方平中炮兑炮机智果断，因黑方有马7退5的打扰，会招来麻烦。

48. 相三进五　马7退5　　49. 车五平八　车4进2
50. 车八进二　象9退7　　51. 兵七平六　车4进1
52. 兵六平五　车4平3　　53. 马七退六　马5进3

兑炮之后双方运子细致，现在黑马已抢占要道，和势已基本形成。

54. 马六进四　马3进4　　55. 车八平六　马4进3
56. 车六退四　士5退4　　57. 兵五进一　士6进5
58. 马四进二　将5平6　　59. 马二进三　车3退4

60. 马三退二　车 3 进 1　　61. 马二退四　将 6 平 5
62. 仕五退六　士 5 进 6　　63. 马四进六　马 3 退 2
64. 相五进七　马 2 退 3　　65. 兵五进一　车 3 平 4

黑方十分老练地以车换马，已成和局。如以象去兵，红方可破掉双士，黑方不利。

（选自赵国荣和刘殿中的对局）

第 169 局　上边马对列炮

1. 炮二平五　马 8 进 7　　2. 马二进三　车 9 平 8
3. 车一平二　炮 8 进 4　　4. 兵三进一　炮 2 平 5
5. 马八进九　车 1 进 1　　6. 车九平八　车 1 平 8
7. 炮八进五　马 2 进 3　　8. 炮八平五　象 7 进 5
9. 车八进七　炮 8 平 7　　10. 车二进八　炮 7 进 3
11. 仕四进五　车 8 进 1　　12. 车八平七　卒 7 进 1

进卒邀兑构思灵巧，前后呼应，展开子力。

13. 兵三进一　炮 7 退 5　　14. 车七平六　炮 7 平 3
15. 仕五退四　车 8 进 5　　16. 炮五平八　车 8 平 7
17. 车六退五　马 7 进 8

红方退车仕角，在三路要道建起了稳定的防线，局势比较有利。

18. 仕六进五　马 8 进 6
19. 车六平四　炮 3 平 7
20. 车四进二　炮 7 进 3
21. 帅五平六（图 169）　炮 7 进 2

图 169，黑方进炮叫将没有什么作用，反而使炮位失去好点，不如车 7 平 5，足可抗衡下去。

22. 帅六进一　车 7 平 5　　23. 炮八进一　车 5 进 1
24. 炮八进三　卒 1 进 1　　25. 兵九进一　卒 1 进 1

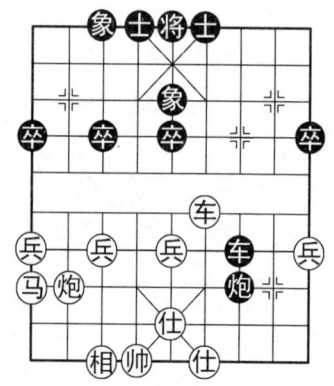

图 169

26. 车四平九	炮7退1		27. 仕五进六	炮7平9
28. 车九平二	卒5进1		29. 马九进八	车5平6

红方跃出边马，攻势大增，已大占优势。

30. 马八进七	车6进1		31. 帅六退一	车6进1
32. 帅六进一	车6退1		33. 帅六退一	车6退4
34. 炮八进三	象5退7		35. 车二进二	士6进5
36. 车二平三	象7进9		37. 车三平二	象9退7
38. 车二平三	象7进9		39. 马七进五	车6退2
40. 马五进七	将5平6		41. 车三平五	炮9平3
42. 马七退六	车6平4		43. 车五平一	炮3平1
44. 帅六进一	炮1退7		45. 车一平四	将6平5
46. 马六退四	炮1平4		47. 帅六平五	车4平2
48. 炮八平九	车2进6		49. 帅五退一	车2平6
50. 车四平六	车6退4		51. 车六进二	车6进2
52. 车六平七	车6平9		53. 车七进一	车9进3
54. 帅五进一	车9退1		55. 帅五退一	车9平1
56. 炮九退七	车1退1		57. 帅五退一	车1退1
58. 帅五退一	车1进1		59. 帅五进一	卒5进1
60. 车七退二	将5平6		61. 车七平一	车1退1
62. 帅五退一	车1平6		63. 车一进二	将6进1
64. 车一退一	将6进1		65. 车一退四	车6进1
66. 帅五进一	车6退4		67. 车一平四	卒5平6
68. 帅五平四	将6平5		69. 相七进五	

红方运子细致有力。因过河卒被捉死，无力反抗，黑方认负。

（选自徐健秒胜陈孝坤的对局）

第170局　上边马对列炮

1. 炮二平五	马8进7		2. 马二进三	车9平8
3. 车一平二	炮8进4		4. 兵三进一	炮2平5

5. 马八进九　马2进3　　　6. 兵七进一　车1平2
7. 车九平八　车2进5　　　8. 炮五退一　车2平3
9. 相三进五　车3退1　　　10. 兵九进一　马7退5
退马中路企图平炮打车，借此调理阵容，适合攻守需要。
11. 马九进八　炮8退2　　　12. 炮八平七　炮5平8
13. 车二平三　车3平2　　　14. 马八退九　车2进5
15. 马九退八　后炮平9　　　16. 车三平二　马5进7
17. 兵五进一　士4进5　　　18. 炮五平七　马3退1
19. 后炮进五　卒5进1
进中卒使红方中兵过河，留下了后患，不如象7进5。以下如前炮平三，马1进3，局势比较平稳。
20. 兵五进一　卒7进1　　　21. 仕四进五　象3进5
22. 前炮平四　卒7进1　　　23. 相五进三　车8进3
24. 炮四进二　马1进2　　　25. 马三进五　车8平6
26. 车二平四　车6进6　　　27. 帅五平四　象5进7
28. 炮七平五　马2退4　　　29. 炮四退三　炮9进4
30. 马五进七　炮8平6　　　31. 兵五平四　象7退5
32. 马七进六　炮9平3　　　33. 马八进七　马4进2
上马2路而不打红相，有利于防守，平稳之着。
34. 马七进五　炮3退4　　　35. 兵四平五　炮3平1
36. 兵五平六　马7进8　　　37. 兵六平七　炮1平4
红方过河兵横冲直撞，打乱了黑方的防守阵地，迫使黑方放弃了进炮打兵的计划，只得平炮阻拦红马的进击。但红方运兵助攻，威力强大，黑方陷入困境。
38. 兵七进一　马2进1
39. 兵七进一　马1进3（图170）40. 炮五平二　炮4退2
图170，红方平炮是明智之举。如兵七平六吃炮，马3进5，相七进五，士5进4，红方双马难以取胜，心血将付之东流。
41. 马五进四　马8退6　　　42. 马四进二　士5进4
针对红方进马攻击，黑方上士打马，是致败的劣着，应炮4平

2,还可坚守下去。

43. 马六进四　将5进1
44. 马二进三　马6进8
45. 兵七平六　炮4平3
46. 相七进九　炮3进1
47. 马三退二　马8退6
48. 兵六平七　炮3平4
49. 马二退四　马3退5
50. 炮二平八　将5平6
51. 炮八进六　炮4进2
52. 前马进二　马6退8

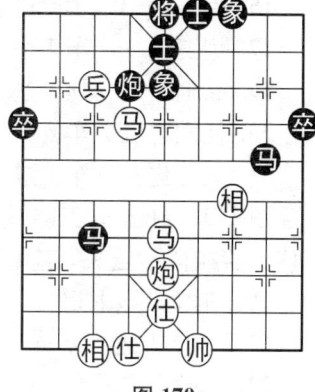

图170

53. 帅四平五　象5进7
54. 马四进三

红方双马炮兵展开凶悍的攻击,利用炮马要杀取得胜利。
(选自胡荣华胜吴贵临的对局)

第171局　上边马对列炮

1. 炮二平五　马8进7　　　2. 马二进三　卒7进1
3. 马八进九　车9平8　　　4. 炮八平七　炮2平5
5. 车九平八　马2进3　　　6. 车八进五　象7进9

红方如车八进四,车1平2,车八平四,车2进4,各有千秋。

7. 车一进一　炮8进2

红方如车一平二,炮8进4,仕四进五,车1平2,车八进四,马3退2。红方右车被封,不占便宜。

8. 车八进一　马7进6　　　9. 车八平七　炮8退2

如急于马6进4,车七进一,马4进3,车一平七,红方占优。

10. 车一平六　士6进5　　　11. 兵七进一　车8平6
12. 兵七进一　马6进5

红方可改走仕六进五防守,比较稳健。

13. 车六进二　马5进7　　　14. 炮七平三　车6进7

15. 炮三退一　车6进1　　　16. 炮五进五　象3进5
17. 炮三进一　车1平2　　　18. 炮三平七　车2进7
19. 兵七平六　炮8进7
20. 仕六进五　车6平7（图171）
21. 兵三进一　车7进1

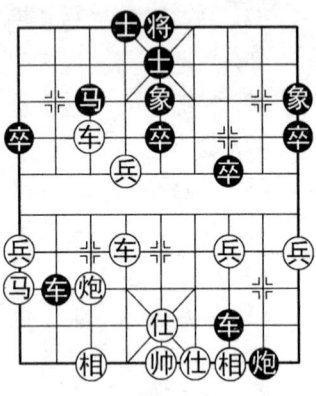

图171

图171，红方进三路兵企图左车右移，实在得不偿失，应相七进五防守。马3退2，炮七退一，车7退1，车六退一，红方还可坚持下去。

22. 车六平二　车2平3
23. 车七退四　车7退2
24. 车二退三　车7平3

经过巧妙的交换，黑方取得实惠，红方局势如同散沙，已陷入困境。

25. 兵六进一　卒7进1　　　26. 车二进三　车3进2
27. 仕五退六　马3进4　　　28. 车二平六　马4进6
29. 车六平四　卒5进1　　　30. 仕四进五　车3退5
31. 马九进七　象9退7　　　32. 马七退五　卒5进1
33. 马五退三　车3平8

红方如马五进四兑马，仍难应付黑方车卒的攻势。

34. 马三进二　卒7进1

黑方送卒之后，可以乘机夺马，红方见大势已去，只好认负。

（选自郭长顺负王嘉良的对局）

第172局　上边马对列炮

1. 炮八平五　炮8平5　　　2. 马二进三　马8进7
3. 兵七进一　炮2平3　　　4. 车一平二　卒3进1
5. 马八进九　卒3进1　　　6. 车九平八　马2进1

如车9进1，仕六进五，马2进1，炮二进四，车9平4，车二进五，车4进2，双方将形成复杂的变化。

7. 炮二平一　车1平2

出车兑车之后，3路卒将被捉死，子力不易展开，仍是红先。

8. 车八进九　马1退2　　　　**9.** 车二进四　炮3进7

红方虽失一相，但黑方亏损度数较大，仍为红方主动。

10. 仕六进五　炮3退2　　　　**11.** 仕五进六　炮3平5

12. 炮一平五　车9进1　　　　**13.** 车二平七　卒7进1

14. 兵三进一　卒7进1

如车七进五吃象，马2进1，车七退二，马1退2，车七退二，象7进9。红方虽然吃去一象，但右马不活跃，一时难以组织有力的攻势，并不合适。

15. 车七平三　车9进1　　　　**16.** 马九进七　炮5退1

17. 马七进六　炮5平7

18. 车三平八　炮7进6

19. 车八进五　炮7退3

20. 马六进四（图172）　车9退1

图172，红方进马抢攻是有力的攻击手段，控制了黑方子力的展开。如果贪吃象而走车八平七，炮7平5，兑炮之后红方要想取得胜势将有很大的难度。

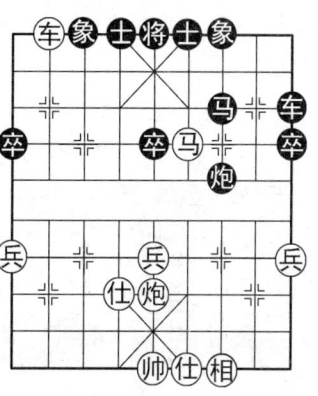

图 172

21. 兵五进一　象7进5

22. 车八退四　炮7平3

红方退车捉炮凶悍有力，令黑方更难对付。

23. 兵五进一　炮3退1　　　　**24.** 兵五进一　马7进5

25. 马四退三　士6进5　　　　**26.** 马三进五　马5进7

红方进马捉马炮，必得一子，已成胜势。

27. 马五进七　马7进6　　　　**28.** 炮五进一　马6进7

29. 帅五平六　车9平6　　　　**30.** 车八平二　车6进8

31. 帅六进一　车6退1　　　　**32.** 帅六退一　将5平6

33. 马七退六

红方多子大占优势，以下可以车二平四兑车，黑方已无法对抗，红胜。

（选自甘小晋胜潘振波的对局）

第173局　上边马对列炮

1. 炮二平五　马8进7　　　2. 马二进三　车9平8
3. 车一平二　炮8进4　　　4. 兵三进一　炮2平5
5. 炮八进五　马2进3　　　6. 炮八平五　象7进5

上左象吃炮有利于攻守。如象3进5，马三进四，炮8退2，马八进七，车1平2，马四进六，马3退1，车九进一，车2进4，车九平六，士6进5，兵五进一，以下再走马七进五，红方局势主动。

7. 马三进四（图173）　卒3进1

图173，黑方可炮8进1，以下红方如马八进九，卒3进1，车九平八，车1进1，马四进三，车1平6，车八进四，士6进5，黑方可以抗衡。

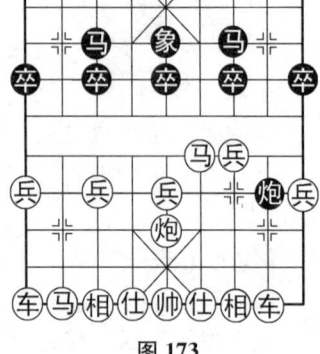

图173

8. 兵三进一　炮8平3
9. 车二进九　马7退8
10. 兵三进一　车1平2
11. 马八进九　卒3进1
12. 马九进七　卒3进1
13. 车九进一　马8进6

可车2进4加强攻守为好。

14. 兵三进一　车2进4　　　15. 车九平七　车2平3

不如车2平6，车七进二，车6进1，车七进四，士6进5，黑方尚可坚守下去。

16. 兵三进一　马6进4　　　17. 马四进五　车3退1

18. 兵三平四　士4进5　　　19. 炮五平二　将5平4
20. 车七平八　马3退1　　　21. 马五进七

红方的入局攻杀十分紧凑，黑方无法防守，红方快速取得胜利。

（选自许波胜肖革联的对局）

第174局　上边马对列炮

1. 炮八平五　炮8平5　　　2. 马二进三　马8进7
3. 兵七进一　炮2平3　　　4. 车一平二　卒3进1
5. 马八进九　卒3进1　　　6. 车九平八　车9进1
7. 仕六进五　马2进1

红方上左仕稳健，如炮二进四也是正常变化。此刻黑方上边马比较呆板，不如车9平4，下一步有炮3进2后再炮3平7的反击手段，比较紧凑有力。

8. 炮二进四　车9平4

如炮3退1则形成另一路复杂变化。

9. 车二进五　车4进2　　　10. 兵三进一　车1进1
11. 兵三进一　车4进1

如卒7进1，车二平三，红方有攻势。

12. 兵三平四　车1平6　　　13. 炮二平五　士6进5

不如马7进5交换子力，减少红方的攻击能力。虽然仍落后手，但可抗衡。

14. 兵四平五　车4进1　　　15. 车八进六　车6进5
16. 前炮平七　炮3平4

红方平炮打象次序井然，为进中兵打开了道路。

17. 炮七平九　卒3进1

献卒是无可奈何之举，可以避开红方炮五平七的反击手段。

18. 前兵进一　车6平7

平车压马造成败势，不如炮5进4打中兵，尚可坚持下去。

19. 前兵进一　象7进5（图174）
20. 马九进七　车7进1

图174，红方进马吃卒，弃去右马后可以加快攻击，发动更大攻势。

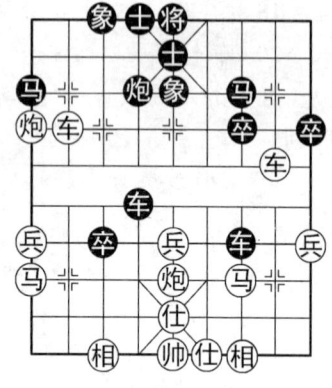

图174

21. 马七进五　炮4平3
22. 马五进四　炮3退1
23. 车二平六　车7退2

红方平车邀兑争先，通过兑子可以向中路及左路展开攻势。

24. 车六进三　车7平6

红方进车压炮突施妙手，使黑方难以防范。这步精彩的攻击，真可令人拍案叫绝，使人了解到象棋的艺术魅力具有高度欣赏性。

25. 马四进三　将5平6

红方进马叫将之后，黑方将要失子失势，已成败局。

（选自刘殿中胜殷广顺的对局）

第175局　上边马对列炮

1. 炮八平五　炮8平5　　**2.** 马二进三　马8进7
3. 兵七进一　炮2平3　　**4.** 车一平二　卒3进1
5. 马八进九　卒3进1　　**6.** 车九平八　车9进1
7. 仕六进五　车9平4　　**8.** 炮二进四　炮3进2
9. 车二进四　炮3平7　　**10.** 马三退一　卒3平4

红方可走车二平七弃马吃卒，下一步有车七进五吃象的手段，比较主动。

11. 兵三进一　炮7平5　　**12.** 炮五平三　前炮平9
13. 马一进二　炮5平4　　**14.** 相七进五　炮9平1
15. 兵三进一　炮1进3　　**16.** 炮三平九　卒7进1
17. 炮二平三　马7退9

如象7进5，车二进三，马7退5，车二进一，车4进3，车二平四，马5进3，马二进四，卒4平5，炮三进三，士6进5，马四进二。红方有一定的攻势，黑方不好对付。

18. 炮九平六　车4平7

因红方有炮六进七打士的攻击手段，所以平车捉炮，但作用甚微，不如车4平3，形势比较好一些。

19. 车二平六　马2进3
20. 炮三平四　卒7进1
21. 马二退四　炮5平6
22. 车八平七　车1进2
23. 车六退一　卒7进1
24. 炮四进一　马3退1
25. 炮四退三　车1平3
26. 车七平六　士4进5
27. 后车平八　车3退1
28. 车六平五（图175）　车7平6

图175，平车捉炮反使红炮进入要道，更落下风。应马9进7，红方一时还没有什么攻势，黑方足可对抗。

29. 炮四平八　车3平2
30. 马四退二　车6平7
31. 车五进三　车7进4

红方乘势进车吃中卒，由此扩大了优势。

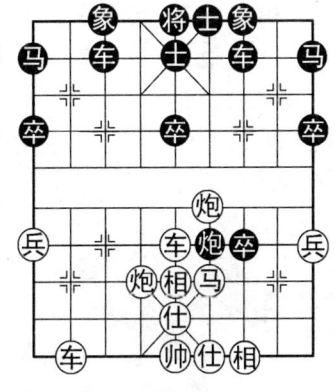

图 175

32. 炮八进三　象3进5
33. 车五平九　车7退1
34. 炮六平九　炮6退5
35. 车九平四　炮6平7
36. 马二进四　卒7进1
37. 马四进五　车7平5
38. 马五退六　炮7进1
39. 炮九进六　车2平1

不如炮7平2打炮，还不至于立即陷入困境。

40. 炮八进一　士5退4
41. 车八进三　卒9进1
42. 车八平四　炮7平6
43. 前车进一　士4进5
44. 前车进一　车1平2
45. 前车平一

红方运子细致有力，柔中有刚，终于获取一马，形成多子之势，胜局已定。

（选自宇兵胜范向军的对局）

第176局 上边马对列炮

1. 炮二平五　马8进7　　2. 马二进三　车9平8
3. 车一平二　炮8进4　　4. 兵三进一　炮2平5
5. 马八进九　马2进3　　6. 车九平八　卒3进1
7. 炮八平七　马3进4

跃马谋取中兵力求反击，着法积极，但也容易受到反击。

8. 车八进四　马4进5　　9. 马三进五　炮5进4
10. 仕六进五　象3进5
11. 车八平五　炮5平9
12. 兵九进一（图176）　士4进5

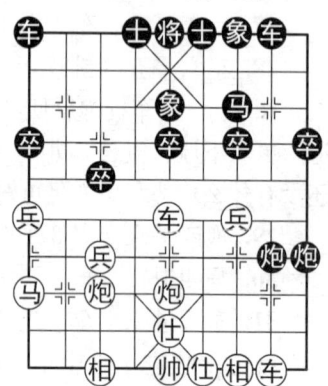

图176

图176，红方进边兵伏下夺子巧着，而黑方急忙上右士，没有察觉红方的计谋，由此造成失子。应炮9退2，车五退一，炮8退2，车二进三，士4进5，各有千秋。

13. 兵三进一　卒7进1
14. 车五平一　炮9平3

打兵作为丢子的补偿，可以得到多卒之势。如炮8退3，黑方也没有什么好处。

15. 马九进七　车1平4　　16. 马七进八　车4进2
17. 车一退一　炮8退2　　18. 马八进七　卒7进1
19. 相三进一　卒7平6　　20. 车一平八　马7进6
21. 车二进三　马6进4

进马过于着急，使子力受到牵制，局势更加被动。可先走卒3进1，变化比较复杂，还可对抗。

22. 车八进六　士5退4　　23. 车二平六　卒3进1
24. 炮五平六　炮8进5

进炮叫将并没有好处，反而使炮位变低，功力减少。应士6进

5防守，然后再作打算。

25. 相一退三　士6进5　　　26. 马七退八　卒6平5
27. 炮七退一　炮8平9

平边炮失算，形势更加恶化。应车8进4，还可支撑一阵。

28. 车六平一　车8进9

红方平车捉炮可形成子力交换，然后利用车马炮归边之势展开攻击，由此取得胜势。

29. 车一退三　车8平9　　　30. 炮六进五　士5进4
31. 炮七平九　车9退3　　　32. 马八进七　士4退5
33. 炮九进五　将5平6　　　34. 炮九进三　将6进1
35. 车八退一　将6进1　　　36. 炮九退二　马4退3
37. 马七进六

红方车马炮攻击凶悍，黑方无力抵抗，红方胜。

（选自胡荣华胜于幼华的对局）

第177局　上边马对列炮

1. 炮二平五　马8进7　　　2. 马二进三　车9平8
3. 车一平二　炮8进4　　　4. 兵三进一　炮2平5
5. 马八进九　马2进3　　　6. 车九平八　炮8平7

如车1平2，炮八进四，卒3进1，炮八平三，红方较为主动。又如车1进1，炮八进六，车8进1，兵九进一，车1平2，车八进八，车8平2，车二进三，仍是红方占先。

7. 车二进九　炮7进3

红方如相三进一，变化下去黑方有多卒之利。

8. 仕四进五　马7退8
9. 炮八平七（图177）　车1进1

图177，红方平炮亮车是造成失势的主要原因。应马三进四，车1进1，炮八进六，炮5平8，炮五平二，红方占先。

10. 兵七进一　车1平8　　　11. 兵七进一　炮7平9

12. 帅五平四　炮 5 平 8

红方如兵七进一，车 8 进 8，仕五退四，车 8 退 1，仕四进五，炮 5 平 8，兵七进一，象 3 进 5，炮五进四，士 6 进 5，帅五平四，车 8 平 7，马三进二，车 7 退 3，兵七平六，车 7 平 6，炮七平四，车 6 平 8，兵六进一，炮 8 平 6，炮四平七，车 8 平 6，帅四平五，将 5 平 6，黑方占优势。

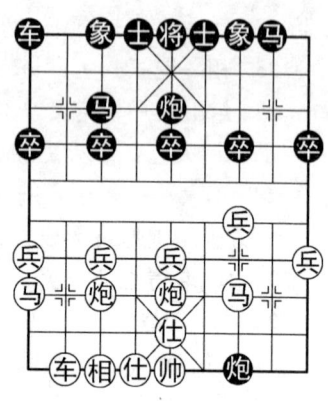

图 177

13. 马三进二　炮 8 平 4

平炮捉马可伏下车双炮夹击之势，好着。红方若逃马，车 8 进 8，然后再炮进相眼处，红方难以应付。

14. 兵七平六　车 8 进 4　　**15.** 车八进八　车 8 进 4

红方如炮七进五，车 8 进 4，帅四进一，车 8 退 3，帅四退一，车 8 平 6，帅四平五，炮 4 平 8，黑方占优。

16. 帅四进一　车 8 退 1　　**17.** 帅四退一　炮 4 平 6

18. 炮七退一　车 8 进 1

红方如炮七进五，车 8 进 1，帅四进一，车 8 退 3，帅四退一，车 8 平 6，帅四平五，炮 6 平 8，黑方占优。

19. 帅四进一　象 7 进 5　　**20.** 兵六进一　士 6 进 5

21. 兵六平五　车 8 退 3　　**22.** 帅四退一　将 5 平 6

23. 车八退四　车 8 平 6　　**24.** 帅四平五　马 3 进 5

进马先弃后取，由此扩大了优势，为取势创造了条件。

25. 炮五进四　炮 6 平 8　　**26.** 仕五进四　车 6 平 5

27. 帅五平四　车 5 退 3　　**28.** 兵三进一　卒 7 进 1

29. 车八平二　炮 8 平 6　　**30.** 炮七平四　马 8 进 7

黑方车炮马攻击正确，不断扩大优势，最后取得胜局。

（选自于红木负喻之青的对局）

第178局 上边马对列炮

1. 炮二平五　马8进7
2. 马二进三　车9平8
3. 车一平二　炮8进4
4. 兵三进一　炮2平5
5. 马八进九　马2进3
6. 兵七进一　车1平2

红方进七路兵企图限制右马活动。如车九平八，卒3进1，炮八平七，马3进4，车八进四，马4进5，马三进五，炮5进4，仕六进五，炮5退2，炮七进三，车1进2，大体均势。

7. 车九平八　车2平5
8. 炮八平七　车2平3
9. 车八进二　炮8平7

如马3退5解除右马之危，炮五退一，炮5平3，马九退八，车3平7，相三进五，车7进1，炮五平三，车7平6，黑方可以应付。但是在马3退5之时，红方可兵九进一，红方仍然好走。

10. 炮五退一　车8进9
11. 马三退二　马3退5
12. 相三进五　车3进1
13. 马二进三　炮5平3
14. 马九退八　炮3平4

弃象有些冒险，应车3平2兑车。红如车八进一，炮7平2。在马炮残局中形势虽然差一些，但可以坚守。

15. 炮五平七　车3平4
16. 前炮进七　马5退3
17. 炮七进八　士4进5
18. 马八进七　卒3进1
19. 炮七平九　车4平3
20. 车八进七　炮4退2
21. 兵五进一　(图178)　卒3进1

图178，黑方两次放弃了兑车的机会，走法不够明智，以致使局势大为落后。此刻红方进中兵加大攻势，黑方只好尽力周旋，化解被攻困境。

22. 车八平七　车3平2

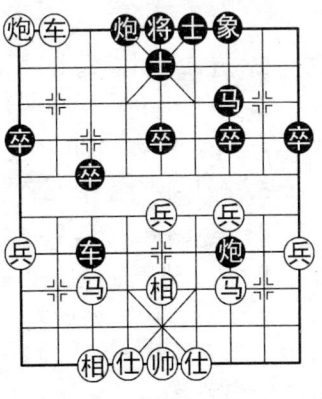

图178

23. 车七退五	车2退6	24. 炮九退二	炮7平2
25. 车七进三	炮4进2	26. 炮九平六	士5进4
27. 车七平六	马7退5	28. 马七进六	炮2进1
29. 马三进二	车2平4	30. 车六平八	车4进5
31. 车八进二	车4退5	32. 车八退七	马5进4

至此双方子力相等,但黑方残士象,防守上非常不得力,已成败势。

33. 车八进二	车4进2	34. 马二进三	车4平2
35. 车八平六	马4进2	36. 车六平七	马2进1
37. 车七进五	将5进1	38. 车七退三	卒1进1
39. 车七平五	将5平4	40. 车五平七	车2平7
41. 马三退五	将4平5	42. 车七进二	将5退1
43. 兵三进一	士6进5	44. 兵三进一	车7平5
45. 兵三平四	士5退4	46. 兵四进一	车5平2
47. 车七平三	象7进9	48. 兵四进一	马1进2
49. 仕六进五			

红方车马兵攻击有力,黑方无力阻挡,终成败局。

(选自徐健秒胜王钟林的对局)

第179局 上边马对列炮

1. 炮二平五	马8进7	2. 马二进三	卒7进1
3. 马八进九	车9平8	4. 炮八平七	马2进1

如炮2平5,车九平八,马2进3,车八进五,红方主动。

5. 车九平八	车1平2	6. 车八进四	炮2平5
7. 车八平二	车2平4	8. 兵九进一	士4进5
9. 仕四进五	马7进6	10. 炮五进四	卒7进1

红方炮打中卒先得实惠。如马九进八,卒7进1,车二平三,马6进5,马三进五,炮8进7,相三进一,炮5进4。以下黑方有炮5平9的先手,红方不占好处。

11. 车二平三　马6进5　　　12. 马三进五　车2平5
13. 车三进二　炮8进7　　　14. 相三进五　车5进2
15. 马九进八　车8进8　　　16. 炮七退一　车8退4

红方可炮七平六，仍然略优。

17. 车一进一　车8平2　　　18. 车一平二　车2进1

红方更为有力的走法是车一平四，以下黑方如车2进1，炮五进二，弃子抢杀颇为凶悍，可惜错过了这个机会。

19. 车二退一　车2平4　　　20. 炮七进一　马1退2
21. 炮七平六　马2进3　　　22. 车二进六　车4退2

可以考虑先走卒3进1。以下红方如炮五平四，车5平6，炮四平五，车4平5，变化较多。

23. 炮五平四　车5平6　　　24. 炮四平五　卒3进1
25. 炮五退二　车4进2　　　26. 车三退二　炮5进1
27. 兵一进一　车6平3　　　28. 车二退一　车4平1
29. 车二平四　卒1进1　　　30. 车四平五　炮5进2

红方平中车兑子力求稳健。如车四进三，车3平5，炮五进四，车1平7，炮五退五，车7平5，炮五进三，马3进5，车四退二，马5进4，兵三进一，红方好走。

31. 车五退一　车1平5　　　32. 车三平五　车3平7
33. 车五平三　车7平9　　　34. 车三进五　车9退1
35. 车三退三　马3进4　　　36. 仕五退四　马4进6
37. 车三平九　马6进8　　　38. 仕六进五　卒1进1
39. 车九进三　士5退4　　　40. 车九平七　车9退1
41. 车七退三　卒1平2　　　42. 车七平五　士4进5
43. 车五退三　马8进7　　　44. 帅五平六　车9平6
45. 炮六退一　马7退6
46. 仕五进四　马6退7（图179）
47. 炮六平二　车6平4

图179，红方平炮要杀是谋求和局的紧要之着。如车五平六，士5进4，炮六平五，士6进5，车六进四，将5平6，车六平三，

车6进3,车三退二,车6进2,炮五退一,卒3进1。黑方运卒攻击,红方有麻烦。

48. 帅六平五　将5平4
49. 仕四进五　卒9进1

如卒3进1,黑方取势之机将多一些。

50. 车五平三　士5进4
51. 炮二平一　马7退5

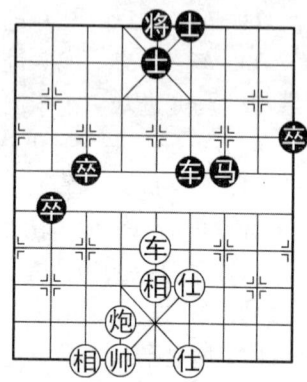

图 179

红方平炮准备打死边卒,黑方虽然多卒,但缺双象,容易让红方在攻击中寻求和势。

52. 车三平一　马5进6　　53. 炮一进四　马6进4
54. 炮一进四　士6进5　　55. 车一平三　卒3进1
56. 车三进六　将4进1　　57. 炮一退一　士5进6
58. 车三退一　将4退1　　59. 车三进一　将4进1
60. 车三退一　将4退1　　61. 车三退五　卒3平4
62. 炮一退五　马4进3　　63. 帅五平四　车4平8
64. 车三进一　车8进5　　65. 相五退三　卒2平3
66. 炮一退二　马3退4　　67. 炮一进三

红方车炮运子正确,有力地防住黑方车马卒的攻击,终成和局。

(选自林宏敏和吕钦的对局)

第180局　上边马对列炮

1. 炮二平五　炮2平5　　2. 马二进三　马2进3
3. 马八进九　卒7进1

进7路卒是避开流行的打法,力争创出新变化。

4. 车一平二　马8进7　　5. 兵九进一　车1平2
6. 车九平八　车9平8　　7. 车二进四　炮8平9

8. 车二平四　车2进6

红方可车二平六，各攻一面，夺取先发制人之势。

9. 仕六进五　车8进6
10. 炮五平六　卒5进1
11. 相七进五　马7进5
12. 车四平八　车2平3
13. 兵三进一　车3平1
14. 炮八进一　车8退5
15. 相五退七　车8平4

红方运相企图困制黑车，从而夺抢优势，但由于形势比较虚浮，不容易全面兼顾。可马九进七，局势比较稳健。

16. 炮八平七　卒5进1
17. 炮六平五　炮9平7
18. 马三进二　炮7进3
19. 前车进二　炮7平1
20. 马二进四　炮1进2
21. 炮七进四　马5退3
22. 相七进九　卒5进1
23. 炮五进五　象7进5
24. 前车平七　车4平6
25. 马四进六　马3进5（图180）
26. 马六退七　马5进4

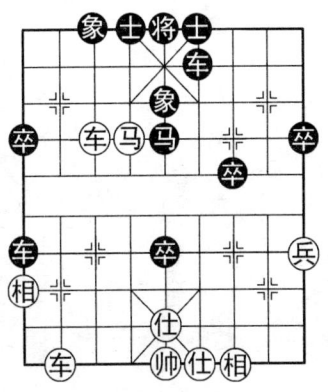

图180

图180，由于红方失兵太多，很难和黑方打持久战，因此应车八进四加快攻击才是正确的选择。此时暗伏下车八平五或马六进七等着法，将给黑方带来一定的牵制，在争夺中才有望争取和势。

27. 车七平六　车1平4
28. 马七退八　车6平2
29. 马八进六　车2进8
30. 仕五退六　马4进6
31. 车六平四　车2退3
32. 马六退五　卒5进1
33. 马五退七　马6进7
34. 车四退五　车2平7
35. 仕四进五　象5进3
36. 仕五退四　象3进5
37. 仕六进五　马7退8
38. 相九进七　卒5进1
39. 马七进五　卒7进1
40. 相七退五　车7平2
41. 马五退七　车2平5
42. 车四平六　卒7平6
43. 仕四进五　马8退7

44. 车六进三 车5退1		45. 车六退一 卒1进1	
46. 马七进六 车5平2		47. 相五退七 卒1进1	
48. 车六进三 卒6进1		49. 车六退三 车2平6	
50. 相七进九 卒1平2		51. 相三进五 车6平8	
52. 帅五平六 车8进4		53. 帅六进一 车8退3	
54. 车六进一 卒6平5		55. 马六进五 马7进5	
56. 车六平五 车8平9		57. 相五退三 卒2进1	

黑方利用多卒之势,在攻击中控制了局势。红方无法防守,黑胜。

(选自张致中负黄世清的对局)